古典文獻研究輯刊

十二編

潘美月・杜潔祥 主編

第 5 冊

宋代私家藏書史

潘 美 月 著

國家圖書館出版品預行編目資料

宋代私家藏書史／潘美月 著 — 初版 — 新北市：花木蘭文化
出版社，2011〔民100〕
目 4+190 面；19×26 公分
（古典文獻研究輯刊 十二編；第 5 冊）
ISBN：978-986-254-398-6（精裝）
1. 私家藏書 2. 宋代
030.8   100000208

ISBN-978-986-254-398-6

古典文獻研究輯刊
十二編 第 五 冊   ISBN：978-986-254-398-6

宋代私家藏書史

作　　者 潘美月
主　　編 潘美月 杜潔祥
總 編 輯 杜潔祥
企劃出版 北京大學文化資源研究中心
出　　版 花木蘭文化出版社
發 行 所 花木蘭文化出版社
發 行 人 高小娟
聯絡地址 新北市永和區中正路五九五號七樓之三
　　　　 電話：02-2923-1455／傳真：02-2923-1452
網　　址 http://www.huamulan.tw 信箱 sut81518@ms59.hinet.net
印　　刷 普羅文化出版廣告事業
初　　版 2011 年 3 月
定　　價 十二編 20 冊（精裝）新台幣 31,000 元

宋代私家藏書史

潘美月　著

作者簡介

潘美月，臺北市人。臺灣大學中國文學碩士。曾任臺灣大學中國文學系教授、圖書資訊學系教授、佛光大學文學系教授兼系主任。研究領域為目錄學、版本學、印刷史、圖書館史、藏書史等。曾赴中國大陸、日本、韓國、美國、加拿大及歐洲諸國，除受邀講學外，亦遍訪各國圖書館，飽覽館中珍藏之古籍文獻。主要編著有《中國目錄學》、《圖書》、《圖書版本學要略》（增訂本）、《中國大陸古籍存藏概況》、《東亞文獻研究資源論集》及《古典文獻研究輯刊》等多部專書，以及發表於期刊及研討會之學術論文數十篇。

提　　要

　　典籍之藏，其關係學術文化者甚鉅。欲察一時代學術文化之盛衰，輒可於其典籍收藏之豐盛與否窺見消息。惟歷代史冊所載，率屬皇室收藏，而於私家多付闕如。私家藏書之風，至宋代而盛。宋初承五代搶攘之後，公家藏書零落，反有賴於私人之藏，加以雕版印刷流行，得書較易，藏書之家，指不勝屈，實開後世學者聚書之風。中國學術文化源遠流長，宋代私家藏書之風，有承先啟後之功，研究中國典籍與文化，不可不知有宋一代藏書之概況。私家藏書，雖史冊闕如，然宋人文章雜說中記述者，則不勝枚舉。本文博採史傳、郡志，遍搜歷代文集、筆記、雜說，兼及於公私簿錄，凡有可徵者，皆網羅考訂，彙為此編，庶成一代私家藏書之實錄。

　　本書收錄之藏書家凡一百二十六人，其來源有三：第一、凡前人著述已記載者，不論其藏書多寡，但求其資料可考，皆予收錄。第二、凡藏書在萬卷以上，或數十年聚書，孜孜讎校者，雖前人著述不載，本文亦收錄之。第三、凡有藏書目錄流傳於當世者，雖不詳其收藏情形，亦加收錄。依時代先後，區分為五代入宋時期、北宋承平時期、南北宋之際、南宋中興時期、南宋末期，各敘述其生卒年代、里貫仕履、收藏情形。並於首章緒論，分別論述宋代藏書家對於圖書之採訪、讎校、分類編目、保管、維護及利用等，期能藉此明瞭宋代私家藏書之梗概及特色。

第一章　緒　論	1
一、圖書之採訪與讎校	5
二、圖書之分類編目	7
三、圖書之典藏	11
四、圖書之利用	13
五、圖書之存佚	14
六、藏書家之地區分佈	16
第二章　五代入宋時期藏書家	19
一、孫光憲	19
二、眉山孫氏（孫降衷、孫抃、孫闢）	20
三、丁顗	21
四、江正	22
五、高頔（905～986）	23
六、戚同文	23
七、胡仲堯	25
八、楊徽之（921～1000）	25
九、王溥（923～982）子貽孫	26
一〇、李昉（925～996）	27
一一、朱昂（925～1007）	28
一二、郭延澤	29
一三、劉式（948～997）	29
一四、錢惟演（977～1034）	31
第三章　北宋承平時期藏書家	33
一、宋白（933～1009）	33
二、畢士安（938～1005）	34
三、趙安仁（958～1018）	35
四、姚鉉（968～1020）	36
五、杜鼎昇	37
六、陳亞	37
七、黃晞	37
八、周啓明	38
九、程貫	38
一〇、陳巽	39
一一、宋綬（991～1040）	39
一二、晏殊（991～1055）子幾道	41

目次

一三、李淑 ……………………………………………… 43

一四、劉沆（995～1060） ……………………………… 45

一五、王洙（997～1057） ……………………………… 46

一六、富弼（1004～1083） ……………………………… 47

一七、歐陽修（1007～1072） …………………………… 48

一八、沈立 ………………………………………………… 49

一九、吳秘 ………………………………………………… 50

二〇、司馬光（1019～1086） …………………………… 50

二一、宋敏求（1019～1079） …………………………… 52

二二、曾鞏（1019～1083） ……………………………… 54

二三、蘇頌（1020～1101） ……………………………… 54

二四、月河莫氏（莫君陳　莫汲） ……………………… 56

二五、趙彥若 ……………………………………………… 57

二六、關景仁　子注 ……………………………………… 57

二七、王欽臣 ……………………………………………… 58

二八、田偉　子田鎬　田鈞 ……………………………… 59

二九、吳良嗣 ……………………………………………… 60

三〇、蔡致君（大梁蔡氏） ……………………………… 60

三一、亳州祁氏 …………………………………………… 61

三二、濡須秦氏 …………………………………………… 61

三三、李常（1027～1090） ……………………………… 62

三四、呂大防（1027～1097） …………………………… 63

三五、李定（1028～1087） ……………………………… 64

三六、劉摯（1030～1097） ……………………………… 64

三七、昌王宗晟 …………………………………………… 65

三八、榮王宗綽 …………………………………………… 65

三九、劉恕（1032～1078）、劉羲仲 …………………… 66

四〇、陳貽範 ……………………………………………… 68

四一、錢勰（1034～1097） ……………………………… 68

四二、錢龢 ………………………………………………… 68

四三、曾旼 ………………………………………………… 69

四四、李傑 ………………………………………………… 69

四五、沈思 ………………………………………………… 70

四六、文瑩 ………………………………………………… 70

四七、陳景元 ……………………………………………… 71

四八、賀鑄（1052～1125）⋯⋯⋯⋯⋯⋯⋯⋯⋯⋯⋯ 71

第四章　南北宋之際藏書家⋯⋯⋯⋯⋯⋯⋯⋯ 75
　一、晁說之（1059～1129）⋯⋯⋯⋯⋯⋯⋯⋯⋯⋯ 75
　二、吳與 ⋯⋯⋯⋯⋯⋯⋯⋯⋯⋯⋯⋯⋯⋯⋯⋯⋯⋯ 76
　三、張塈 ⋯⋯⋯⋯⋯⋯⋯⋯⋯⋯⋯⋯⋯⋯⋯⋯⋯⋯ 76
　四、鮑愼由 ⋯⋯⋯⋯⋯⋯⋯⋯⋯⋯⋯⋯⋯⋯⋯⋯⋯ 77
　五、石公弼 ⋯⋯⋯⋯⋯⋯⋯⋯⋯⋯⋯⋯⋯⋯⋯⋯⋯ 77
　六、宇文季蒙 ⋯⋯⋯⋯⋯⋯⋯⋯⋯⋯⋯⋯⋯⋯⋯⋯ 78
　七、王莘 ⋯⋯⋯⋯⋯⋯⋯⋯⋯⋯⋯⋯⋯⋯⋯⋯⋯⋯ 78
　八、魏衍（1060～1127～1129）⋯⋯⋯⋯⋯⋯⋯⋯ 79
　九、趙令時（1061～1134）⋯⋯⋯⋯⋯⋯⋯⋯⋯⋯ 79
　一〇、范眎 ⋯⋯⋯⋯⋯⋯⋯⋯⋯⋯⋯⋯⋯⋯⋯⋯⋯ 80
　一一、郭永（1076～1128）⋯⋯⋯⋯⋯⋯⋯⋯⋯⋯ 80
　一二、葉夢得（1077～1148）⋯⋯⋯⋯⋯⋯⋯⋯⋯ 81
　一三、李光（1078～1159）⋯⋯⋯⋯⋯⋯⋯⋯⋯⋯ 82
　一四、黃伯思（1079～1118）⋯⋯⋯⋯⋯⋯⋯⋯⋯ 83
　一五、宇文虛中（1079～1146）⋯⋯⋯⋯⋯⋯⋯⋯ 84
　一六、高士談 ⋯⋯⋯⋯⋯⋯⋯⋯⋯⋯⋯⋯⋯⋯⋯⋯ 85
　一七、趙明誠（1081～1129）⋯⋯⋯⋯⋯⋯⋯⋯⋯ 85
　一八、董逌 ⋯⋯⋯⋯⋯⋯⋯⋯⋯⋯⋯⋯⋯⋯⋯⋯⋯ 86
　一九、東平朱氏 ⋯⋯⋯⋯⋯⋯⋯⋯⋯⋯⋯⋯⋯⋯⋯ 87
　二〇、張邦基 ⋯⋯⋯⋯⋯⋯⋯⋯⋯⋯⋯⋯⋯⋯⋯⋯ 88
　二一、林霆 ⋯⋯⋯⋯⋯⋯⋯⋯⋯⋯⋯⋯⋯⋯⋯⋯⋯ 88
　二二、方漸 ⋯⋯⋯⋯⋯⋯⋯⋯⋯⋯⋯⋯⋯⋯⋯⋯⋯ 88
　二三、諸葛行仁 ⋯⋯⋯⋯⋯⋯⋯⋯⋯⋯⋯⋯⋯⋯⋯ 89
　二四、陸宰（1088～1148）⋯⋯⋯⋯⋯⋯⋯⋯⋯⋯ 89

第五章　南宋中興時期藏書家⋯⋯⋯⋯⋯⋯⋯ 91
　一、聞人滋 ⋯⋯⋯⋯⋯⋯⋯⋯⋯⋯⋯⋯⋯⋯⋯⋯⋯ 91
　二、畢良史 ⋯⋯⋯⋯⋯⋯⋯⋯⋯⋯⋯⋯⋯⋯⋯⋯⋯ 92
　三、井度 ⋯⋯⋯⋯⋯⋯⋯⋯⋯⋯⋯⋯⋯⋯⋯⋯⋯⋯ 92
　四、晁公武 ⋯⋯⋯⋯⋯⋯⋯⋯⋯⋯⋯⋯⋯⋯⋯⋯⋯ 94
　五、石邦哲 ⋯⋯⋯⋯⋯⋯⋯⋯⋯⋯⋯⋯⋯⋯⋯⋯⋯ 97
　六、莆田李氏 ⋯⋯⋯⋯⋯⋯⋯⋯⋯⋯⋯⋯⋯⋯⋯⋯ 98
　七、李衡（1100～1178）⋯⋯⋯⋯⋯⋯⋯⋯⋯⋯⋯ 99
　八、鄭樵（1104～1162）⋯⋯⋯⋯⋯⋯⋯⋯⋯⋯⋯ 99

九、劉儀鳳（1110～1175）⋯⋯⋯⋯⋯⋯⋯⋯ 101

一〇、王銍　子廉清 ⋯⋯⋯⋯⋯⋯⋯⋯⋯⋯ 102

一一、尤袤（1124～1193）⋯⋯⋯⋯⋯⋯⋯⋯ 103

一二、陸游（1125～1209）子子遹 ⋯⋯⋯⋯ 105

一三、周輝（1126～1198 以後）⋯⋯⋯⋯⋯ 109

一四、王明清 ⋯⋯⋯⋯⋯⋯⋯⋯⋯⋯⋯⋯⋯ 110

一五、沈瀛 ⋯⋯⋯⋯⋯⋯⋯⋯⋯⋯⋯⋯⋯⋯ 110

一六、張鉉 ⋯⋯⋯⋯⋯⋯⋯⋯⋯⋯⋯⋯⋯⋯ 111

一七、蔡瑞 ⋯⋯⋯⋯⋯⋯⋯⋯⋯⋯⋯⋯⋯⋯ 111

一八、潘景憲（1134～1190）⋯⋯⋯⋯⋯⋯⋯ 111

一九、彭惟孝（1135～1207）⋯⋯⋯⋯⋯⋯⋯ 112

二〇、李孟傳（1136～1219）⋯⋯⋯⋯⋯⋯⋯ 112

二一、樓鑰（1137～1213）⋯⋯⋯⋯⋯⋯⋯⋯ 113

二二、倪思（1147～1220）⋯⋯⋯⋯⋯⋯⋯⋯ 114

二三、朱欽則 ⋯⋯⋯⋯⋯⋯⋯⋯⋯⋯⋯⋯⋯ 115

二四、史守之 ⋯⋯⋯⋯⋯⋯⋯⋯⋯⋯⋯⋯⋯ 115

第六章　南宋末期藏書家 ⋯⋯⋯⋯⋯⋯⋯⋯ 119

一、衛湜 ⋯⋯⋯⋯⋯⋯⋯⋯⋯⋯⋯⋯⋯⋯⋯ 119

二、吳如愚（1167～1244）⋯⋯⋯⋯⋯⋯⋯⋯ 120

三、李心傳（1167～1244）⋯⋯⋯⋯⋯⋯⋯⋯ 120

四、岳珂（1183～1234）⋯⋯⋯⋯⋯⋯⋯⋯⋯ 121

五、徐鹿卿（1189～1250）⋯⋯⋯⋯⋯⋯⋯⋯ 121

六、陳起 ⋯⋯⋯⋯⋯⋯⋯⋯⋯⋯⋯⋯⋯⋯⋯ 122

七、鄭寅 ⋯⋯⋯⋯⋯⋯⋯⋯⋯⋯⋯⋯⋯⋯⋯ 124

八、陳振孫 ⋯⋯⋯⋯⋯⋯⋯⋯⋯⋯⋯⋯⋯⋯ 125

九、許棐 ⋯⋯⋯⋯⋯⋯⋯⋯⋯⋯⋯⋯⋯⋯⋯ 127

一〇、陳思 ⋯⋯⋯⋯⋯⋯⋯⋯⋯⋯⋯⋯⋯⋯ 127

一一、趙與懃 ⋯⋯⋯⋯⋯⋯⋯⋯⋯⋯⋯⋯⋯ 128

一二、陳宗禮 ⋯⋯⋯⋯⋯⋯⋯⋯⋯⋯⋯⋯⋯ 128

一三、王柏（1197～1274）⋯⋯⋯⋯⋯⋯⋯⋯ 129

一四、賈似道（1213～1275）、廖瑩中 ⋯⋯ 130

一五、俞琰 ⋯⋯⋯⋯⋯⋯⋯⋯⋯⋯⋯⋯⋯⋯ 131

一六、周密（1232～1298）⋯⋯⋯⋯⋯⋯⋯⋯ 132

引用參考書目 ⋯⋯⋯⋯⋯⋯⋯⋯⋯⋯⋯⋯⋯ 135

附錄：南宋重刊九行本七史考 ⋯⋯⋯⋯⋯⋯ 145

第一章　緒　論

　　典籍之藏，其關係學術文化者甚鉅。欲察一時代學術文化之盛衰，輒可於其典籍收藏之豐盛與否窺見消息。故中國歷史上每屆易代之際，或逢盛世明主，往往廣肆蒐訪，增益所藏，宏獎風流，學術以昌。揆諸正史藝文經籍志，斑斑可考矣。惟史冊所載，率屬皇室收藏，而於私家多付闕如。皇室收藏深局禁宮，不啻帝王之私有財產，除近侍及大臣尚可得一窺外，不能公之大眾，故其影響尚未甚大。然一般士大夫憑藉稍厚，每於昇平之際，肆意蓄書，往往積至數十萬卷，奇文秘籍，不乏內府所無者。且私家藏書多精讎慎勘，著意丹黃，秘冊借鈔，奇書互賞，甚者建書院，買田市書，以待來者，利便好學之士，其於學術之發展、社會之貢獻甚溥。

　　私人藏書之興，其來甚古。《莊子・天下篇》稱「惠施多方，其書五車。」然當時以竹簡為冊，卷帙繁重，收藏難豐。秦漢之時，縑帛代興，收藏較易。東漢以後，紙墨之用漸廣，書之流傳較速，而藏書之風漸盛。故西晉之時，范蔚家世好學，有書七千餘卷，遠近來讀者恆有百餘人，蔚為辦衣食。同時，張華亦喜藏書，身死之口，家無餘財，惟有文史，溢於几篋。嘗徙居，載書三十乘。秘書監摯虞，撰定官書，皆資華之本，以取正焉。天下奇秘，世所希有者，悉在華所。六朝之時，此風彌張，任昉家雖貧，聚書至萬餘卷，率多異本。昉卒後，高祖使學士賀縱共沈約，勘其書目，官所無者，就昉家取之。至唐，杜兼聚書至萬卷，韋述蓄書二萬卷，皆手自校定，黃墨精謹，雖御府不逮也。鄴侯插架三萬卷，吳兢西齋藏書一萬三千四百餘卷，蘇弁聚書至二萬卷，皆手自刊校，此則宋以前私家藏書之概況。〔註1〕

〔註 1〕據《晉書》卷九十一〈范平傳〉、《晉書》卷三十六〈張華傳〉、《梁書》卷十
　　　　四〈任昉傳〉、《新唐書》卷一百七十二〈杜兼傳〉、《舊唐書》卷一百零二、《新

　　私家藏書之風，至宋代而大盛。宋初承五代搶攘之後，公家藏書零落，反有賴於私人之藏。加以雕版流行，得書較易，藏書之家，指不勝屈，士大夫以藏書相夸尚，實開後世學者聚書之風。中國學術文化源遠而流長，宋代私家藏書之風，既有承先啓後之功，故研究中國典籍及圖書館史，不可不知有宋一代之藏書概況也。私家藏書，雖史冊闕如，然宋人文章雜說中記述者，不勝枚舉，今酌列其犖犖大者以說明之。晁說之〈劉氏藏書記〉云：「本朝如王文康初于周相世宗，多有唐室舊書，今其子孫不知何在，寧論其書之存亡。而所有著書目一編，使好事者，對之興歎也。李文正所藏既富，而且闢學館以延學士大夫。不特見主人，而下馬直入讀書，供牢饌以給其日力，與眾共利之，如此宜其書永久而不復零落。今其家僅有敗屋數楹，而書不知何在也。……惟是宋宣獻家四世以名德相繼，而兼有畢丞相、楊文莊二家之書，其富蓋有王府不及者。元符中，一夕災爲灰燼矣。予家則五世于茲也，雖不敢與宋氏爭多，而校讎是正，則未肯自讓。乃去年冬，火亦告譴，不謂前日悲愴痛恨乎宋氏者，今自涕泣也。嗚呼！其不艱哉。壯興家于廬山之陽，寬闊之野，不復有京師火災之虞。上方興禮樂議封禪，則又永不顧盜賊兵甲之禍，而劉氏之書與七澤俱富矣。」〔註2〕則晁氏所舉宋代藏書之家有王溥、李昉、畢士安、楊徽之、宋綬、晁說之、劉羲仲七人。葉氏《過庭錄》云：「公卿名藏書家，如宋宣獻、李邯鄲，四方士民如亳州祁氏、饒州吳氏、荊州田氏等，吾皆見其目，多止四萬許卷。……吾舊所藏僅與宋氏等。」〔註3〕則葉氏所舉宋代藏書之家有宋綬、李淑、田偉、吳良嗣、亳州祁氏（未詳其名）、葉夢得六人。張邦基《墨莊漫錄》卷五云：「藏書之富如宋宣獻、畢文簡、王原叔、錢穆父、王仲至家及荊南田氏、歷陽沈氏，各有書目。譙郡祁氏多書，號外府太清老氏之藏室，後皆散亡。……吳中曾旼彥和、賀鑄方回二家書，其子獻之朝廷，各命以官。皆經彥和、方回手自讎校，非如田、沈家貪多務得，舛謬訛錯也。」則張氏所舉宋代藏書之家有宋綬、畢士安、王洙、錢勰、王欽臣、田偉、沈立、譙郡祁氏（即亳州祁氏）、曾旼、賀鑄十人。高似孫《史略》卷五所舉宋代藏書之家除與晁說之同外，另有李淑、榮王宗綽。洪邁《容

唐書》一百三十二〈韋述傳〉、《舊唐書》卷一百零二〈吳兢傳〉、《舊唐書》卷一百八十九〈蘇弁傳〉、宋周密《齊東野語》卷十二「書籍之厄」條。
〔註2〕見《嵩山景迂生集》卷十六。
〔註3〕按葉夢得所撰《過庭錄》，今已失傳。今據元馬端臨《文獻通考・經籍考》卷一所引。

齋續筆》卷十五〈書籍之厄〉條，列舉宋代藏書之家則全據晁氏〈劉氏藏書記〉。王明清《揮麈錄》卷一云：「承平時士大夫家如南都戚氏、歷陽沈氏、廬山李氏、九江陳氏、番易吳氏，俱有藏書之名。」則王氏所舉宋代藏書之家有戚同文、沈立、李常、陳巽、吳良嗣五人。以上各家所列舉之藏書家僅限於北宋。魏了翁〈跋尤氏遂初堂藏書目錄序後〉云：「孫長孺自唐僖宗爲榜書樓二字，國朝之藏書莫先焉，三百季間，再燬于火。江元叔合江南吳越之藏凡數萬卷，爲藏僕竊去，市人裂之以藉物，其入于安陸張氏者，傳之未幾，一篋之富，僅供一炊。王文康、李文正、廬山劉壯輿、南陽井氏皆以藏書名，凡未久而失之。……尤氏子孫，克世厥家，滋莫可曉。」〔註4〕則魏氏所舉北宋藏書家，除前所列舉外，另有眉山孫氏及江正二人，且列舉南宋藏書家有井度、尤袤二人。宋末周密《齊東野語》卷十二云：「宋承平時，如南都戚氏、歷陽沈氏、廬山李氏、九江陳氏，番易吳氏、王文康、李文正、宋宣獻、晁以道、劉壯輿皆號藏書之富，邯鄲李淑五十七類二萬三千一百八十餘卷，田鎬三萬卷，昭德晁氏二萬四千五百卷，南都王仲至四萬三千餘卷，……。次如曾南豐及李氏山房，亦皆一二萬卷，然其後靡不厄於兵火者。至若吾鄉故家如石林葉氏、賀氏皆號藏書之多，至十萬卷。其後齊齋倪氏、月河莫氏、竹齋沈氏、程氏、賀氏皆號藏書之富，各不下數萬餘卷，亦皆散失無遺。近年惟直齋陳氏書最多，嘗仕於莆，傳錄夾漈鄭氏、方氏、林氏、吳氏舊書至五萬一千一百八十餘卷……。至如秀嵓、東窗、鳳山三李、高氏、牟氏皆蜀人，號爲史家，所藏僻書尤多，今亦已無餘矣。吾家三世積累，……凡有書四萬二千餘卷。」則周氏所舉北宋藏書家有戚同文、王溥、李昉、陳巽、宋綬、李淑、沈立、曾鞏、王欽臣、田偉、吳良嗣、李常（按廬山李氏、李氏山房均指李常）、賀鑄、葉夢得凡十六人。南宋藏書家有林霆、方漸、晁公武、倪思、沈瀛、月河莫氏（當指莫汲，係莫君陳之後）、程氏（未詳其名）、賀氏（疑爲賀鑄之後）、鄭樵、吳與、陳振孫、李心傳、李奕、東窗李氏、高氏、牟氏（以上三人未詳其名）、周密凡十七人。明胡應麟《少室山房筆叢》，其中《經籍會通》四卷，乃總論歷代典籍，論及宋代藏書家者，大抵引宋人之文，所列舉之人亦不出上述之範圍。僅有一條云：「……藏書家代有其人，……宋則有李淑、宋綬、尤袤、董逌、葉夢得、晁公武等，大率人間所藏卷軸，不過三萬卷……。宋又有濡須秦氏、莆田鄭氏、漳南吳氏、荊州田氏，並著

〔註4〕見《鶴山先生大全文集》卷六十三。

目錄，盛於前朝。」視上述諸家所舉者多董逌、濡須秦氏（未詳其名）、鄭寅等三人。祁承爍《澹生堂藏書約》所列舉之宋代藏書家則有丁顗、宋綬、宋敏求、劉恕、李常、方漸、陸游七人。清嘉慶中烏程范鍇據鄭元慶所著《湖錄經籍考》輯出吳興之藏書家編爲一帙成《吳興藏書錄》一卷，是中國專門記述藏書家事實之第一部書。惟本書僅記載浙江吳興一地歷代藏書家之事實，所收宋人亦僅葉夢得、陳振孫、趙與懃、周密四人而已。繼之則有光緒中丁申所著《武林藏書錄》三卷，其卷中至卷下，列載杭州歷代私家藏書故實，卷中所收宋人則有錢惟演、錢勰、錢龢、釋文瑩、關景仁、吳如愚、陳起、陳思八人；卷末載僑寓杭州之藏書家，宋代則有周輝、周密二人。以上二書，雖爲有關藏書家之專著，然以地區爲主。至統載全國者，則以葉昌熾之《藏書紀事詩》爲嚆矢。葉氏以七言絕句吟詠歷代藏書之家，每詩附事實，其卷一所載大抵爲宋代藏書家，間附宋以前及以後之藏書家，收錄之人溢於前代者甚多。惟葉氏以吟詩爲主，所附資料難免有與藏書無關者，即與藏書有關者亦不免引錄有誤，且宋代有名之藏書家，如楊徽之、王溥、李昉、宋白、錢惟演、陳亞、劉沆、歐陽修、曾鞏、李定、劉摯、陳貽範、李傑、石公弼、范祖、郭永、諸葛行仁、陸宰、沈瀛、李孟傳、倪思、吳如愚、王柏等等均未收入。且其排比，往往不盡依時代之先後，凡此種種皆未盡善也。民國以來，有關藏書家之作，有袁同禮之〈宋代私家藏書概略〉，僅列舉宋代藏書家之犖犖大者，且對於各藏書家之生平仕履、收藏情形，未曾詳考，僅爲通論之文而已。吳春晗之〈江蘇藏書家小史〉、項士安之〈浙江藏書家考略〉，二書均以地區爲主，所收宋代藏書家僅限於江蘇、浙江二地。近人楊立誠、金步瀛所編《中國藏書家考略》，收錄歷代藏書家雖較多，然不依時代編次，但以姓氏筆畫爲主，且其內容，大抵抄襲《藏書紀事詩》，凡葉氏錯誤之處，皆沿襲之，失於考訂也。二十一世紀以來，藏書史之研究，已蔚爲風氣，其成果亦已超越前代。如 2001 年傅璇宗、謝灼華主編之《中國藏書通史》，其第五編第三章〈宋代士大夫的私家藏書〉，論述頗爲詳盡，惟仍屬通論性質。2001 年葉瑞寶等主編之《蘇州藏書史》，所收宋代藏書家僅限於蘇州；2006年顧志興所撰《浙江藏書史》，所收宋代藏書家僅限於浙江；2007年王長英、黃兆鄆所撰《福建藏書家傳略》，所收宋代藏書家僅限於福建。三書雖以地區爲主，然所撰藏書家之傳略，遠較前代周詳，頗具參考價值。宋代藏書之風既有承先啓後之功，且藏書家之於學術文化關係甚鉅，而至今未有詳盡之專

著傳世，甚可憾已。於是博採史傳、郡志，遍搜歷代文集、筆記、雜說，兼及於公私簿錄，並參閱近人所撰之相關論著，凡有可徵者，皆網羅考訂，無微不錄，彙爲此編，庶成一代私家藏書之實錄。惟載籍難窮，見聞有限，補其闕略而潤色之，則以俟君子。

本文收錄之藏書家，凡一百二十六人，其來源有三：第一、凡前人著述已記載者，不論其藏書多寡，但求其資料可考，皆予收錄。第二、凡藏書在萬卷以上，或數十年聚書，孜孜讎校者，雖前人著述不載，本文亦收錄之。第三、凡有藏書目錄流傳於當世者，雖不詳其收藏情形，亦加收錄。依其時代先後，區分爲五代入宋時期，北宋承平時期，南北宋之際，南宋中興時期，南宋末期，各敘述其生卒年代、籍貫仕履、收藏情形。凡有不備者，則闕之。

中國古無圖書館之名，而宋代私家藏書非僅局藏但供自讀，不乏以之公開，利溥大眾者，實與近代私人圖書館闇合。其對於圖書之採訪、讎校、分類編目、典藏、閱覽之方法，雖因文獻缺徵，吾人現今所知不多，然亦頗有足敘者，茲分別綜論之，期能藉此明瞭宋代私家藏書之梗概及特色。

一、圖書之採訪與讎校

考宋人藏書，其來源不外三端。一曰手自抄寫。如孫光憲博通經史，性嗜經籍，聚書凡數千卷，或自抄寫。高頔手抄書千卷，字細如豆，無漏無誤，老而益精。江正爲越州刺史，越有錢氏時書，正借本謄寫。郭延澤居濠州城南，傳寫書籍至萬卷。畢士安年老目昏，讀書不輟，或親自繕寫。周啓明藏書數千卷，多手自傳寫，而能口誦之，蓋手繕亦即精讀一過也。程貫喜藏書，自經、史、子、集之外，凡奇訣要錄，畢珍收之，亦多手寫焉，嘗謂人曰：「余五十年簡冊鉛槧，未嘗離手。」蘇頌傳寫秘閣書籍，每日二千言，又皆親校手題。王欽臣每得一書，必以廢紙草傳之，又求別本參校，至無差誤，乃繕寫之，世稱善本。劉摯得善本或手抄錄，孜孜無倦。劉恕嘗至宋敏求家借覽，晝夜口誦手抄，留旬日，盡其書，目爲之翳。葉夢得舊藏書三萬餘卷，多己手自抄者。魏衍五十餘歲時，見異書猶手自抄寫，故其家藏書亦數千卷。王銍南渡後，所至窮力抄錄，亦有書幾萬卷。尤袤于書靡不觀，觀書靡不記，每公退則閉門謝客，日計手抄若干古書，其子弟諸女亦抄書，嘗曰：「吾所抄書，今若干卷，將彙而目之，饑讀之以當肉，寒讀之以當裘，孤寂而讀之以當友朋，幽憂而讀之以當金石琴瑟也。」張淏旁裒博訪，惟恐奧篇異牘之不

我有，手鈔日校，黃墨謹嚴。許棐儲書數千卷，丹黃不休，人有奇編，見無不錄，故環室皆書也。陳振孫嘗仕於莆，傳錄夾漈鄭氏、林氏、吳氏舊書，至五萬一千一百八十餘卷。宋人手抄之勤，有如是者，蓋雖版刻流行，典籍非盡雕梓，非傳錄無以增益所藏，此所手抄者，多屬珍本秘籍也。

二曰採購。宋代雕版已盛行，得書較易，故宋代購書之風亦盛。如孫降衷嘗市監書萬卷以還，其孫關乃入都，傳東壁西齋之副與官本，市書稛載而歸，即所居復建重樓藏之。朱昻前後所得俸賜，以三分之一購奇書。趙安仁尤嗜讀書，所得祿賜，多以購書，雖至顯寵，簡儉若平素，時閱典籍，手自讎校。沈立知杭州，所得圭租，多以市書。蔡致君不樂仕宦，獨喜收古今之書，空四壁捐千金以購之，盡求善工良紙，手校而積藏之。李傑以己俸置書萬卷以遺郡庠。吳與悉以俸餘市書，所藏至三萬餘卷。郭永博通古今，得錢即買書，家藏書萬卷。劉儀鳳俸入，半以儲書，凡萬卷。許棐肆有新刊，知無不市。購之於書肆，乃宋人藏書之另一來源，此等書皆屬經史與四部重要典籍，蓋宋代翻刻者較多也。

三曰餽贈。宋人藏書除抄寫及購買而外，他人贈送亦收藏來源之一。如宋綬兼得畢士安、楊徽之二家之書，故藏書過秘府。晁公武守榮州時，曾得四川轉運使南陽井度之贈書，凡五十篋。亦有互贈者，如王欽臣與宋敏求相約傳書，互置目錄一冊，遇所闕則寫寄。又有得之朝廷所賜者，如宋綬與父皐同在館閣，每賜書必得二本，其藏書之盛，有以也。宋神宗嘗賜司馬光以潁邸舊書二千四百卷等等皆是。

諺云：「書三寫，魯爲魚，帝爲虎。」〔註5〕蓋書無論經過刻或抄，帝虎亥豕，舛誤訛謬，均所難免，非經校勘無以稱爲善本。宋綬嘗謂「校書如掃塵，一面掃，一面生。故常有一書雖經三四校，猶有脫謬。」宋人藏書，精於讎校，如孫光憲孜孜讎校，老而不廢。畢士安精讎校，頗多善本。宋綬藏書皆手自校刊，故校讎精審勝諸家。劉摯家藏書多手自讎，孜孜無倦。陳景元親手校書五千卷，道書皆親手自校寫，且與四方學者相互讎校，故所藏號爲完書。賀鑄家藏書萬卷，手自校讎，無一字脫誤。晁說之自謂其家五世藏書，雖不敢與宋氏爭多，而校讎是正，則未肯自讓。張舉閉戶讀書四十年，手校數萬卷，無一字舛。王莘留心典籍，經營收拾，所藏書逮數萬卷，皆手自校讎。林霆聚書數千卷皆手自校讎，謂子孫曰：「吾爲汝曹獲良產矣。」方

〔註5〕見晉葛洪《抱朴子內篇》卷十九〈遐覽篇〉。

漸所至以書自隨，積之至數千卷，皆手自竄定。晁公武藏書宏富，博覽不倦，及守榮州，於簿書之暇，躬自校讎。劉儀鳳藏書必三本，出局則杜門校讎，不與客接。潘景憲考訂蒐輯，鉛黃朱墨未嘗去手。李孟傳每得異書，手自校勘，竟其徧而止。繕寫之勤與讎校之精，實爲宋人藏書之二大特色。

二、圖書之分類編目

藏書繁富，倘未整理，則雜亂無緒，尋檢維艱。雖有其書，以無法查檢，有亦若無。故非分類編目，則無以盡書之用。宋代藏書家，據載籍所考，編有書目者頗夥。惟世代邈遠，失傳者多，無法究其全貌。今僅就存世之目及目雖失而尚可攷其分類編目者觀之，宋代藏書家在目錄學上之貢獻實非細微，茲酌申論之。

南宋初年莆田藏書家鄭樵撰有《校讎略》一卷，是爲中國最早之一部目錄學專著。其書對於圖書之採訪與編目、分類，均有其卓識。他所提出之求書八法：「即類以求，旁類以求，因地以求，因家以求，求之公，求之私，因人以求，因代以求」，〔註6〕一直爲後代公私藏書者採訪圖書所沿用。在編目方面，他強調應「以人類書，不應以書類人。」批評《新唐志》將令狐楚之《漆匳集》一百三十卷、《梁苑文類》三卷、《表奏集》十卷，統編入集部別集類之不當。蓋《梁苑文類》乃總集之書，《表奏集》乃奏議之書，不當依《令狐楚集》而統入別集類。〔註7〕其他如論編目時「一類之書，當集在一處，不可有所間」；〔註8〕於書目應以作者或注解者，註其姓名於書之下，不當以人實書之上。換言之，彼主張以書名標題，不應以作者標題等等，皆具特識，足供現代西洋圖書館學者之思考。

在分類方面，宋代藏書家書目之分類，大體承襲前代，有四部與非四部兩系統。其依四部分類且今尚存者，有晁公武《郡齋讀書志》、尤袤《遂初堂書目》、陳振孫《直齋書錄解題》三家。此三家書目雖承襲《隋志》之四部，而在類目方面頗有增刪。《郡齋讀書志》編成於宋高宗紹興二十一年，晁氏自以所錄書史，集居其半，若依《七略》，則多寡不均，故將其家藏圖書分爲經、史、子、集四部，經部凡十，史部凡十有三，子部凡十有八，集部凡四，計

〔註6〕見《校讎略》「求書之道有八論」章。
〔註7〕見《校讎略》「不類書而類人論」章。
〔註8〕見《校讎略》「編次之訛論」章。

四十五類，大抵依據《崇文總目》而略有增刪改併，首創「史評」一類，為後世書目所沿襲。《遂初堂書目》編成於宋光宗時，尤氏雖以四部分類，然類目與歷來之四部分類大相逕庭。尤氏分經、史、子、集四部，經部凡九，史部凡十有八，子部凡十有二，集部凡五，計四十四類。經部增「經總」一類以收經書合刻；史部於正史、編年、雜史、雜傳、故事外，則將宋之國朝、雜史、故事、雜傳別出為類；子部將法、名、墨、縱橫四家刪併入雜家，後二者雖為混淆體例，破壞學術系統之部次法，而影響則及于後世；然其目於子部增「譜錄」一類，以收舊目無適當部類可附之《香譜》、《石譜》、《蟹譜》等書，可謂創例，為清代《四庫總目》所沿用。《直齋書錄解題》編成於宋理宗時，陳氏將其家藏圖書區分為五十三類，分類之詳，實為宋元以前收藏目錄之最。所創「別史」一門，為《宋志》、《四庫》所祖述；刪去經部之樂類，而於子部另立「音樂」一類，固係受鄭樵之影響，但自四部而言，將舊目後代音樂之書，離析經部而列之子部，則以此目為首創也。此外又有北宋末年藏書家董逌撰《廣川藏書志》二十六卷，已佚，據《直齋書錄解題》卷十二〈陰陽家類·小序〉，謂班固《藝文志》有陰陽家，而其書皆不存，故隋唐以來，子部遂闕陰陽家，至董逌《藏書志》，始以星占五行書為陰陽類。陳錄及後代目錄或沿用之，或省併入術數類。

中國四部目錄，自晉荀勗創立，歷南北朝，迄唐而定於一尊。四部法固然簡便，但其分類著重書之體裁，而罔顧學術，故為自來目錄學家所詬病，思改進之。最早突破其藩籬者，厥為北宋仁宗皇祐元年李淑所編之《邯鄲圖書志》。按《郡齋讀書志》卷九「邯鄲圖書志十卷」條下云：「右皇朝李淑獻臣撰。淑，若谷之子也。載其家所藏圖書五十七類，經、史、子、集通計一千八百三十六部二萬三千一百八十六卷。其外又有藝術志、道書志、書志、畫志，通為八目。」據此，則李淑將其家藏圖書除分四部五十七類外，更列藝術志、道書志、書志、畫志，合四部通為八目。固然李氏之分類雖為八目，但仍有經、史、子、集之部目，尚未完全突破四部之藩籬。真正突破四部分類之窠臼者，當推南宋初年莆田藏書家鄭樵。鄭樵撰《通志》二百卷，中有《藝文略》一篇八卷，盡載古今目錄所收書，鄭氏將中國圖書區分為經、禮、樂、小學、史、諸子、天文、五行、藝術、醫方、類書、文等十二大類，其下再分為一百五十五小類，小類之下，更分二百八十四目，類目共計四百三十九，至為纖細。自古以來，中國圖書之分類，僅只部、類二級，類下再析

分子目，則創始於鄭樵。蓋鄭氏以爲「學之不專者，爲書之不明也。書之不明者，爲類例之不分也。」若「類例既分，則學術自明」，〔註9〕故鄭氏區類，重在以明學術之源流。固然其詳分類目，未免近於繁瑣，而招致後人譏評，如明焦竑之《國史經籍志》卷六〈糾繆〉、清章學誠之《校讎通義》嘗論其部次銓配之失。然其詳分類例，影響於後代頗鉅，爲明清兩代目錄學家所沿襲，而合於西洋之圖書分類法，實一大貢獻也。鄭氏分類將經部之禮、樂、小學三門自經部中析出，各自獨立爲類；將術藝、方技、類書自子部析出，分爲天文、五行、藝術、醫方、類書五類。雖然三《禮》自漢以來，即爲六藝之一，鄭氏離經爲類，未見其當，然《樂經》早佚，後世以律呂、曲調、管絃附樂入經部；小學類雖自劉歆《七略》以降，附六藝之末，然非其儔；術藝、方技、類書之屬，其性質各有不同，自皆非空談理論諸子之倫。鄭氏各自爲類，足見其識，自較合理，其分類足供現代目錄學者之研究思考也。其後，宋理宗端平間，樵之族孫鄭寅編有《鄭氏書目》七卷，以所藏書分爲七錄，曰經、曰史、曰子、曰藝、曰方技、曰文、曰類。〔註10〕大體亦祖述樵例，但改集爲文，特併禮、樂、小學於經錄，合天文、五行、醫方爲方技錄，故合鄭樵之十二類爲七類也。此目就分類學之觀點觀之，尚頗合理。蓋空談之諸子，萬不可與消遣之藝術、實用之方技合部；類書包括一切，更不宜屈居子末。今鄭寅能拔藝、技、類三者，與四部並立爲七，眞可謂目光如炬者矣。

宋代私家藏書大抵編有書目，頗見於《通志》及《宋志》，然不傳者居多。今據《通志‧藝文略》、《宋史‧藝文志》及現存宋人目錄：《郡齋讀書志》、《遂初堂書目》、《直齋書錄解題》所著錄，兼采宋人文集、筆記、小說等，搜集網羅，得三十餘種，列舉於后以備考：

（1）江正	《江氏書目》	佚	見王明清《揮麈後錄》卷五引鄭毅夫〈江氏書目記〉、周必大《文忠集》卷四十八〈跋江氏舊書〉。《宋史‧藝文志》有《徐州江氏書目》二卷，異同無考。
（2）王溥	有書目（書名未詳）	佚	據晁說之《嵩山景迂生集》卷十六〈劉氏藏書記〉。
（3）畢士安	有書目（書名未詳）	佚	據張邦基《墨莊漫錄》卷五。

〔註9〕見《校讎略》「編次必謹類例論」章。
〔註10〕見《直齋書錄解題》卷八。

（4）宋綬	有書目（書名未詳）	佚	據張邦基《墨莊漫錄》卷五。
（5）李淑	《邯鄲圖書志》十卷	佚	見《郡齋讀書志》、《直齋書錄解題》、《宋史·藝文志》。《通志》作三卷。
李德芻	《邯鄲再集書目》三十卷	佚	見《宋史·藝文志》。德芻，李淑子。焦竑《國史經籍志》著錄《邯鄲圖書志》三十卷，當即此重編之本。
（6）劉沆	《劉沆書目》二卷	佚	見《宋史·藝文志》。
（7）王洙	有書目（書名未詳）	佚	據張邦基《墨莊漫錄》卷五。
（8）歐陽修	《歐陽參政書目》一卷	佚	見《通志·藝文略》。
（9）沈立	《沈諫議書目》三卷	佚	見《通志·藝文略》。
（10）吳秘	《吳秘家藏書目》二卷	佚	見《宋史·藝文志》。
（11）王欽臣	有書目（書名未詳）	佚	據張邦基《墨莊漫錄》卷五。
（12）田鎬	《田氏書目》六卷	佚	見《郡齋讀書志》。《通志·藝文略》作田瑋，《宋史·藝文志》作《荊州田氏書總目》三卷，田鎬編。
（13）吳良嗣	《籯金堂書目》三卷	佚	見《通志·藝文略》。《宋志》作鄱陽吳氏刻《籯金堂書目》三卷。
（14）蔡致君	《夷門蔡氏書目》三卷	佚	據蘇過《斜川集》卷五〈夷門蔡氏藏書目敘〉。
（15）濡須秦氏	《秦氏書目》一卷	佚	見《直齋書錄解題》。
（16）呂大防	《呂氏書目》二卷	佚	見《宋史·藝文志》。
（17）李定	《李正議書目》三卷	佚	見《通志·藝文略》。
（18）宗綽	目錄三卷（書名未詳）	佚	據洪邁《容齋四筆》卷十三。
（19）劉恕、劉羲仲	《劉氏藏書目》（？）	佚	據晁說之〈劉氏藏書記〉。
（20）陳貽範	《慶善樓書目》三卷	佚	見《通志·藝文略》。《宋志》作《陳貽範潁川慶善樓家藏書目》二卷。
（21）錢勰	有書目（書名未詳）	佚	張邦基《墨莊漫錄》卷五。
（22）吳與	《漳浦吳氏藏書目》四卷	佚	見《通志·藝文略》。《直齋書錄解題》作《吳氏書目》一卷。

（23）董逌	《廣川藏書志》二十六卷	佚	見《直齋書錄解題》。
（24）東平朱氏	《朱氏藏書目》	佚	據周紫芝《太倉稊米集》卷五十二〈朱氏藏書目序〉。
（25）晁公武	《郡齋讀書志》二十卷	存	見《直齋書錄解題》，此衢州本也。
	《郡齋讀書志》四卷、《後志》二卷	存	見《宋史・藝文志》，此袁州本也。
（26）莆田李氏	《藏六堂書目》一卷	佚	見《直齋書錄解題》。
（27）尤袤	《遂初堂書目》一卷	存	見《直齋書錄解題》。楊萬里《誠齋集》卷七十八作《益齋書目》，《宋志》作《遂安堂書目》二卷，當係字之訛也。
（28）蔡瑞	《石庵藏書目》	佚	據葉適《水心集》卷十二〈石庵藏書目序〉。
（29）鄭寅	《鄭氏書目》七卷	佚	見《直齋書錄解題》。
（30）陳振孫	《直齋書錄解題》二十二卷	存	傳本係清四庫館輯自《永樂大典》本，見《四庫總目》。
（31）許棐	《梅屋書目》	佚	據《獻醜集》。
（32）王柏	《魯齋清風錄》十五卷	佚	據《魯齋王文憲公文集》卷九
（33）周密	《書種堂書目》、《志雅堂書目》	佚	據《吳興藏書錄》。

此外，《通志・藝文略》所著錄尚有《沈少卿書目》二卷、宋方作謀《萬卷樓書目》一卷、宋余衛公《萬卷藏書目》一卷，沈少卿、方作謀、余衛公，不知何許人也。《宋史・藝文志》著錄有《沈氏萬卷堂目錄》二卷、《孫氏群書目錄》二卷，沈氏、孫氏亦不考其姓名。倘諸目多能傳世，則吾人對宋代藏書所知當可更詳也。

三、圖書之典藏

宋人藏書，或費手鈔之勞，孜孜讎校，老而不廢；或節衣縮食，悉力營聚，得之艱而好之篤，情壹志專，故珍護逾恒。儲藏裝修一切整理保管方法，無不刻意考究，力求至善。其保護圖書之法，雖無專書記載，然雜考傳記雜說，猶可窺見一斑，茲酌考述之。

欲藏書之能傳諸久遠，故抄刻書之紙張必求堅韌。宋人藏書既以手抄為主，

故所抄書紙多選用由拳紙或鄂州蒲圻縣紙。如王明清《揮麈後錄》卷五謂江正家藏書多用由拳紙，徐度《卻掃編》卷下亦謂王欽臣抄書必用鄂州蒲圻縣紙。陸游云：「前輩傳書，多用鄂州蒲圻縣紙，云厚薄緊慢皆得中，又性與麵黏相宜，能久不脫。」〔註11〕由拳紙即藤紙，浙江餘杭有由拳山，旁有由拳村，產藤紙，故名。今見宋刻本，除藤紙外，又有桑皮紙及麻紙，皆取其堅韌不易破裂。

其次裝訂方面，王洙嘗云：作書冊，粘葉爲上，久脫爛，苟不逸去，尋其次第，足可抄錄。屢得逸書，以此獲全。若縫繢，歲久斷絕，即難次序。嘗與宋綬談之，綬悉令家所錄者作粘法，錢勰所蓄亦如是。〔註12〕此所謂之粘葉，即宋元通行之胡蝶裝，書葉反摺，文字向裡，各葉以漿糊粘連之，外裹書皮。置架時，以書側立放置，書背向上，故宋人謂之插架。因版心在內，書冊三邊係空白，插架時之摩擦，不致損及文字。此等裝訂主用漿糊粘連，倘漿糊不善，則易生蠹而損書。陳師道《後山談叢》卷二云：「趙元考用寒食麵，臘月雪水爲糊，則不蠹。」寒食麵者，乃清明前一日收穫之麥磨製麵粉，再用臘月之雪溶水調漿糊，可以防蠹，宋人大抵以此法爲常。宋祁贈眉州孫氏書樓詩，詠孫氏藏書有句云：「魯簡多年屋壁藏，始營翬棘瞰堂皇，檾櫥四匝香防蠹，鏤槧千題縹製囊。」〔註13〕知其藏書用月白色之書帙包裹以資保護，放置書櫥中以香防蠹，則亦善於典藏者也。

費袞《梁谿漫志》卷三載司馬溫公讀書法，謂司馬光獨樂園之讀書堂，藏文史萬餘卷。司馬光晨夕所常閱者，雖累數十年皆新若手未觸者。每歲以二伏及重陽間，視天氣晴明日，即設几案於當日所，側群書其上，以曝其腦。是以年月雖深，終不損動。至於啓卷，必先視几案潔淨，藉以茵褥，然後端坐看之。或欲行看，即承以方版，未嘗敢空手捧之，非惟手汗漬及，亦慮觸動其腦。宋代藏書家對於書籍之愛護有如是者，足供現代負善本典藏之責者之參考。

古代官府藏書爲防不虞，往往多備副本。《隋志》載開皇中整理所得典籍存爲古本，又召工書之士傳錄爲正副二本藏於宮中。煬帝即位，將秘閣之書，寫五十副本，分置西京東都之宮省官府。如此者，蓋防偶有水火之災，猶可補緝，不致全毀。宋眞宗時，曾將館閣所藏秘書，另寫兩部，一置禁中龍圖

〔註11〕見《老學庵筆記》卷二。
〔註12〕見《墨莊漫錄》卷四。
〔註13〕見《景文集》卷十五〈寄題眉州孫氏書樓詩〉。

閣，一置後苑之太清樓。大中祥符八年，王宮火，崇文院館閣藏書多煨燼，得據太清樓藏本補寫，即備置副本之功效。秘閣以國家之力抄寫副本，當非難事。私家藏書，在五代以前，是否亦備置副本，因文獻不足，尚無可考。宋代私人收藏，即往往有抄錄副本者。徐度《卻掃編》卷下載王欽臣每傳抄一書，必以鄂州蒲圻縣紙爲冊，此本專以借人及子弟觀之。又別寫一本，以絹素背之，號鎮庫書，非己不得見也。又如劉儀鳳在都下累年，得俸專以傳書，書必三本。既歸蜀，分作三船，行至秭歸新灘，一舟爲灘石所敗，餘二舟無他。即沿秘閣多錄副本以防不虞之意也。

宋人既知珍護其書籍，故往往築閣建樓以貯之。孫抃之六世祖孫長孺，爲樓以儲書，蜀人號爲書樓孫家。樓燬於五代，至孫抃之從子孫闢重建樓於魚鯽鄉，其名復著。江正藏書殆數萬卷，老爲安陸刺史，盡輦其書，築室貯之。劉式家無餘貲，既歿，獨有圖書數千卷藏於墨莊以遺子孫。司馬光文史萬餘卷，藏於獨樂園之讀書堂。田偉建博古堂，藏書三萬七千卷。李常少時讀書廬山之五老峰下白石僧舍，既擢第，留所抄書九千卷，名舍曰李氏山房。錢龢居九里松之間，嘗建傑閣以貯書，東坡榜之曰錢氏書藏。陳景元所居以道儒醫書各爲齋館而區別之。賀鑄退居吳下昇平橋及橫塘別墅，企鴻軒爲其藏書之處。范貺作經史閣以藏書。葉夢得藏書逾十萬卷，寘之霅川弁山山居，建書樓以貯之。方漸積書至數千卷，增四壁爲閣以藏其書，牓曰富文。石邦哲築博古堂以藏其書。李衡避地居崑山，作樂庵以藏其經史圖書。劉儀鳳儲書萬餘卷，築閣貯之。尤袤家有遂初堂藏書，爲當世之冠。陸游名其藏書之室曰書巢。張鎡築萬卷堂以貯其書。蔡瑞築石庵以置其書。潘景憲藏書之處曰可庵，其左右兩齋，曰庶齋及省齋，藏書近萬卷。彭惟孝聚書萬餘卷，號彭氏山房。樓鑰藏書之處曰東樓，史守之藏書之處曰碧沚，宣獻東樓，鴻禧碧沚，以藏書聞名於浙江鄞縣。衛湜起櫟齋以藏其書。徐鹿卿嘗構閣以藏書，名之曰味書閣。陳起所開書肆，名芸居樓，亦藏書之所。許棐隱居秦溪，築梅屋以儲書。俞琰隱居吳之南園，老屋數椽以貯其古書金石。周密藏書四萬二千餘卷，庋置書種、志雅二堂。皆特構樓閣以貯所藏也，惟其構築之形式及如何預防水火，以資料缺乏，無從考見耳。

四、圖書之利用

宋代私人藏書，較之今日之圖書館，誠遠不相及。然當時既無公共圖書

館，而秘閣之藏書，又非士民所可得而閱覽。則鄉里之民，實幸有一二藏書家之藏書可供借閱，彼等甚至建書院學堂以延四方學者，利便好學之士。藏書家之裨助學術，貢獻社會，豈可忽哉！今略舉其要：如戚同文嘗築室聚徒講學，請益之人不遠千里而至。既歿，曹誠於其地建書院，真宗乃賜名應天書院，戚氏之孫舜賓主之。宋敏求藏書三萬卷，家居春明坊，士大夫喜讀書者，皆僦居其側，以便借置善本，當時春明宅子，比他處僦值常高一倍。李常少時讀書于廬山五老峰下白石庵之僧舍，既去，而書藏于山中如故，山中人思之，指其所居為李氏山房，其書不藏于家，而藏于僧舍，以供人用，以供人用，不啻當時之公共圖書館也。陳景元所居以道儒醫書各為齋館而區別之，四方學者來從其游，則隨所類齋館，相與校讎，於是人人得盡其學，而所藏號為完書。凡此種種實為後代私立圖書館之胚基。

　　不僅如此，但以藏書公開供讀者之閱覽，復為利便讀者，而具備膳餼。如胡仲堯構學舍于華林山別墅，聚書萬卷，大設廚廩以延四方游學之士，子弟及遠方之士肄學者，常數十人，歲時討論講席無絕。李昉闢學館，給廩餼以延學者。陳巽於別墅建家塾聚書，延四方學者，伏臘皆資焉，江南名士，皆肄業於其家。潘景憲買地於金華之別麓，其二齋儲書且萬卷，以待朋友之習，市良田百畝以為講習聚食之資。又如蔡瑞買書置石庵，增其屋為便房，願讀者處焉，買田百畝助之食。是不僅備膳廩，且構屋以供宿也，幾有現代公共圖書館之規模。兩宋學術昌盛，私人藏書家之貢獻，實甚巨也。

五、圖書之存佚

　　世間凡物未有聚而不散者，而書為甚。宋代私家藏書盛極一時，雖愛護有加，然存於今者蓋寡，考其圖書散佚之因有四：

　　一曰燬於兵燹。葉夢得云：「吾家舊藏書三萬餘卷，喪亂以來，所亡幾半。」〔註14〕晁公武《郡齋讀書志‧序》云：「公武家自文元公以來，以翰墨為業者七世，故家多藏書。至於是正之功，世無與讓焉。然自中原無事時，已有大厄，及兵戈之後，尺素不存。」陸游〈跋京本家語〉云：「本朝藏書之家，獨稱李邯鄲公、宋常山公，所蓄皆不減三萬卷，而宋書校讎，尤為精詳，不幸兩遭回祿之禍，而方策掃地矣。李氏書屬靖康之變，金人犯闕，散亡皆盡。收書之富，獨稱江浙，繼而胡騎南騖，州縣悉遭焚劫，異時藏書之家，百不

〔註14〕見《避暑錄話》卷上。

一存，縱有在者，又皆零落不全。」〔註15〕王明清《揮麈錄》卷一云：「承平時士大夫家如南都戚氏、歷陽沈氏、廬山李氏、九江陳氏、番易吳氏，俱有藏書之名，今皆散逸。」《後錄》卷七亦云：「靖康俶擾，中秘所藏與士大夫家悉爲烏有。」《齊東野語》卷十二云：「宋承平時，如南都戚氏、歷陽沈氏、廬山李氏、九江陳氏、番易吳氏……。次如曾南豐及李氏山房亦皆一二萬卷，然其後靡不厄於兵火者。」此北宋私人藏書，所罹於靖康建炎之兵禍者。王明清《揮麈後錄》卷七又云：「建炎初，寇盜蜂起，惟德安以邑令陳規元則帥眾堅守，秋毫無犯，事聞，擢守本郡。先祖之遺書，留空宅中，悉爲元則載之而去。」此則兵亂中寇盜軍匪之巧取豪奪。李清照〈金石錄後序〉云：「建炎丁未十二月，金人陷青州，凡所謂十餘屋者，已皆爲煨燼矣。建炎己酉冬十二月，金人陷洪州，所謂連艫渡江之書，又散爲雲烟矣。……紹興壬子，將家中所有寄剡，官軍收叛卒取去，聞盡入故李將軍家。所謂巋然獨存者，無慮十去五六矣。」此則靖康之際，圖書煨於兵匪之禍也。

二曰煨於水火。黃伯思〈跋元和姓纂後〉云：「富鄭公家書，甲子歲洛陽大水，第公書無慮萬卷，率漂沒放失，市人時得而粥之，鎮海節度使印章猶在。」〔註16〕《老學庵筆記》卷二：「劉韶美在都下累年……得俸專以傳書，書必三本。……既歸蜀，亦分作三船以備失壞，已而行至秭歸新灘，一舟爲灘石所敗，餘二舟無他，遂以歸普慈，築閣貯之。」此則厄於水也。晁說之〈劉氏藏書記〉云：「惟是宋宣獻家四世以名德相繼，而兼有畢丞相、楊文莊二家之書，其富蓋有王府不及者，元符中一夕災爲灰燼矣。予家則五世于茲也，雖不敢與宋氏爭多，而校讎是正，則未肯自讓，乃去年冬火亦告譴。」《史略》卷五云：「邯鄲李氏所藏亦然，政和甲午亦火。」王明清《揮麈後錄》卷七云：「南渡以來，惟葉少蘊夢得少年貴盛，平生好收書，逾十萬卷，置之霅川弁山山居，建書樓以貯之，極爲華煥，丁卯冬，其宅與書俱蕩一燎。李泰發家舊有萬餘卷，亦以是歲火於秦，豈厄會自有時邪？」《直齋書錄解題》卷八云：「錫山尤氏尙書袤延之，淳熙名臣，藏書至多，法書尤當，嘗爇於火，今其存亡幾矣。」此則厄於火也。

三曰子孫不肖。圖書往往聚於好書之祖先，而散於不能克紹箕裘之子孫。江正嘗收吳越江南之藏，藏書稱富，然其後子孫不能守，有用以藉物，資以

〔註15〕見《渭南文集》卷二十八。
〔註16〕見《東觀餘論》卷下。

爇炊者矣。王明清《揮麈後錄》卷五云：「正既歿，子孫不能守，悉散落於民間，火燔水溺，鼠蟲齧棄，並奴僕盜去，市人裂之以藉物。有張氏者所購最多，其貧也乃用以爲爨，凡一篋書爲一炊飯，江氏書至此窮矣。」晁說之〈劉氏藏書記〉云：「本朝如王文康初于周相世宗，多有唐室舊書，今其子孫不知何在，寧論其書之存亡。……李文正，……今其家僅有敗屋數楹，而書不知何在也。」公卿大夫儒林之士所有之書，往往隨其人而逝矣，傳諸再世者蓋寡，而況曾玄之守邪？陳亞藏書數千卷，嘗作詩遺其後日：「滿室圖書雜典墳，華亭仙客岱雲根，他年若不和花賣，便是吾家好子孫。」亞死，悉歸他姓。《建炎以來朝野雜記・甲集》卷四云：「高宗始南渡，書籍散失。紹興初，有言賀方回子孫鬻故書於道者，上命有司市之。」不肖子孫，不克繼承先志，簡帙之散佚，吾人當爲文獻無徵惜也。

　　四日書禁之厄。高宗朝，秦檜擅國，禁書之事爲時雖暫，而爲禍甚烈。據王明清所記，亦可以知矣。《揮麈後錄》卷七云：「丁卯歲，秦檜之擅國，言者論會稽士大夫家藏野史，以謗時政，初未知爲李泰發家設也。是時明清從舅氏曾宏甫守京口，老母懼焉，凡前人所記本朝典故，與夫先人所述史稿雜記之類，悉付之回祿，每一思之，痛心疾首。」當時除官書焚棄外，其懾於苛政，惑於訛言，凡與私史有關之典籍損失當亦不少。

　　宋代私家藏書流傳於後代者，惟南宋中興時期、末期之少數藏書家，其藏書尚偶見於後世藏書志之著錄，如《天祿琳琅書目續編》卷六著錄宋刻《昌黎先生詩集》，乃樓鑰藏書。《天祿琳琅書目》卷二著錄宋刻《資治通鑑考異》、卷四著錄《四明志》，《士禮居藏書題跋記》卷五著錄宋書棚本徐度《卻掃編》，《愛日精廬藏書志》卷二十六著錄《藝文類聚》，均爲史守之藏書。《天祿琳琅續篇》卷二著錄《童溪王先生易傳》，《四庫全書總目》卷三著錄《丙子學易編》，《楹書隅錄》卷一著錄宋本《誠齋易傳》，《藏園群書題記續集》卷一著錄南宋監本《周易正義》，均爲俞琰藏書。此乃宋人收藏存於後世可考見者。至於南宋末期諸藏書家所刻之書，如岳珂、陳起、陳思、廖瑩中等家刻本，傳於今者尚不乏也。

六、藏書家之地區分佈

　　兩宋私人藏書家於其藏書，雖愛護逾恆，然並非珍秘扃藏，大都公之鄉里，對於學術文化之發揚，當不無影響，此二者實互爲因果。故於藏書家地

區之分佈，略可窺見各地文化盛衰之消息。雖因書缺有間，吾人不能獲見宋代藏書家之全貌，茲僅就所考得之一百二十六人，除極少數不詳籍貫外，依其地區分載於次：

河南：丁顗、高頔、戚同文、趙安仁、程貴、王洙、富弼、司馬光、王欽臣、大梁蔡氏、昌王宗晟、榮王宗綽、畢良史、井度（四川收藏）、岳珂凡十五人。

浙江：錢惟演、月河莫氏、關景仁、陳貽範、錢勰、蘇緘、沈思、文瑩、鮑愼由、石公弼、李光、諸葛行仁、陸宰、聞人滋、石邦哲、陸游、沈瀛、潘景憲、李孟傳、樓鑰、倪思、史守之、吳如愚、陳起、陳振孫、許棐、陳思、趙與懃、王柏、賈似道、周密凡三十一人。

江蘇：江正（遷家安陸）、郭延澤、陳亞、周啓明、李淑、李定、賀鑄、張塈、魏衍、葉夢得、張邦基、李衡、尤袤、周煇、衛湜、俞琰凡十六人。

四川：孫光憲、眉山孫氏、杜鼎昇、宇文季蒙、宇文虛中、劉儀鳳、李心傳七人。

江西：胡仲堯、劉式、陳巽、晏殊、劉沆、歐陽修、曾鞏、吳良嗣、李常、劉恕、陳景元、張氵宏、彭惟孝、徐鹿卿、陳宗禮凡十五人。

安徽：姚鉉、沈立、亳州祁氏、濡須秦氏、王莘、王銍、王明清七人。

福建：楊徽之、黃晞、吳秘、蘇頌、曾旼、吳與、黃伯思、林霆、方漸、莆田李氏、鄭樵、鄭寅凡十二人。

山西：王溥、畢士安二人。

河北：李昉、宋白、宋綬、宋敏求、劉摯、郭永六人。

山東：趙彥若、晁說之、趙明誠、董逌、東平朱氏、晁公武（四川收藏）五人。

湖北：田偉、趙令畤、范昶三人。

湖南：朱昂、李傑二人。

陝西：呂大防一人。

由上列統計以浙江最多，其次江蘇，再次江西、河南，又次福建，其餘各省皆不及十人。復依時代分析，北宋初期之藏書家十四人中，河南即佔三人爲最多，蓋因首都開封在河南，爲當時之政治文化中心也。而四川猶能與

江蘇、江西相頡頏，各有二人，浙江僅有錢惟演一家而已。北宋承平時期，
文化重心漸次南移長江流域，在所考得此時期藏書家四十八人中，江西九人，
爲此時期之冠；其次河南七人，江蘇、浙江亦興起，與河南等；長江流域其
他省分如安徽、湖北、湖南俱有藏書家之出現；福建亦漸增，得四人。靖康
之亂後，政治中心南移浙江臨安，北方文人學士亦多隨宋室南遷，故迄南宋
末季，藏書家以浙江爲獨盛，遠超過其他諸省。江蘇居次，福建興起，足與
江蘇相頡頏，江西地區雖已不如北宋時期之盛，然與安徽等地尚能均衡發展。
南宋時就祖籍而言，北方雖亦有藏書家，然大抵已南遷，寓居南方各地，已
不得視作北方藏書家也。從宋代藏書家地區之分佈及其起伏情形覘之，實與
宋代各地學術文化之興衰變遷息息相關也。

第二章　五代入宋時期藏書家

　　本章收錄之藏書家凡十四人，均生於五代而後入宋，且大多嘗仕宦於五代十國及宋初者。唐代秘閣藏書自經黃巢之亂，兩京覆沒，焚蕩殆盡，昭宗遷都洛陽，僅餘數千卷。降及五代，干戈相尋，內府收藏，無所增益。而地方藩鎮，因僻處一隅，稍能生息，藏書反較豐。史載宋太祖討平吳、蜀，嘗以所獲文史副本分賜大臣，可知也。本期藏書家中不乏由十國入宋者，孫光憲由荊南，江正、錢惟演由江南，胡仲堯、郭延澤由南唐是也。因彼等之收藏多取之藩鎮，如江正多得江南錢氏書，郭延澤多得南唐李氏書。《方輿勝覽》載眞宗景德中，朝廷遣使詣郭延澤家，取三館（昭文、集賢、史館）所闕之書，多至三千卷以進。由此例之，宋初秘閣藏書之盛，頗取自於私人藏書家也。而唐末五代秘閣藏書分裂之局面，入宋復趨於一統，不能不歸功於私家之收藏，此一時期藏書家分佈之地區頗廣，有河南、江蘇、江西、四川、河北、山西、浙江、福建、湖南九省。而江南之江正，晚年遷家湖北安陸，藏書盡輦以往，而開湖北藏書之先聲。

一、孫光憲

　　孫光憲，字孟文，四川陵州貴平人。〔註1〕世業農畝，惟光憲少好學。游荊渚，高從誨見而重之，署爲從事。歷保融及繼沖三世皆在幕府，累官至檢校秘書監兼御史大夫，賜金紫。慕容延釗等救郎州之亂，假道荊南，繼沖開

〔註1〕　《藏書紀事詩》、《中國藏書家考略》「陵州」均作「陵川」，誤也。按《郡齋讀書志》卷十八「孫光憲《篓湖編玩》三卷」條、《宋史》卷四百八十三、《宋史新編》卷一百九十一、《十國春秋》卷一百零二、《宋詩紀事》卷二、《仁壽縣志》卷四均作「陵州」。按陵川屬山西，陵州屬四川，貴平在蜀，故應作「陵州」。

門納延剡。光憲乃勸繼沖獻三州之地，太祖聞之甚悅，授光憲黃州刺史，賜賚加等，在郡有治聲。乾德六年宰相有薦光憲爲學士者，未及召，會卒。

光憲博通經史，性嗜經籍，聚書凡數千卷，或自抄寫，孜孜讎校，老而不廢。好撰著，自號葆光子。著有《荊台集》三十卷、《鞏湖編玩》三卷、《筆傭集》三卷、《橘齋集》二卷、《北夢瑣言》三十卷、《蠶書》二卷。又撰《續通歷紀事》，頗失實，太平興國初，詔毀之。光憲素以文學自負，處荊南，怏怏不得志。常慕史氏之作，頗恨居諸侯幕府，不足展其才力。每謂知交曰：「寧知獲麟之筆，反爲倚馬之用。」光憲又雅善小詞，蜀人輯《花間集》，采其辭至六十餘篇。〔註2〕

《藏書紀事詩》卷一、《中國藏書家考略》載有此人，知爲宋代藏書家。

二、眉山孫氏（孫降衷、孫抃、孫闢）

宋魏了翁〈眉山孫氏書樓記〉云：「孫氏居眉以姓者，自唐迄今，人物之懿，史不絕書，而爲樓以儲書則由長孫始。樓建於唐之開成，至光啓元年僖宗御武德殿，書『書樓』二字賜之，今石本尚存。自僞蜀燬于災，乃遷魚鰍。其居爲佛氏所廬，今所謂傳燈院是也，若里巷則固以書樓名。長孫之五世孫降衷，常遊河洛，識藝祖皇帝于龍潛。建隆初召至便殿，賜衣帶圭田，特授眉州別駕。因市監書萬卷以還，然樓猶未復也。別駕之孫闢乃入都，傳東壁西雝之副與官本，市書輛載而歸。即所居復建重樓藏之，魚鰍之有樓則昉乎此。又嘗除塾爲師徒講肄之所，號山學，於是士負笈景從，而書樓山學之名聞于時矣。方樓之再建也，在天聖初，闢之從兄講君堪嘗爲作記，錢內翰希白、宋景文子京皆賦詩。闢性偶儻，不耐衣冠，衣方士服。其卒也，從弟文懿公爲識其甕，有『不儒其身而儒其心』之語，故里人又以儒心名之。比歲樓又燬于災，書僅有存者。儒心之六世孫曰某，懼歿厥世，乃更諸爽壋，以唐僖宗所書樓刻揭之。樓視舊增拓焉，且病所儲之未廣，走行闕下，傳抄貿易以補闕遺，竭其餘力，復興山學。」〔註3〕

又〈跋尤氏遂初堂藏書目錄序後〉云：「孫長孺自唐僖宗爲榜『書樓』二字，國朝之藏書者莫先焉。」〔註4〕

〔註2〕據《宋史》卷四百八十三〈荊南高氏世家〉、《十國春秋》卷一百零二。
〔註3〕見《鶴山先生大全文集》卷四十一。
〔註4〕見《鶴山先生大全文集》卷六十三。

宋宋祁〈寄題眉州孫氏書樓詩〉云：「魯簡多年屋壁藏，始營翬棘瞰堂皇，鬖廚四匝香防蠹，鏤槧千題縹製囊。定與鄉人評月旦，何妨婢子誦靈光。良辰更此邀清賞，庭樹交陰雋味長。」〔註5〕

宋曾鞏《隆平集》卷八云：「孫抃，字夢得，眉州人。六世祖長孺，喜藏書，為樓而置其上，蜀人號為書樓孫家。」〔註6〕

宋祝穆《方輿勝覽》卷五十三云：「孫抃喜藏書，為書樓置書其上，號書樓孫氏。」

據以上所引，知眉山孫氏藏書，始於唐僖宗之孫長孺，魏氏〈書樓記〉作長孫，字之誤也。樓燬於五代，至五世孫降衷，始增益所藏萬卷，七世孫闢重建書樓於魚鰤鄉，其名復著。據宋祁贈詩所云，以香防蠹，以縹製囊，則善於典藏者。至於孫抃，按《隆平集》及蘇頌《蘇魏公集》卷五十五所載孫抃墓誌銘，卷六十三所載孫氏行狀，為長孺六世孫。論行輩為降衷之從子，闢之從父。惟墓銘、行狀未記其藏書事也。

《藏書紀事詩》卷一、《中國藏書家考略》僅載孫長孺，未載孫降衷以下諸人。

三、丁 顗

《宋史》卷二百九十二〈丁度傳〉云：「其先恩州清河人，祖顗，後唐清泰初陷契丹，逃歸，徙居祥符。父逢吉以醫術事真宗藩邸，然好聚書，與儒者游。」

攷宋司馬光《涑水紀聞》卷十云：「丁度，字公雅，開封祥符人。祖顗，盡其家資聚書至八千卷，為大室以貯之。曰：『吾聚書多，雖不能讀，必有好學者為吾子孫矣。』」

明祁承爜《澹生堂藏書約》則云：「宋丁顗盡其家貲，置書十萬餘卷，且曰：『吾聚書多矣，必有好學者為吾子孫。』後其孫度，竟登博學宏詞科，至參知政事。」

據此，知丁顗河南開封祥符人，丁度之祖，乃宋代藏書家。而《宋史》以藏書歸之於丁逢吉，則誤矣。惟司馬光謂丁顗藏書八十卷，祁承爜則謂十萬餘卷，恐有誤，待考。

〔註5〕見《景文集》卷十五。
〔註6〕《郡齋讀書志》卷十九「《孫文懿集》三十卷」條所載略同。

－21－

《藏書紀事詩》卷一、《中國藏書家考略》載有此人。

四、江　正

《揮麈後錄》卷五云：「樊若水夜釣采石，世多知之。宋咸《笑談錄》云：李煜有國日，樊若水與江氏子共謀。江年少而黠，時李主重佛法，即削髮投法眼禪師為弟子，隨入禁苑，因遂得幸。法眼示寂，代其住持建康清涼寺，號曰小長老，眷渥無間，凡國中虛實盡得之。先令若水走闕下，獻下江南之策，江為內應。其後李主既俘，各命以官。江後累典名州，家於安陸，子孫亦無聞。鄭毅夫為〈江氏書目記〉，載文集中，云：『舊藏江氏書數百卷，缺落不甚完。予凡三歸安陸，大為搜訪，殘帙遺編，往往得之，閭巷間無遺矣，僅獲五百十卷。通舊藏凡千一百卷，江氏遺書具此矣。江氏名正，字元叔，江南人。太祖時同樊若水獻策，取李氏，仕至比部郎中。嘗為越州刺史，越有錢氏時書，正借本謄寫，遂並其本有之。及破江南，又得其逸書，兼吳越所得，殆數萬卷。老為安陸刺史，盡輦其書，築室貯之。正既歿，子孫不能守，悉散落於民間，火燔水溺，鼠蟲齧棄，並奴僕盜去，市人裂之以藉物。有張氏者所購最多，其貧也乃用以為爨，凡一篋書為一炊飯，江氏書至此窮矣。然余家之所有，幸而僅存者，蓋自吾祖田曹始蓄之，至余三世矣。於余則固能保有之，於其後則非余所知也。然物亦有數，或存或亡，安知異日終不亡哉！故記盛衰之迹，俾子孫知其所自，則庶乎或有能保之者矣。書多用由拳紙，方冊如笏頭，青縑為褾，字體工拙不一。《史記》、《晉書》或為行書，筆墨尤勁，其末用越州觀察使印，亦有江氏所題。余在杭州，命善書者補其缺，未具也。』」

宋周必大〈跋江氏舊書〉云：「右安陸江氏書一卷，頗有誤字，首印江元叔書籍記，末用越州管內觀察之印，不知元叔守越時錄本，或錢舊書也。子孫不能守，多入鄉人翰林學士鄭獬毅夫家，贛州興學主簿余鏞得此以遺予，乃錄毅夫《鄖溪集》所載記文於後，慶元戊午歲戊午月戊午日。」〔註7〕

宋魏了翁〈眉山孫氏書樓記〉云：「本朝之初，如江元叔所藏，合江南及吳越之書，凡數萬卷，而子孫不能有之，為臧僕盜去，與市人裂之以藉物者，不可勝數。余嘗偶過安陸，亦得其吳越省中所藏《晉史》，則佚於它人者可知。張氏得江書最多，其貧也，一篋之富，僅供一炊。」〔註8〕

〔註7〕見《文忠集》卷四十八。
〔註8〕見《鶴山先生大全集》卷四十一。

　　按：江正，字元叔，江南人。藏書數萬卷，沒後子孫不能守，悉散落于民間。其入于安陸張氏者，傳之未幾，一簏之富，僅供一炊。其入于鄭氏者，僅一千一百卷。鄭氏三歸安陸，大爲搜訪，殘帙遺編，往往得之閭巷，鄭毅夫〈江氏書目記〉載之甚詳。惟傳世鄭獬《郎溪集》三十卷，乃輯自明《永樂大典》，已無〈江氏書目記〉矣。此記僅存於王明清《揮麈後錄》卷五，據此知有《江氏書目》矣。周必大亦曾得安陸江氏書一卷，而《宋史·藝文志》亦有《徐州江氏書目》二卷。

　　《藏書紀事詩》卷一、〈宋代私家藏書概略〉、〈江蘇藏書家小史〉、《中國藏書家考略》均載有此人。

五、高頔（905～986）〔註9〕

　　高頔，字子奇，河南開封雍丘人。後唐清泰中舉進士，四遷魏博觀察支使。周顯德中，符彥卿奏署掌書記，時太宗親迎懿皇后于大名，彥卿遣頔迎候，日夕陪接，尤伸款好。後隨彥卿鎮鳳翔，會詔留彥卿洛陽，頔復爲天雄軍掌書記。後以病免，居於魏。太宗時拜頔左補闕致仕，賜錢十萬。雍熙三年卒，年八十二。〔註10〕

　　宋柳開〈高公墓誌銘〉謂高頔「手抄書千卷，字細如豆，無漏無誤，老而益精，得之者藏焉。」《宋史》本傳亦云：「頔有清節，力學彊記，手寫書千餘卷。」

　　《藏書紀事詩》卷一載有此人，知爲宋初藏書家，惟收藏情形不詳。

六、戚同文

　　戚同文，字同文，一字文約，〔註11〕河南楚丘人。幼孤，事祖母以孝聞。始聞邑人楊愨教授生徒，日過其學舍，因授《禮記》，隨即成誦，日諷一卷，愨異而留之。不終歲畢誦五經，愨即妻以女弟。自是彌益勤勵讀書，累年不解帶。時晉末喪亂，絕意祿仕。愨依將軍趙直家，遇疾不起，以家事託同文，

〔註9〕　本文所載藏書家生卒年，大抵據《宋人傳記資料索引》。凡據他書者皆加註說明之。

〔註10〕據宋柳開《河東集》卷十五〈宋故中大夫左補闕致仕高公墓誌銘〉、《宋史》卷四百四十。

〔註11〕《宋史》卷四百五十七、《史質》卷七十五、《宋史新編》卷一百七十七均作「字同文」。《隆平集》卷十三、《東都事略》卷四十七、《宋史》卷三百零六則作「字文約」。

即爲葬三世數喪。直復厚加禮待，爲聚徒講學，請益之人不遠千里而至。相繼登科者五十六人，踐台閣者亦至十數。同文性好與，尚信義，所與遊皆一時名士。樂聞人善，未嘗言人短。生平不至京師，卒於漢東，年七十三。喜讀書，收藏甚富。好爲詩，有《孟諸集》二十卷。楊徽之嘗因使至郡，一見相善，多與酬唱。及卒，徽之及其門人追號堅素先生。〔註12〕

《揮塵錄》卷一云：「承平時，士大夫家如南都戚氏、歷陽沈氏、盧山李氏、九江陳氏、番易吳氏，俱有藏書之名，今皆散逸。」

《齊東野語》卷十二亦云：「宋室承平時，如南都戚氏、歷陽沈氏、盧山李氏、九江陳氏、番易吳氏、王文康、李文正、宋宣獻、晁以道、劉壯輿，皆號藏書之富。」。

據二書所載，則戚氏乃當代有名之藏書家。

宋徐度《卻掃編》卷上云：「五代之亂，天下無復學校，皇朝受命，方削平四方，故於庠序之事，亦未暇及。宋城富人曹誠者，獨首捐私錢，建書院城中，前廟後堂，旁列齋舍凡百餘區，既成，邀楚邱戚先生主之。先生名同文，生唐天祐中，歷五代，入本朝，皆不仕，以文學行義爲學者師。及是四方之士爭趨之。曹氏益復買田市書，以待來者。先生乃制爲學規，凡課試講肄，勸督懲賞，莫不有法；寧親歸沐，與親戚還往，莫不有時。而皆曲盡人情，故士尤樂從焉。由此書院日以寖盛，事聞京師，有詔賜名應天府書院。先生沒，門人私諡爲正素先生。其子綸復以儒學顯，歷事太宗、眞宗兩朝，官至樞密直學士。先生之規，後傳于時。及建太學，詔取以參定學制。予幼時猶及見之，書院即今之國子監也。」

按：徐度謂曹誠建書院，邀戚同文講學，誤也。據《宋史》本傳所載，戚同文講學乃晉末之時，將軍趙直爲築室聚徒，請益之人不遠千里而至。攷宋曾鞏《隆平集》卷十三云：「大中祥符二年，應天府言民有曹誠者，即同文舊居，廣舍百五十楹，聚書千餘卷，以延學者，眞宗嘉之，賜名應天府書院，命綸之子奉禮郎舜賓主之，補試爲府助教。」〔註13〕知曹誠建書院在戚同文殁後，眞宗乃賜名應天府書院，命同文之孫舜賓主之。

《藏書紀事詩》、《中國藏書家考略》不載此人。

〔註12〕據《隆平集》卷十三、《東都事略》四十七、《宋史》卷四百五十七。
〔註13〕《宋史》卷四百五十七所載略同，唯「聚書千餘卷」作「聚書數千卷」。

七、胡仲堯

胡仲堯，字光輔，江西洪州奉新人。累世聚居，至數百口。構學舍于華林山別墅，聚書萬卷，大設廚廩，以延四方游學之士，子弟及遠方之士肄學者常數十人，歲時討論，講席無絕。南唐李煜時，嘗授寺丞。雍熙二年，詔旌門閭。仲堯詣闕謝恩，賜白金器二百兩。淳化中，州境旱歉，仲堯發廩減市直以振饑民，又以私財造南津橋。太宗嘉之，除本州助教，公卿多賦詩稱美。以國子監主簿致仕卒。少好左氏春秋之學，研幾索隱，儒者宗之。〔註14〕

《藏書紀事詩》載有此人，《中國藏書家考略》則未載。

八、楊徽之（921～1000）

楊徽之，字仲猷，福建建州浦城人。幼刻苦為學，南唐時，聞道至汴中。周顯德中，舉進士甲科，歷著作佐郎、右拾遺。乾德初，與鄭玘並出，為天興令。蜀平，移峨眉令。復為著作佐郎、知全州，就遷左拾遺、右補闕。太宗即位，召還。太宗素聞其詩名，因索所著，徽之以數百篇奏御。遷侍御史、權判刑部。轉庫部員外郎，賜金紫，判南曹，同知京朝官差遣。會詔李昉等采緝前代文字，類為《文苑英華》，以徽之精於風雅，分命編詩，為百八十卷。歷遷刑、兵二部郎中。端拱初，拜左諫議大夫，出知許州。入判史館事，加修撰。未幾，改判集賢院。後出為鎮安軍行軍司馬。真宗尹京，妙選僚佐，驛召為左諫議大夫，與畢士安並充開封府判官。東宮建屬，以徽之兼左庶子。嘗出巡田，真宗作詩言懷，因以寄之。遷給事中。真宗即位，拜工部侍郎、樞密直學士，俄兼秘書監。咸平初，加禮部侍郎。二年春，以衰疾求解近職，改兵部，仍兼秘書監。是年秋，特置翰林侍讀學士。明年卒，年八十。贈兵部尚書，賜其家錢五十萬，絹五百匹。錄其外孫宋綬太常寺太祝。景祐二年詔以徽之先帝官僚，特贈太子太師，謚文莊。

徽之純厚清介，守規矩，尚名教，尤疾非道以干進者。徽之寡諧於俗，唯李昉、王祜深所推服，與石熙載、李穆、賈黃中為文義友。自為郎官、御史，朝廷即待以舊德。善談論，多識典故，唐室以來士族人物，悉能詳記。酷好吟詠，每對客論詩，終日忘倦。既歿，有集二十卷留於家，上令夏侯嶠取之以進。〔註15〕

〔註14〕據徐鉉《徐公文集》卷二十八〈洪州華山胡氏書堂記〉、《宋史》卷四百五十六。
〔註15〕據《隆平集》卷十三、《東都事略》卷三十八、《宋史》卷二百九十六、《宋詩

　　晁說之〈劉氏藏書記〉云：「惟是宋宣獻家四世以名德相繼，而兼有畢丞相、楊文莊二家之書。」〔註16〕

　　宋晁公武〈郡齋讀書志序〉云：「逮國朝宋宣獻公亦得畢文簡、楊文莊家書，故所藏之富與秘閣等。」

　　元陸友《研北雜志》卷下云：「宋宣獻公綬，楊徽之外孫，徽之無子，盡付以家所藏書。」卷上亦云：「次道家書數萬卷，多文莊、宣獻手澤。」

　　據此，知楊徽之藏書甚富，無子，舉所藏書悉贈其外孫宋綬，至宋綬之子敏求，仍保有徽之藏書。

　　〈宋代私家藏書概略〉、《中國藏書家考略》載有此人。《藏書紀事詩》未載。

九、王溥（923～982）〔註17〕子貽孫

　　王溥，字齊物，山西并州祁人。漢乾祐中，舉進士甲科，為秘書郎，遷太常寺。廣順初，授左諫議大夫、樞密直學士。二年，遷中書舍人、翰林學士。三年，加戶部侍郎，改端明殿學士，遷中書侍郎、平章事。世宗將親征澤、潞，馮道力諫止，溥獨贊成之。凱還，加兼禮部尚書、監修國史。顯德六年夏，命參加樞密院事。恭帝嗣位，加右僕射。宋初，進位司空，罷參知樞密院。乾德二年，罷為太子太保。五年，丁內艱。服闋，加太子太傅。開寶二年，遷太子太師。太平興國初，封祁國公。七年八月卒，年六十一。贈侍中，諡文獻，後改曰文康。溥性寬厚，美風度，好汲引後進，其所薦至顯位者甚眾。溥好學，手不釋卷，嘗集蘇冕《會要》及崔鉉《續會要》，補其闕漏為百卷，曰《唐會要》。又采朱梁至周為三十卷，曰《五代會要》。有集二十卷。〔註18〕

　　晁說之〈劉氏藏書記〉云：「本朝如王文康，初于周相世宗，多有唐室舊書。今其子孫不知何在，寧論其書之存亡？而所有者書目一編，使好事者對之興歎也。」

紀事》卷二。

〔註16〕見《嵩山景迂生集》卷十六。

〔註17〕王溥生年，《宋人傳記資料索引》作「九二二年」，今據鄭師因百《宋人生卒考示例》作「九二三年」。

〔註18〕據《隆平集》卷四、《東都事略》卷十八、《宋史》卷二百四十九、《宋詩紀事》卷二。

《齊東野語》卷十二云：「宋室承平時如南都戚氏、廬山李氏、九江陳氏、番易吳氏、王文康、李文正、宋宣獻、晁以道、劉壯輿皆號藏書之富。」

《宋史》本傳亦云：「溥好聚書，至萬餘卷，（子）貽孫遍覽之；又多藏法書名畫。」

據此，知王溥乃宋初有名之藏書家，藏書達萬餘卷，多唐室舊書，且有藏書目錄傳於當世。晁說之曾見其書目，而不知其子孫何在，更遑論其書之存亡。

〈宋代私家藏書概略〉載有此人。《藏書紀事詩》、《中國藏書家考略》則未載。

子貽孫，字象賢。少隨周祖典商穎二州，署衙內都指揮使。顯德中，以父在中書，改朝散大夫、著作佐郎。宋初，遷金部員外郎，賜紫，累遷右司郎中。淳化中卒。太祖平吳、蜀，所獲文史副本分賜大臣，其父溥曾顯宦，多得之。溥好聚書，至萬餘卷，貽孫遍覽之，又多藏法書名畫。學問淹博，時以諳練稱。〔註19〕

《中國藏書家考略》載有此人，王貽孫之藏書，蓋襲自其父也。

一○、李昉（925～996）

李昉，字明遠，河北深州饒陽人。漢乾祐舉進士，為秘書郎。宰相馮道引之，與呂端同直弘文館，改右拾遺、集賢殿修撰。周顯德二年，宰相李穀征淮南，昉為記室。師還，擢主客員外郎、知制誥、集賢殿直學士。四年，加史館修撰、判館事。是年冬，世宗南征，從至高郵，命為屯田郎中、翰林學士。建隆初，加中書舍人。三年，罷為給事中。四年，出為彰武軍行軍司馬。開寶二年，召還，復拜中書舍人。未幾，直學士院，三年，知貢舉，五年，復知貢舉。明年五月，復拜中書舍人、翰林學士。太宗即位，加戶部侍郎，受詔與扈蒙、李穆、郭贄、宋白同修《太祖實錄》。從攻太原，師還。以勞拜工部尚書兼承旨。太平興國中，改文明殿學士。時趙普、宋琪居相位久，求其能繼之者，宿舊無踰於昉，遂命參知政事。後昉與琪俱拜平章事，未幾，加監修國史。雍熙元年郊祀，命昉與琪並為左右僕射，昉固辭，乃加中書侍郎。端拱初，布衣翟馬周擊登聞鼓，訟昉居宰相位，當北方有事之時，不為邊備，徒知賦詩宴樂，乃罷昉為右僕射。會邊警益急，詔文武群臣各進策備

〔註19〕據《東都事略》卷十八、《宋史》卷二百四十九。

禦，昉又引漢唐故事，深以屈己修好，弭兵息民爲言，時論稱之。淳化二年，復以本官兼中書侍郎平章事、監修國史。至道二年，陪祀南郊，禮畢入賀，因拜舞仆地，臺吏掖之以出，臥疾數日薨，年七十二。贈司徒，諡文正。

昉和厚多恕，不念舊惡。在位小心循謹，無赫赫稱。爲文章慕白居易，尤淺近易曉。好接賓客，江南平，士大夫歸朝者多從之遊。昉居中書日，有求進用者，雖知其材可取，必正色拒絕之，已而擢用；或不足用，必和顏溫語待之。子弟問其故，曰：「用賢，人主之事；若受其請，是市私恩也，故峻絕之，使恩歸於上。若不用者，既失所望，又無善辭，取怨之道也。」奉敕撰《太平御覽》、《文苑英華》、《太平廣記》等書。有文集五十卷。〔註20〕

晁說之〈劉氏藏書記〉云：「李文貞所藏既富，而且闢學館以延學士大夫，不特見主人，而下馬直入讀書，供牢餼以給其日力，與眾共利之，如此宜其書永久而不復零落，今其家僅有敗屋數楹，而書不知何在也。」

《史略》卷五亦云：「李文正所藏亦富，至闢學館，給廩餼以延者。」

《齊東野語》卷十二云：「宋室承平時如南都戚氏、廬山李氏、九江陳氏、番易吳氏、王文康、李文正、宋宣獻、晁以道、劉壯輿皆號藏書之富。」

據此，知李昉亦宋初有名之藏書家，藏書甚富，且闢學館以延學士大夫。惟其書傳之不久，亦復零落而不知所在。

《藏書紀事詩》、《中國藏書家考略》均未收。〈宋代私家藏書概略〉始載有此人。

一一、朱昂（925～1007）

朱昂，字舉之，其先陝西京兆人，世家漢陂，唐天復末，徙家河南南陽。梁祖篡唐，父葆光與唐舊臣顏蕘、李濤數輩挈家南渡，寓潭州。後濤北歸，葆光樂衡山之勝，遂往家焉。朱遵度好讀書，人號之爲「朱萬卷」，目昂爲「小萬卷」。宋初，昂爲衡州錄事參軍。歷宜城令，開寶中拜太子洗馬、知蓬州，徙廣安軍。遷殿中丞、知泗州。後遷監察御史、江南轉運副使。端拱二年，以本官直秘閣，賜金紫。久之，出知復州，表求謝事，不許。遷水部郎中，復請老，召還，再直秘閣，尋兼越王府記室參軍。眞宗即位，遷秩司封郎中，俄知制誥、判史館，受詔編次三館秘閣書籍。既畢，加吏部。咸平二年，召入翰林爲學士。踰年，乃拜工部侍郎致仕。昂前後所得奉賜，以三分之一購奇書，以諷誦爲樂。

〔註20〕據《隆平集》卷四、《東都事略》卷三十二、《宋史》卷二百六十五。

及是閒居，自稱退叟，著《資理論》三卷上之，詔以其書付史館。昂於所居建二亭：曰知止、曰幽棲。頗好釋氏書。晚歲自爲墓誌。景德四年卒，年八十三，〔註21〕門人諡曰正裕先生。〔註22〕有文集三十卷。〔註23〕

宋王象之《輿地紀勝》卷六十五云：「朱昂、朱協兄弟致仕，咸平初，昂請老，賜城東一坊爲宅，陳堯咨爲尹，題坊曰懸車坊，昂於居建萬卷閣。」

朱昂號爲小萬卷，知其藏書亦達萬卷，萬卷閣當爲其藏書之處。

《藏書紀事詩》卷一、《中國藏書家考略》載有此人。

一二、郭延澤

郭延澤，字德潤，江蘇徐州彭城人。南唐試秘書省正字，乾德中，四遷著作佐郎，轉殿中丞、知建州。淳化二年，太宗聞其好學，博通經籍，詔宰相召問經史大義，皆條對稱旨，命爲史館檢討。歷國子周易博士、國子博士。咸平中求休退，授虞部員外郎致仕。居濠州城南，有小園以自娛，其詠牡丹千餘首。聚圖書萬餘卷，手自刊校。景德初卒。〔註24〕

《方輿勝覽》卷四十八云：「郭延澤知建州，代還致仕，居濠州城南，傳寫書籍至萬卷。景德中，遣使詣其家，取三館所闕書，至三千卷以進。」

據此，知郭延澤藏書萬餘卷，亦宋代藏書家。景德中，於其家取三千卷，以補三館之闕。

《藏書紀事詩》卷一、〈江蘇藏書家小史〉、《中國藏書家考略》載有此人。

一三、劉式（948～997）

劉式，字叔度，江西新喻人。李煜時，舉三傳中第。歸宋，歷遷大理寺丞、贊善大夫、監通州豐利監及主三司都磨勘司，遷秘書丞。至道中，併三勾院爲一，命式領之。再轉工部員外郎，賜金紫。遷刑部。式深究簿領之弊，江淮間舊有橫賦，逋積至多，式奏免之，人以爲便。然所條奏，檢校過峻，爲下吏所訟，免官。至道三年卒，年四十九。累贈至禮部尙書。〔註25〕

〔註21〕《隆平集》作卒年八十二，與《宋史》異。
〔註22〕《隆平集》作「靜裕先生」。
〔註23〕據《隆平集》卷十三、《宋史》卷四百三十九。
〔註24〕據《宋史》卷二百七十一〈郭廷謂傳〉附、清吳世熊修劉庠纂《徐州府志》卷二十二下之上。
〔註25〕據《宋史》卷二百六十七。

宋朱熹〈劉氏墨莊記〉云：「乾道四年秋，熹之友劉清之子澄罷官吳越，相過于潭溪之上，留語數日，相樂也。一旦子澄拱而起立，且言曰：『清之之五世祖磨勘工部府君仕太宗朝，佐邦計者十餘年，既歿，而家無餘貲，獨有圖書數千卷。夫人陳氏指以語諸子曰：此乃父所謂墨莊也。海陵胡公先生聞而賢之，爲記其事。其後諸子及孫比三世，果皆以文章器業爲時聞人。中更變亂，書散不守，清之之先君子獨深念焉，節食縮衣，悉力營聚。至紹興壬申歲，而所謂數千卷者始復其舊。故尙書郎徐公兢、吳公說皆爲大書墨莊二字，以題其藏室之扁。不幸先人棄諸孤，清之兄弟保藏增益，僅不失墜以至於今……。』」〔註26〕

朱熹〈跋白鹿洞所藏漢書〉亦云：「熹既爲劉子和作傳，其子仁季致書，以其先人所藏《漢書》四十四通爲謝。時白鹿洞書院新成，因送使藏之，以備學者看讀。子和五世祖磨勘府君式，南唐時讀書此洞，後仕本朝有名，太祖時，其孫敏、放皆爲聞人。今子和弟子澄之家尙藏其手抄《孟子》、《管子》書，云是洞中日課也。」〔註27〕

按：劉靖之字子和、劉清之字子澄，其五世祖即劉式也。藏書數千卷以遺子孫，至南宋猶存，其藏書之室曰墨莊。

清阮元〈揚州文樓巷墨莊考〉云：「揚州文樓巷墨莊者，宋劉敳、武賢、滌三世之所居也。劉式者，李唐新喻人。生五子，其第四子立德。立德生敳，敳生武賢，武賢生滌，滌生靖之、清之。式字叔度，開寶中隨李氏入宋，官工部員外郎、判三司磨勘司，贈太保、禮部尙書。妻陳夫人，既寡，以遺書教諸子曰：『先大夫秉行清潔，有書數千卷以遺後，是墨莊也，安事隴畝。』諸子怠於學者則爲之不食，由是諸子皆以學爲郎官，孫二十五人，世稱墨莊夫人。此宋初墨莊之在江西者也。立德官秘書監，贈太尉。敳官太中大夫，歷守淮揚池睦溫，始遷居於揚州文樓巷。武賢官承議郎，知盱眙縣，生滌于全椒。滌字全因，兩監潭州南嶽廟，以通直郎致仕。武賢歿，妻李氏，當建炎時，識揚州將亂，與滌避地江西，故兵戈不能害之。滌妻趙氏，賢而文，夫婦手寫經以課子。靖之子和官贛州教授，清之子澄判鄂州，與朱子、羅願相友善。滌請徐兢、吳說各以所善篆楷書墨莊字，此墨莊之在北宋及南宋初。」〔註28〕

〔註26〕見《朱文公文集》卷七十七。
〔註27〕見《朱文公文集》卷八十一。
〔註28〕見《揅經室集・二集》卷二。

《藏書紀事詩》卷一、《中國藏書家考略》載有此人，知劉式乃宋初藏書家。

一四、錢惟演（977～1034）〔註29〕

錢惟演，字希聖，浙江錢塘人，吳越王俶第十四子也。幼有俊才，俶嘗使賦遠山詩，有「高爲天一柱，秀作海山峰」之句，俶深器之。初補牙門將，從俶歸宋，爲右屯衛將軍，歷右神武軍將軍。博學能文辭，召試學士院，以笏起草立就，眞宗稱善。改太僕少卿，獻《咸平聖政錄》。命直秘閣，預修《冊府元龜》，詔與楊億分爲之序。除尚書司封郎中、知制誥，再遷給事中、知審官院。大中祥符八年，爲翰林學士，坐私謁事罷之。尋遷尚書工部侍郎，再爲學士、會靈觀副使。又坐貢舉失實，降給事中。復工部侍郎，擢樞密副使、會靈觀使兼太子賓客，更領祥源觀。累遷工部尚書。仁宗即位，進兵部，拜樞密使。除保大軍節度使、知河陽。踰年，請入朝，加同中書門下平章事、判許州。天聖七年，改武勝軍節度使。明年，又徙泰寧軍節度使。後坐事出爲崇信節度使。景祐元年卒，年五十八。特贈侍中，諡文墨，改諡思，又改諡文僖。

惟演出于勳貴，文辭清麗，名與楊億、劉筠相上下。嘗曰：「學士備顧問，不可不該博。」於書無所不讀，故其家聚書侔於秘府，又多藏古書畫。著有《典懿集》、《樞庭擁旄前後集》、《伊川漢上集》、《金坡遺事》、《飛白書敘錄》、《逢辰錄》、《奉藩書事》。又嘗採鏐及元瓘、佐、俶、俶之詩，合爲一編，名《傳芳集》。〔註30〕

據《隆平集》、《東都事略》、《宋史》諸書本傳所載，知錢惟演家藏書侔於秘府，則甚富也。

《武林藏書錄》卷中、《中國藏書家考略》載有此人。《藏書紀事詩》未收。

〔註29〕錢惟演生年，《宋人傳記資料索引》作「九六二年」，今據《宋人生卒考示例》作「九七七年」。

〔註30〕據《隆平集》卷十二、《東都事略》卷二十四、《宋史》卷三百一十七。

第三章　北宋承平時期藏書家

　　本章蒐錄之藏書家達四十八人，均生存於北宋時期，而其中絕大多數嘗仕宦於眞、仁、英、神四朝者。宋自太祖、太宗削平諸國，收其圖書，並下詔購求，收藏益富，重建昭文、集賢、史館三館及秘閣，合稱館閣以貯之。據仁宗慶曆元年所修成之《崇文總目》所載，館閣收藏共達三萬零六百六十九卷。斯時因承平日久，私家藏書亦以興盛，收藏之豐不遜於館閣。周密稱賀鑄所藏多達十萬餘卷，雖未免誇大其辭。其如榮王宗綽之藏書有七萬卷，固然明胡應麟對此數字嘗表懷疑，然其事南宋初期之高似孫、洪邁俱曾言之。洪氏並謂其父洪晧陷金留燕時，曾獲見其子所進目錄之中冊一帙，所著錄除國子監刻本外，其他抄刻本凡二萬二千餘卷。一冊如此，三冊所著錄共七萬卷，應屬可信。其次如王欽臣家藏四萬三千卷，荊州田氏藏三萬七千卷無重複者，亦均超軼秘閣。再次如宋綬、宋敏求、沈立各藏三萬卷；宋白、蘇頌、月河莫氏、道士陳景元、畢士安等等各數萬卷，此皆足與館閣埒者。藏書在二萬卷以上者，亦有李淑、曾鞏、蔡致君等多人。復自藏書家分佈之地區觀之，以江西九人最多，江浙藏家興起，各七人，與東都之河南相等。福建亦增至四人，視前一時期爲盛。安徽、湖北、陝西、山東亦有藏書家之出現。可覘此一時期之學術文化中心已南移，且遍及長江流域也。收藏之富與地區分佈之廣可爲此一時期之兩大特色。

一、宋白（933~~1009）

　　宋白，字太素，〔註1〕河北大名人。〔註2〕建隆二年，竇儀典貢部，擢進

〔註1〕《隆平集》卷十三作「字素臣」。
〔註2〕《隆平集》卷十三作「開封人」。

-33-

士甲科。乾德初，獻文百軸，試拔萃高等，授著作佐郎。太宗即位，擢爲左拾遺，權知兗州，歲餘召還。預修《太祖實錄》，俄直史館，判吏部南曹。從太宗征太原，劉繼元降，白奏〈平晉頌〉，太宗夜召至行宮褒慰。還京，遂除中書舍人，賜金紫。太平興國五年，與程羽同知貢舉，俄充史館修撰、判館事。八年，復典貢部，改集賢殿直學士、判院事。未幾，召入爲翰林學士。雍熙中，召與李昉等纂《文苑英華》一千卷。端拱初，加禮部侍郎，又知貢舉。至道初，爲翰林學士承旨。二年，遷戶部侍郎，俄兼秘書監。眞宗即位，改吏部侍郎、判昭文館。咸平四年，拜禮部尙書。仕終吏部尙書。大中祥符五年卒，年七十七，贈左僕射，諡文安。嘗類故事千餘門，號《建章集》。唐賢編集遺落者，白多續綴之。有《廣平集》百卷。〔註3〕

　　《宋史》本傳云：「聚書數萬卷，圖畫亦多奇古者。」

　　據此，知宋白藏書數萬卷，亦宋代藏書家，惟《藏書紀事詩》、《中國藏書家考略》均未載。

二、畢士安（938～1005）

　　畢士安，本名士元，字舜舉，改字仁叟，山西代州雲中人，徙居鄭州。乾德四年舉進士，開寶四年，歷濟州團練推官。太平興國初，爲大理丞，領三門發運事。吳越錢俶納土，選知台州。明年，遷左贊善大夫，徙饒州，改殿中丞。召還，爲監察御史。復出知乾州，以母老，改監汝州稻田務。雍熙二年諸王出閣，愼擇僚屬，遷左拾遺兼冀王府記室參軍。再遷考功員外郎。端拱中，詔王府僚屬各獻所著文，以士安爲優，俄以本官知制誥。淳化二年，召入翰林爲學士。三年，知貢舉，加主客郎中，以疾請外，改右諫議大夫、知潁州。眞宗以壽王尹開封府，召爲判官；及爲皇太子，以兼右庶子遷給事中；登位，命權知開封府事，拜工部侍郎、樞密直學士。咸平初，辭府職，拜禮部侍郎，復爲翰林學士。詔選官校勘《三國志》、《晉書》。或有言兩晉事多鄙惡不可流行者，眞宗以語宰相，士安曰：「惡以戒也，善以勸後。善惡之事，《春秋》備載。」眞宗然之，遂命刊刻。士安以目疾求解，改兵部侍郎，出知潞州。入爲翰林侍讀學士。景德初，兼秘書監。契丹謀入境，士安首疏五事應詔，陳選將、餉兵、理財之策，眞宗嘉納。進吏部侍郎、參知政事，

〔註3〕據《隆平集》卷十三、《東都事略》卷三十八、《宋史》四百三十九、《宋詩紀事》卷二。

未閱月，以本官與寇準同拜平章事、兼監修國史，居準上。景德元年，眞宗幸澶淵，士安扶疾從。及罷兵，從還，乃按邊要選良守將易置之。令塞上得境外牛馬類者悉還之，通互市，除鐵禁，招流亡，廣儲蓄。二方既定，中外略安。量時制法，次第施行，復置賢良方正直言極諫等科，以廣取士。二年，章七八上，以病求免，優詔不允。遣使敦諭，不得已，復起視事。十月晨朝，至崇政殿廬，疾暴作，眞宗步出臨視，已不能言，卒年六十八。車駕臨哭，廢朝五日，贈太傅、中書令，謚文簡。

士安端方沈雅、有清識、醞藉、美風采、善談吐，所至以嚴正稱。年耆目眊，讀書不輟，手自讎校，或親自繕寫。又精意詞翰，有文集三十卷。〔註4〕

《墨莊漫錄》卷五云：「藏書之富如宋宣獻、畢文簡、王原叔、錢穆父、王仲室家及荊南田氏、歷陽沈氏，各有書目。」

據此，知畢士安乃宋代有名之藏書家，且有書目流傳於當世，今佚，書名未詳。

士安精讎校，頗多善本，卒後其藏書盡歸宋綬。晁說之〈劉氏藏書記〉云：「宋宣獻家四世以名德相繼，而兼有畢丞相、楊文莊二家之書。」晁公武〈郡齋讀書志序〉亦云：「逮國朝宋宣獻公亦得畢文簡、楊文莊家書，故所藏之富與秘閣等。」

《藏書紀事詩》卷一、〈宋代私家藏書概略〉、《中國藏書家考略》載有此人。

三、趙安仁（958～1018）

趙安仁，字樂道，河南洛陽人。生而穎悟，幼時執筆能大字，十三通經傳大旨，早以文藝稱。雍熙二年，登進士第，補梓州榷鹽院判官，以親老弗果往。會國子監刻《五經正義》板本，以安仁善楷隸，遂奏留書之。歷大理評事、光祿寺丞，召試翰林，以著作佐郎直集賢院，賜緋。時王侯內戚家多以銘誄爲託，改遷太常丞。眞宗即位，拜右正言。預重修《太祖實錄》。咸平三年，知貢舉。未幾，知制誥，副夏侯嶠巡撫江南，還，知審刑院。繼判尚書刑部兼制置群牧使、同知三班審官院。景德初，爲工部員外郎，充翰林學士。二年春，又與晁迥等同知貢舉。三年，以右諫議大夫參知政事，俄修國史。大中祥符初，議封禪，與王欽若並爲泰山經制度置使、判兗州。禮畢，

〔註4〕據《隆平集》卷四、《東都事略》卷四十一、《宋史》卷二百八十一。

復拜工部侍郎。內外書詔有切要者，必經其裁。進秩刑部。五年，以兵部侍郎仍兼修史，奉祀，又同知禮儀院。八年，知貢舉，尋兼宗正卿。國史成，遷右丞。是夏，又爲景靈宮副使。天禧二年，改御史中丞。五月，暴疾卒，年六十一。廢朝，贈吏部尚書，諡文定。有集五十卷。〔註5〕

《宋史》本傳云：「安仁質直純愨，無所矯飾，寬恕謙退，與物無競，雖家人僕使，未嘗見其喜慍。……善訓諸子，各授一經。尤嗜讀書，所得祿賜，多以購書。雖至顯寵，簡儉若平素。時閱典籍，手自讎校。三館舊闕虞世南《北堂書鈔》，惟安仁家有本，眞宗命內侍取之，嘉其好古，手詔褒美。尤知典故，凡近世典章人物之盛，悉能記之。」

據此，知趙安仁所得祿賜，多以購書，且手自讎校，藏有虞世南《北堂書鈔》，眞宗命內侍取之，以補三館之闕，知亦宋代藏書家。

《藏書紀事詩》卷一，《中國藏書家考略》載有此人。

四、姚鉉（968～1020）

姚鉉，字寶之，〔註6〕安徽廬州合肥人。〔註7〕太平興國八年進士甲科，解褐爲大理評事、知潭州湘鄉縣，三遷殿中丞。淳化五年，直史館，侍宴內苑。至道初，遷太常丞，充京西轉運使。歷右正言、右司諫、河東轉運使。咸平三年，加起居舍人、京東轉運使，徙兩浙路。鉉雋爽，頗尚氣。薛映知杭州，與之不協，映摭鉉罪狀數條，密以聞，詔使劾之，貶連州文學。大中祥符五年，會赦，移岳州，又移舒州，俄受本州團練副使。天禧四年卒，年五十三。

鉉文辭敏麗，善筆札，藏書至多，頗有異本。雖被竄斥，猶備夫荷擔以自隨。有集二十卷。又采唐人文章纂爲百卷、目曰《文粹》。卒後，子嗣復以其書上獻，詔藏內府。〔註8〕

《郡齋讀書志》卷二十「文粹一百卷」條下云：「姚鉉字寶臣編。鉉，廬州人。太平興國中進士，文辭敏麗，善書札，藏書至多，頗有異本。累遷兩浙漕司，課吏寫書，采唐世文章，分門編類，初爲五十卷，後復增廣之。爲薛映掎其事，奪官，斥連州。卒後其子以其書上獻，詔藏內府，命一官。」

〔註5〕據《隆平集》卷六、《東都事略》卷四十四、《宋史》卷二百八十七。
〔註6〕《郡齋讀書志》卷二十、《四庫提要》卷一百八十六均作「字寶臣」。
〔註7〕《吳興掌故集》卷二作「吳興人」。
〔註8〕據《宋史》卷四百十一。

據此，知姚鉉亦宋代藏書家，藏書至多，頗有異本。《藏書紀事詩》卷一、《中國藏書家考略》載有此人。

五、杜鼎昇

《茅亭客話》卷十云：「杜鼎昇，字大舉，形氣清秀，有古人之風，鬻書自給。夫婦皆八十歲，每遇芳時好景，出郊選勝偕行，人皆羨其高年逸樂如是。進士張及贈之詩曰：『家本樊川老蜀都，世家冠劍豈寒儒，筆耕尚可儲三載，酒戟猶能敵百夫。僻愛舜琴湘水弄，每懸孫畫醉仙圖，孟光語笑長相逐，喚作梁鴻得也無。』嘗手寫孫思邈〈千金方〉鬻之，凡借本校勘，有縫拆蠹損之，必黏背而歸之，或彼此有錯誤之處，則書箚改正而歸之，且曰：『使人臣知方則忠，使人子知方則孝。』自於〈千金方〉中得服玉泉之道，行之二十年，獲筋體強壯，耳目聰鑒，每寫文字，無黏竄之誤，至卒，方始閣筆。」

按：《茅亭客話》，宋黃休復撰，其所紀述，自宋開寶訖於大中祥符止。又張及為真宗咸平間進士，贈詩時杜氏已高齡，當為宋初人而寓住四川也。生平事蹟不詳。

《藏書紀事詩》卷一載有此人，知杜鼎昇亦宋代藏書家。

六、陳　亞

陳亞，字亞之，江蘇揚州人。咸平五年進士，嘗為杭之於潛令，除守越州、潤州、湖州，官至太常少卿，年七十卒。嘗著藥名詩百餘首行於世，有《澄源集》。〔註9〕

宋王闢之《澠水燕談錄》卷九云：「陳亞少卿，蓄書數千卷，名畫數十軸，平生之所寶者。晚年退居，有華亭雙鶴唳怪石一株，尤奇峭，與異花數十本，列植於所居。為詩以戒子孫：『滿室圖書雜典墳，華亭仙客岱雲根，他年若不和花賣，便是吾家好子孫。』亞死未幾，皆散落民間矣。」〔註10〕

《中國藏書家考略》載有此人，知亦宋代藏書家。《藏書紀事詩》不載。

七、黃晞

黃晞，字景微，福建建安人。少通經，聚書數千卷，學者多從之游，自

〔註9〕據《宋詩紀事》卷七、《全宋詞》第一冊第8頁。
〔註10〕此段又見周煇《清波雜誌》卷四，唯前二句作「陳亞少卿藏書千卷，名畫一千餘軸。」與此略異。

號聲隅子。著《欷歔瑣微論》十卷，以謂聲隅者栉物之名，歔欷者歎聲，瑣微者述辭也。石介在太學，遣諸生以禮聘召，晞走匿鄰家不出。樞密使韓琦表薦之，以爲太學助教致仕，受命一夕卒。〔註11〕

《涑水紀聞》卷十云：「黃晞，閩人，好讀書，客游京師，數十年不歸。家貧，謁索以爲生，衣不蔽體，得錢則買書，所費殆數百緡，自號聲隅子。石守道爲直講，聞其名，使諸生如古禮，執羔雁束帛，就里中聘之，以補學職，晞固辭不就。故歐陽永叔〈哭徂徠先生〉詩云：『羔雁聘黃晞，晞驚走鄰家』是也。著書甚多。至和中或薦于朝，除試太學助教，月餘，未及具緣袍，遇疾暴卒。一子甚愚魯，所聚及自著書，皆散失無存者。」

《藏書紀事詩》卷一、《中國藏書家考略》載有此人，知黃晞乃宋代藏書家。

八、周啓明

周啓明，字昭回，其先江蘇金陵人，後占籍處州。初以書謁楊億，億携以示同列，大見嘆賞，自是知名。四舉進士皆第一。景德中，舉賢良方正科。既召，會東封泰山，言者謂此科本因災異訪直言，非太平事，遂報罷。歸教弟子百餘人，不復有仕進意，里人稱爲處士。仁宗即位，除試助教，就加廩給。久之，特遷秘書省秘書郎，改太常丞，卒。啓明篤學，藏書數千卷，多手自傳寫，而能口誦之。有古律詩、賦、牋、啓、雜文千六百餘篇。〔註12〕

《藏書紀事詩》卷一載有此人，知周啓明乃宋代藏書家。

九、程　賁

程賁，河南鄭州滎澤人。大中祥符五年舉進士，累遷太常博士。〔註13〕

《茅亭客話》卷十云：「程先生，名賁，字季長，自號丘園子，江陽人也。世習儒，少孤，力學，立身介潔，跬步一言，必循禮則。雖家童稚子，應對進退，不踰規矩。先生尤嗜酒，復喜藏書，自經、史、子、集之外，凡奇訣要錄，未嘗聞於人者，畢珍收之，亦多手寫焉。其間復混以名畫古琴，瑰異雅逸之玩，無所不有。雖年齒已暮，而志好益堅，日游簡編，未少暫息。每

〔註11〕據《宋史》卷四百五十八。
〔註12〕據《宋史》卷四百五十八。
〔註13〕據《宋史》卷三百零九〈程德玄傳〉附。

謂所知者曰：『余五十年簡冊鉛槧，未嘗離手』，其勤至也如此。嘗撰《太玄經義訓》，功未就，寢疾而卒，年七十有四。《易》曰：『不事王侯，高尚其事。』其是之謂乎？」

據此，知程貪善藏書，頗多異本，亦宋代藏書家。《藏書紀事詩》卷一載有此人。

一○、陳 巽

陳巽，字公順，江西江州德化人。大中祥符八年進士及第，歷常州團練推官、武安節度推官，以喜治獄聞。調岳州軍事判官。天聖初，改秘書省著作佐郎，知言州廬陵縣。後移知資陽，調通判戎州，遷太常博士、尚書屯田員外郎、通判潭州。遷都官員外郎知撫州，遷屯田郎中，賜服金紫，出知安州。遷都官郎中知蜀州，大興學校。後遷職方郎中、太常少卿知蘄州，居半歲，以目疾請老，遷光祿卿致仕，始家江州。英宗即位，遷秘書監。神宗即位，遷太子賓客。〔註14〕

宋釋文瑩《湘山野錄》卷上云：「偽吳故國五世同居者七家，先主昇為之旌門閭，免征役，尤著者江州陳氏，乃唐元和中給事陳京之後，長幼七百口，不畜僕妾，上下雍睦。凡巾櫛梳架及男女授受通問婚葬，悉有規制。食必群坐廣器，未成人者別一席。犬百餘隻，一巨艦共食，一犬不至，則群犬不食。別墅建家塾聚書，延四方學者，伏臘皆資焉，江南名士，皆肄業於其家。」

《齊東野語》卷十二云：「宋室承平時，如南都戚氏、歷陽沈氏、廬山李氏、九江陳氏、番易吳氏、王文康、李文正、宋宣獻、晁以道、劉壯輿皆號藏書之富。」

九江陳氏即陳巽，據此則陳巽乃當代藏書家也。嘗於別墅建家塾聚書，以延四方學者。

《藏書紀事詩》、《中國藏書家考略》均未載此人。

一一、宋綬（991～1040）

宋綬，字公垂，河北趙州平棘人。幼聰警，額有奇骨，為外祖楊徽之所器愛。徽之無子，家藏書悉與綬。綬母亦知書，每躬自訓教，以故博通經史百家，文章為一時所尚。以徽之遺恩，授太常寺太祝。年方十五，召試中書，

眞宗愛其才，特遷大理評事，聽於秘閣讀書。大中祥符元年，復試學士院，爲集賢校理，與父臯同在館閣，每賜書必得兩本，世以爲榮。後賜同進士出身，遷大理寺丞。以簽書亳州判官、入爲左正言、同判太常禮院。久之，判三司憑由司。擢知制誥、判吏部流內銓兼史館修撰、玉清昭應宮判官。仁宗即位，遷戶部郎中、權直學士院、同修《眞宗實錄》。進左司郎中，遂爲翰林學士兼侍讀學士、勾三班院、同修國史，遷中書舍人。昭應宮災，罷二學士。踰年，復翰林學士。史成，遷尚書工部侍郎兼侍讀學士。時太后猶稱制，以忤太后意，改龍圖閣學士，出知應天府。太后崩，仁宗召還，欲大用，爲宰相張士遜所抑，復加翰林侍讀學士。始置端明殿學士，以授綬，綬固辭。張士遜罷相，明道二年，乃拜綬參知政事。景祐四年，以尚書左丞、資政殿學士留侍經筵。歲餘，加資政殿大學士，以禮部尚書知河南府。康定元年，復召知樞密院事，遷兵部尚書、參知政事。時綬母尚在，綬既得疾，不視事，猶起居自力，區處後事。尋卒，年五十，贈司徒兼侍中，謚宣獻。綬性孝謹清介，言動有常。爲兒童時，手不執錢。家藏書萬餘卷，親自校讎，博通經史百家，其筆札尤精妙。朝廷大議論，多綬所裁定。其文沈壯淳麗、有永貞元和風格。及卒，帝多取所書〈千字文〉及其家之墨迹藏禁中。著《鹵簿圖》十卷、《文館集》五十卷。〔註15〕

宋綬藏書甚富，爲宋代有名之藏書家，宋人筆記談及宋綬藏書者甚多，今分述於后：

沈括《夢溪筆談》卷二十五云：「宋宣獻博學，喜藏異書，皆手自校讎，常謂校書如掃塵，一面掃，一面生，故有一書每三四校、猶有脫繆。」

劉延世《孫公談圃》卷下云：「宋宣獻家藏書過秘府，章獻明肅太后稱制，未有故實，於其家討論之，盡得之。」

晁說之〈劉氏藏書記〉云：「惟是宋宣獻家四世以名德相繼，而兼有畢丞相、楊文莊二家之書，其富蓋有王府不及者，元符中，一夕災爲灰燼矣。」〔註16〕

葉氏《過庭錄》云：「公卿名藏書家如宋宣獻、李邯鄲，四方士民如亳州祁氏、饒州吳氏、荊州田氏，吾皆見其目，多止四萬卷，惟宣獻擇之甚精，止二萬卷，而校讎精審勝諸家。」〔註17〕

〔註15〕據《隆平集》卷七、《東都事略》卷五十七、《宋史》卷二百九十一。
〔註16〕高似孫《史略》卷五，洪邁《容齋續筆》卷十五所載略同。
〔註17〕據元馬端臨《文獻通考・經籍考》卷一所引。

張邦基《墨莊漫錄》卷五云：「藏書之富，如宋宣獻、畢文簡、王原叔、錢穆父、王仲至家及荊南田氏、歷陽沈氏，各有書目。」

晁公武〈郡齋讀書志序〉云：「逮國朝宋宣獻公亦得畢文簡、楊文莊家書，故所藏之富與秘閣等，而常山公以贍博聞於時。」

陸游〈跋京本家語〉云：「本朝藏書之家，獨稱李邯鄲公、宋常山公，所蓄皆不減三萬卷，而宋書校讎尤爲精詳，不幸兩遭回祿之禍，而方策掃地矣。」〔註18〕

魏了翁〈眉山孫氏書樓記〉云：「宋宣獻兼有畢文簡、楊文莊二家之書，可敵中秘之藏，而元符中蕩爲煙埃。」〔註19〕

元陸友《研北雜志》卷下亦云：「宋宣獻公綬，楊徽之外孫。徽之無子，盡付以家所藏書。後與父皐同在館閣，每賜書必得二本。子敏求、敏修並以文學見稱于世，其藏書之盛，有以也。」

據此，則知宋綬藏書數萬卷，兼有畢士安、楊徽之二家之書，故所藏之富與秘閣等，且有藏書目流傳，葉夢得、張邦基均曾見之，今佚。宋綬藏書皆手自校刊，故校讎精審勝諸家，元符中一夕災爲灰燼，惜哉。

《藏書紀事詩》卷一、〈宋代私家藏書概略〉、《中國藏書家考略》載有此人。

一二、晏殊（991～1055）子幾道

晏殊，字同叔，江西撫州臨川人。七歲能屬文，景德初，張知白安撫江南，以神童薦之。帝召殊與進士千餘人並試廷中，殊神氣不懾，援筆立成，帝嘉賞，賜同進士出身。後二日，復試詩、賦、論，自言賦題已常爲之，帝愛其不欺，爲改題，文成稱旨，擢秘書省正字、秘閣讀書。明年，召試中書，遷太常寺奉禮郎。再遷太常寺丞，擢左正言、直史館，爲昇王府記室參軍。歲中，遷尚書戶部員外郎，爲太子舍人，尋知制誥、判集賢院。久之，爲翰林學士，遷左庶子。帝每訪殊以事，率用方寸小紙細書，已答奏，輒並稿封上，帝重其愼密。仁宗即位，遷右諫議大夫兼侍讀學士，加給事中，預修《眞宗實錄》。進禮部侍郎，拜樞密副使。因事罷知宣州，數月，改應大府，延范

仲淹以教生徒。自五代以來，天下學校廢，興學自殊始。召拜御史中丞，改資政殿學士、兼翰林侍讀學士、兵部侍郎兼秘書監，為三司使，復為樞密副使，未拜，改參知政事，加尚書左丞。太后崩，以禮部尚書罷知亳州，徙陳州，遷刑部尚書，以本官兼御史中丞，復為三司使。康定初，知樞密院事，遂為樞密使，進同中書門下平章事。慶曆中，拜集賢殿學士、同平章事、兼樞密使。後因諫官孫甫、蔡襄彈奏，降工部尚書知潁州。徙陳州，又徙許州，稍復禮部、刑部尚書。祀明堂，遷戶部，以觀文殿大學士知永興軍，徙河南府，遷兵部。以疾請歸京師訪醫藥。至和二年卒，年六十五，贈司空兼侍中，諡元獻。

殊平居好賢，當世知名之士，如范仲淹、孔道輔、歐陽修等皆出其門。及為相，益務進賢材，而仲淹與韓琦、富弼皆進用，至於台閣，多一時之賢。殊性剛簡，奉養清儉。文章贍麗，應用不窮，尤工詩，閑雅有情思，晚歲篤學不倦。有文集二百四十卷，又有《臨川集》、《二州集》、《二府集》，及刪次梁陳以後名臣述作，為《集選》一百卷，又有《類要》一百卷。〔註20〕

宋葉夢得《避暑錄話》卷上云：「晏元獻平居書簡及公家文牒，未嘗棄一紙，皆積以傳書，雖封皮亦十百為沓，暇時手自持熨斗，貯火於旁，炙香匙親熨之，以鐵界尺鎮案上，每讀得一故事，則書以一封皮，後批門類，按書吏傳錄，蓋今《類要》也。王莘樂道尚有數十紙，余及見之。」

宋龐元英《文昌雜錄》卷二云：「晏元獻家有《相笏經》，占吉凶十可八九。」

宋董棻〈世說新語跋〉云：「《世說》三十六篇，世所傳釐為十卷，或作四十五篇，而末卷但重出前九卷中所載。余家舊藏，蓋得之王原叔家，後得晏元獻公手自校本，盡去重複，其注亦小加翦截，最為善本，紹興八年夏四月癸亥。」〔註21〕

歐陽修〈晏元獻公挽辭〉云：「四鎮名藩忽十春，歸來白首兩朝臣，上心方喜親耆德，物論猶期秉國鈞。退食圖書盈一室，開罇談笑列嘉賓，昔人風采今人少，慟哭何由贖以身。」〔註22〕

歐陽修謂晏殊圖書盈一室，可以想見晏氏藏書之富，且有手自校本《世

〔註20〕據《隆平集》卷五、《東都事略》卷五十六、《宋史》卷三百一十一。

〔註21〕明嘉趣堂本《世說新語》有此跋文。

〔註22〕見《歐陽文忠公集外集》卷六。

說新語》，爲當世流傳之善本。

　　《藏書紀事詩》卷一、《中國藏書家考略》載有此人，知亦宋代藏書家。

　　子幾道，字叔原，號小山。監潁昌許田鎭。崇寧四年間，爲開封府推官。以獄空，轉一官，賜章服。能文章，善持論，尤工樂府，有《小山詞》。〔註23〕

　　《墨莊漫錄》卷三云：「晏叔原聚書甚多，每有遷徙，其妻厭之，謂叔原有類乞兒搬漆椀。」

　　《藏書紀事詩》、《中國藏書家考略》均未載此人。

一三、李　淑

　　李淑，字獻臣，江蘇徐州豐人。年十二，眞宗幸亳，獻文行在所，眞宗奇之，命賦詩，賜童子出身。試秘書省校書郎。天禧三年，宰相寇準薦之，授校書郎、館閣校勘。乾興初，遷大理評事，修《眞宗實錄》，爲檢討官。書成，改光祿寺丞、集賢校理，爲國史院編修官。天聖五年，召試，賜進士及第，改秘書郎，進太常丞，直集賢院，同判太常寺，擢史館修撰，再遷尚書禮部員外郎，上〈時政十議〉。景祐初，知制誥。自是五除翰林學士，兩以人言不拜，而三授端明殿學士，侍讀、龍圖學士亦皆再兼。初知鄭州，作周陵詩三章刻石，國子博士陳求古以私隙訟其譏訕朝廷，出知應天府。其後諫官包拯、吳奎言其嘗請侍養父而不及其母，而御史中丞張昇繼論奏之，出知河中府，暴感風眩而卒，年五十八，贈尚書右丞。

　　淑警慧過人，博習諸書，詳練朝廷典故，凡有沿革，帝多諮訪。制作誥命，爲時所稱。其他文多裁取古語，務爲奇險，時人不許也。性傾側險陂。嘗修《國朝會要》、《三朝訓鑒圖》、《閤門儀制》、《康定行軍賞罰格》，又獻《繫訓》三篇，所著別集百餘卷。〔註24〕

　　陸游〈跋京本家語〉云：「本朝藏書之家獨稱李邯鄲公，所蓄皆不減三萬卷。……李氏書屬靖康之變，金人犯闕，散亡皆盡。」

　　高似孫《史略》卷五云：「邯鄲李氏所藏亦然，政和甲午亦火。」

　　《齊東野語》卷十二云：「邯鄲李淑五十七類二萬三千一百八十餘卷。……然其後靡不厄於兵火者。」

〔註23〕據《宋詩紀事》卷二十五、《全宋詞》第一冊第 221 頁。
〔註24〕據《隆平集》卷七、《東都事略》卷五十七、《宋史》卷二百九十一、同治刊本清吳世熊修《徐州府志》卷二十二下之上〈人物傳〉。

據此，知李淑藏書二萬三千一百八十餘卷，乃宋代有名之藏書家，其書至靖康之變，散亡殆盡。其家藏書目曰《邯鄲書目》，又曰《邯鄲圖書志》，凡十卷，其子德芻有《邯鄲再集書目》三十卷，二書今已失傳，惟見於各家著錄，亦可略知其藏書之梗概及圖書之分類法。今分述於后：

《郡齋讀書志》卷九「邯鄲圖書志十卷」條下云：「右皇朝李淑獻臣撰。淑，若谷之子也。載其家所藏圖書五十七類，經、史、子、集通計一千八百三十六部二萬三千一百八十六卷。其外又有藝術志，道書志、書志、畫志，通爲八目」。

《通志·藝文略》卷四有《李邯鄲書目》三卷。

《遂初堂書目》〈目錄類〉有《李邯鄲書目》、《邯鄲圖書志》。按：《邯鄲書目》當即《邯鄲圖書志》，不知尤氏何以析爲二部？

《直齋書錄解題》卷八「邯鄲書目十卷」條下亦云：「學士河南李淑獻臣撰，號圖書十志，皇祐己丑自作序以示子孫，曰朋圭芻者，其子壽朋、復圭、德芻也。」

《玉海》卷五十二「李淑圖書十志」條引《中興書目》云：「淑皇祐中撰《邯鄲書目》十卷，子德芻再集其目三十卷。淑藏書二萬八百十一卷，著爲目錄爲五十七類，至是比舊少一千一卷。」

《宋史·藝文志》卷三有李淑《邯鄲書目》十卷、李德芻《邯鄲再集書目》三十卷。

《文獻通考·經籍考》卷三十四有《邯鄲圖書志》十卷。

明焦竑《國史經籍考》卷二有《李氏邯鄲書目》三十卷。此當即李德芻《邯鄲再集書目》。

《邵氏聞見後錄》卷十八云：「李邯鄲諸孫亨仲云：『吾家有梅聖俞詩善本，世所傳多爲歐陽公去其尤者，忌能名之或壓也。』予謂歐陽公在諫路頗詆邯鄲公，亨仲之言恐不實。」據此，知李淑家藏有梅聖俞善本。

《郡齋讀書志》引李氏書目之處甚多，如：

卷一關子明《易傳》一卷云：「李邯鄲始著之目，云：『王通贊易，蓋宗此也。』」

卷四《墨藪》十卷云：「李氏書目止五卷。」

卷十二《淮南子》二十一卷云：「李氏書目亦云第七第十九亡。」

卷十二《竹譜》一卷云：「右戴凱之撰，……李邯鄲云：『未詳何代人。』」

卷十五《相馬經》一卷云：「李氏書目有之。」

李氏書目已佚，然據晁志知李氏藏有關子明《易傳》一卷、《墨藪》五卷、《淮南子》二十一卷、《竹譜》一卷、《相馬經》一卷。

《直齋書錄解題》亦引李氏書目，如：

卷三《蜀爾雅》三卷云：「《館閣書目》案：『李邯鄲云：唐李商隱采蜀語爲之，當必有據。』」

卷七《梁四公記》一卷云：「《邯鄲書目》云：『載言得之臨淄田通。』」

卷七《鳳池歷》二卷云：「按唐志馮宇《鳳池錄》五十卷，李淑書目惟存五卷。」

卷十一《紀聞譚》三卷云：「蜀潘遠撰。《館閣書目》按：李淑作潘遺。今考《邯鄲書目》亦作潘遠，其曰遺者，本誤也。」

卷十六《賈幼幾集》十卷云：「李淑書目云：『至集有三本。』」

據陳氏《書錄》，知李氏藏有《蜀爾雅》三卷、《梁四公記》一卷、《鳳池歷》五卷、《紀聞譚》三卷、《賈幼幾集》十卷。

《藏書紀事詩》卷一、〈宋代私家藏書概略〉、《中國藏書家考略》載有此人。

一四、劉沆（995～1060）

劉沆，字沖之，江西吉州永新人。天聖八年，擢進士第二，爲大理評事，通判舒州。遷太常丞，直集賢院，出知衡州。再遷太常博士，擢右正言，知制誥。出知潭州、和州，改右諫議大夫，知江州。爲龍圖閣直學士，知潭州兼安撫史，後降知鄂州，徙南京，遷給事中，徙洪州。還，知審刑院，除知永興軍。頃之，以龍圖閣學士權知開封府。皇祐二年，遷尚書工部侍郎。三年，拜參知政事。至和元年，拜同中書門下平章事、集賢殿大學士。後文彥博、富弼復入爲相，彥博爲昭文館大學士，弼監修國史，沆遷兵部侍郎，位在弼下。嘉祐元年，罷爲觀文殿大學士、工部尚書、知應天府。遷刑部尚書，徙陳州。嘉祐五年卒，年六十六，贈左僕射兼侍中。仁宗作挽詩賜其家，又篆其墓碑曰「思賢之碑」。〔註25〕

《宋史·藝文志》有《劉沆書目》二卷，當爲其家藏書目，知亦爲宋代藏書家，惟收藏情形無可考。

〔註25〕據《隆平集》卷五、《宋史》卷二百八十五。

一五、王洙（997～1057）

王洙，字原叔，河南應天宋城人。少聰悟博學，記問過人。初舉進士，罷。再舉中甲科，補舒城縣尉。後調富川縣主簿。晏殊留守南京，厚遇之，薦爲府學教授。召爲國子監說書，改直講。校《史記》、《漢書》，擢史館檢討、同知太常禮院，爲天章閣侍講。累遷太常博士、同管勾國子監。預修《崇文總目》成，遷尙書工部員外郎。修《國朝會要》，加直龍圖閣，權同判太常寺。黜知濠州，徙知襄、徐、亳三州。復爲天章閣侍講、史館檢討。帝將祭明堂，詔還洙太常，再遷兵部員外郎，命撰〈大饗明堂記〉。除史館修撰，遷知制誥。至和元年九月，爲翰林學士。三年，以兄子王堯臣參知政事，改侍讀學士兼侍講學士。嘉祐二年九月卒，年六十一，諡曰文。洙汎覽博記，至圖緯、方技、陰陽、五行、算數、音律、訓詁、篆隸之學，無所不通。預修《集韻》、《祖宗故事》、《三朝經武聖略》、《鄉兵制度》。並撰《易傳》十卷，雜文千有餘篇。〔註26〕

《墨莊漫錄》卷五云：「藏書之富如宋宣獻、畢文簡、王原叔、錢穆父、王仲至家及荊南田氏、歷陽沈氏，各有書目。」

據此，知王洙乃宋代有名之藏書家，且有書目流傳於當世，今佚，書名未詳。

《墨莊漫錄》卷四云：「王洙原叔內翰嘗云：『作書冊，粘葉爲上，久脫爛，苟不逸去，尋其次第，足可抄錄，屢得逸書，以此獲全。若縫繢歲久斷絕，即難次序，初得董氏《繁露》數冊，錯亂顚倒，伏讀歲餘，尋繹綴次，方稍完復，乃縫繢之弊也。』嘗與宋宣獻談之，公悉令家所錄者作粘法。予嘗見舊三館黃本書及白本書，皆作粘葉，上下欄界皆界出於紙葉。後在高郵借孫莘老家書，亦作此法。又見錢穆父所蓄亦如是，多只用白紙作標，硬黃紙作狹籤子，蓋前輩多用此法。予性喜傳書，他日得奇書，不復作縫繢也。」

王洙作書冊皆作粘葉，不用縫繢，蓋縫繢歲久斷絕，即難次序，不若粘葉，日久尋其次第，仍可抄錄。此亦宋人保養圖書之一法。

《藏書紀事詩》卷一、〈宋代私家藏書概略〉、《中國藏書家考略》載有此人。

〔註26〕據歐陽修《文忠公集》卷三十一〈翰林侍講學士王公墓誌銘〉、《隆平集》卷十四、《宋史》卷二百九十四。

一六、富弼（1004～1083）

　　富弼，字彥國，河南洛陽人。少篤學，有大度。天聖八年舉茂材異等，授將作監丞、簽書河陽判官。慶曆二年，知制誥，糾察在京刑獄。再使契丹，力拒割地，辨和戰之利害，使南北之民不見兵革者數十年。除樞密直學士，遷翰林學士，皆懇辭。三年，拜樞密副使，辭之愈力，改授資政殿學士兼侍讀學士。七月，復拜樞密副使。遷大學士，徙知鄭、蔡、河陽、加觀文殿學士，改宣徽南院使入判并州。至和二年，召拜同中書門下平章事、集賢殿學士，與文彥博同命，天下稱「富文」。嘉祐三年，進昭文館大學士、監修國史。六年三月，以母憂去位。英宗立，召爲樞密使。居二年，以足疾求解，拜鎮海軍節度使、同中書門下平章事、判揚州，封祁國公，進封鄭。熙寧元年，徙判汝州。明年二月，召拜司空兼侍中，賜甲第，悉辭之，以左僕射、門下侍郎同平章事。王安石用事，雅不與弼合。弼度不能爭，多稱疾求退。拜武寧節度使、同中書門下平章事、判河南，改亳州。青苗法出，弼以謂如是則財聚於上，人散於下，持不行，乃以僕射知汝州。弼言新法己所不曉，不可以治郡，願歸洛養疾，帝許之。遂請老，加拜司空，進封韓國公致仕。弼雖家居，朝廷有大利害，知無不言。元豐六年八月卒，年八十。手封遺奏，使其子紹庭上之。帝覽奏震悼，輟朝三日，內出祭文致奠，贈太尉，諡曰文忠。

　　弼性至孝，恭儉好修，與人言必盡敬，雖微官及布衣謁見，皆與之亢禮，氣色穆然，不見喜慍。其好善嫉惡，出於大資。元祐初，配享神宗廟庭。哲宗篆其碑首曰「顯忠尚德」，命學士蘇軾撰文刻之。紹聖中，章惇執政，謂弼得罪先帝，罷配享。至靖康初，詔復舊典焉。有《天聖應詔集》、《諫垣集》、制草、奏議、表章、〈河北安邊策〉、〈奉使條〉、〈青州振濟策〉及文集等。〔註27〕

　　黃伯思〈跋元和姓纂後〉云：「此富鄭公家書，甲子藏洛陽大水，公第書無慮萬卷，率漂沒放失，市人時得而粥之，鎮海節度使印章猶存，是書尚軼數卷，以鄭公物，姑致而藏之。」〔註28〕

　　富弼藏書萬卷，知小米代藏書家。其藏書有鈐鎮海節度使印章。

　　《藏書紀事詩》卷一、《中國藏書家考略》載有此人。

〔註27〕據《東坡前集》卷三十七〈富鄭公神道碑〉、《宋史》卷三百一十三。
〔註28〕見《東觀餘論》卷下。

一七、歐陽修（1007～1072）

歐陽修，字永叔，自號醉翁，江西吉州廬陵人。四歲而孤，母鄭氏守節自誓，親誨之學。家貧，至以荻畫地學書。天聖八年舉進士，兩試國子監，一試禮部，皆第一，遂中甲科，補西京留守推官。始從尹洙遊，爲古文，議論當世事，迭相師友，與梅堯臣遊，爲歌詩相倡和，遂以文章名冠天下。景祐初，召試，爲館閣校勘。慶曆初，遷集賢校理，同知太常禮院。三年，知諫院，改右正言、知制誥，時杜衍、韓琦、范仲淹、富弼相繼罷去，修上疏極諫，出知滁州。居二年，徙揚州、潁州。復龍圖閣直學士，留守南京，以母憂去。服除、召判流內銓，時在外十一年矣。小人畏修復用，譖之，出知同州，仁宗納吳充言而止。遷翰林學士俾修《唐書》。加龍圖閣學士、知開封府，承包拯威嚴之後，簡易循理，不求赫赫名，京師亦治。《唐書》成，拜禮部侍郎兼翰林侍讀學士。修在翰林八年，知無不言。嘉祐五年，拜樞密副使。六年，參知政事，與韓琦同心輔政。神宗初即位，欲深譴修，修亦力求退，罷爲觀文殿學士、刑部尚書、知亳州。明年，遷兵部尚書、知青州，改宣徽南院使、判太原府，辭不拜，徙蔡州。修以風節自持，既數被汙衊，年六十，即連乞謝事，帝輒優詔弗許。及守青州，又以請止散青苗錢，爲安石所詆，故求歸愈切。熙寧四年，以太子太師致仕。五年卒，年六十六，贈太子太師，諡曰文忠。著有《新唐書》、《五代史記》、《易童子問》三卷、《詩本義》十四卷、《居士集》五十卷、內外制、奏議、《四六集》又四十餘卷。今詩文雜著多種，合爲《文忠公集》一百五十三卷。〔註29〕

《東都事略》卷七十二本傳云：「修昔守潁，樂其風土，因卜居焉。及歸而居室未備，處之怡然，不以爲意。脩之在滁也，自號醉翁，作亭琅琊山，以醉翁名之。晚年又自號六一居士，曰吾《集古錄》一千卷，藏書一萬卷，有琴一張，有棋一局，而嘗置酒一壺，吾老於其間，是爲六一，自爲傳刻石。」

歐陽修〈記舊本韓文後〉云：「予少家漢東，漢東僻陋，無學者，吾家又貧，無藏書。州南有大姓李氏者，其子堯（一作彥）輔頗好學，予爲兒童時，多遊其家，見有弊筐貯故書，在壁間，發而視之，得唐《昌黎先生文集》六卷，脫落顚倒，無次序（一作第），因乞李氏以歸。……後七年，舉進士及第，官於洛陽，而尹師魯之徒皆在，遂相與作爲古文，因出所藏昌黎集而補綴之，求人家

〔註29〕據《東都事略》卷七十二、《宋史》卷三百一十九。

所有舊本而校定之，其後天下學者亦漸趨於古，而韓文遂行於世，至於今，蓋三十餘年矣。……集本出於蜀，文字刻畫，頗精於今世俗本，而脫繆尤多，凡三十年間，聞人有善本者，必求而改正之，其最後卷帙不足，今不復補者，重增其故也。予家藏書萬卷，獨昌黎先生集為舊物也。嗚呼！韓氏之文之道，萬世所共尊，天下所共傳而有也。予於此本，特以其舊物而尤惜之。」〔註30〕

歐陽修自謂藏書萬卷，《通志·藝文略》有《歐陽參政書目》一卷，當為其家藏書目，知亦宋代藏書家，惟前人著作均未述及之，今據前引資料收入本文。其於韓文舊本，收藏三十年，幾經補綴校正，知歐陽公不僅善讀書，亦善校書及藏書也。其少時，家貧無藏書，晚年，家藏書萬卷，其收藏之勤，亦可知也。

樓鑰〈跋春秋繁露〉云：「《繁露》一書凡得四本……然止于三十七篇，終不合《崇文總目》及歐陽文忠公所藏八十二篇之數。」〔註31〕據此，知歐陽修藏有八十二篇之《春秋繁露》。

《郡齋讀書志》卷十八「鮑溶詩五卷」條下云：「以史館本及歐陽公所藏互校，得二百三十三篇，今本有一百九十二篇，餘逸。」據此，知歐陽修藏有《鮑溶詩集》。

一八、沈　立

沈立，字立之，安徽歷陽人。天聖中舉進士，簽書益州判官，提舉商胡埽。采摭大河事迹，古今利病，為書曰《河防通議》，治河者皆宗之。遷兩浙轉運使。著《茶法要覽》，召為戶部判官。遷京西北轉運使。加集賢修撰、知滄州，進右諫議大夫、判都水監，出為江淮發運使。居職辦治，加賜金，數詔嘉之。歷知越州、杭州，審官西院、江寧府。初，立在蜀，悉以公粟售書，積卷數萬。神宗問所藏，立上其目及所著《名山水記》三百卷。徙宣州，提舉崇禧觀。卒年七十一。著有《塩筴總類》、《賢牧傳稽正辨訛》、《香譜》、《錦譜》，文集都四百卷。〔註32〕

《墨莊漫錄》卷五云：「藏書之富，如宋宣獻、畢文簡、王原叔、錢穆父、王仲至家及荊南田氏、歷陽沈氏、各有書目，……田沈二家，不肖子盡鬻之。」

〔註30〕見《歐陽文忠公集外集》卷二十三。
〔註31〕見《攻媿集》卷七十七。
〔註32〕據《宋史》卷三百三十三。

歷陽沈氏即沈立也。案《通志・藝文略》有《沈諫議書目》三卷，當爲沈立之家藏書目。《宋史・藝文志》又有《沈氏萬卷堂目錄》二卷，不知是否與此目相同？

《輿地紀勝》卷四十八云：「沈立，字立之，歷陽人，官至諫議大夫，熙寧間力言邪正，有識嗟服，平生手不釋卷，儲書至三萬卷，中旨就其第傳錄以補官書之遺，富殊而下皆作歌詩以記其美。」

《乾道臨安志》卷三云：「熙寧三年十二月庚申，以知越州右諫議大夫沈立知杭州。本傳字立之，和州人。知越州移杭州，除審官西院，勤於職事，所得圭租，多以市書。」

周紫芝〈書洪駒父香譜後〉云：「歷陽沈諫議家，昔號藏書最多者。今世所傳《香譜》，蓋諫議公所自集也，以謂盡得諸家所載香事矣。以今洪駒父所集觀之，十分未得其一二也。」〔註33〕

周密《齊東野語》卷十二、王士禎《香祖筆記》卷十歷數宋代藏書家均有歷陽沈氏。

《含山縣志》卷十〈人物志〉亦云沈立集書數萬卷，著書數百卷。〔註34〕

《藏書紀事詩》卷一載有此人。

一九、吳　秘

吳秘，字君謨，福建甌寧人。從劉牧學，舉景祐元年進士，歷侍御史知諫院，以言事出知濠州，提點京東路刑獄，改守同安。著有《周易通神》、《揚子注》、《太玄箋》。

《宋史・藝文志》有《吳秘家藏書目》二卷，知爲宋代藏書家。

《郡齋讀書志》卷一有《劉長民易》十五卷云：「右皇朝劉牧長民撰。仁宗時，言數者皆宗之。慶曆初，吳秘獻其書於朝，優詔獎之，田況爲序。」據此，知吳秘藏有《劉長民易》十五卷，慶曆初，獻於朝。

《藏書紀事詩》卷一載有此人。

二〇、司馬光（1019～1086）

司馬光，字君實，河南陝州夏縣人，世稱涑水先生。光生七歲，凜然如

〔註33〕見《太倉稊米集》卷六十七。
〔註34〕清梁棟修、張大千纂，清乾隆十三年刊本。

成人，聞講《左氏春秋》，愛之，退爲家人講，即了其大指。自是手不釋卷，至不知飢渴寒暑。仁宗寶元初，中進士甲科，除奉禮部，時父池在杭，求簽蘇州判官事以便親，許之。丁內外艱，服除，簽書武成軍判官事，改大理評事，補國子直講。樞密副使龐籍薦爲館閣校勘、同知禮院。改直秘閣、開封府推官、同知諫院。仁宗無嗣，上疏請立宗室賢者以爲儲貳，遂立英宗。進知制誥，固辭，改天章閣待制兼侍講、知諫院。與議濮王典禮，力持正論，進龍圖閣直學士。神宗即位，擢爲翰林學士。光常患歷代史繁，人主不能遍覽，遂爲《通志》八卷以獻。英宗悅之，命置局秘閣，續其書。至是，神宗名之曰《資治通鑑》，自製序授之，俾日進讀。以議新法，與王安石不合，求去，遂以端明殿學士知永興軍，徙知許州，不赴，請判西京御史台歸洛，自是絕口不論事。《資治通鑑》未就，帝尤重之，以爲賢於荀悅《漢紀》，數促使終篇，賜以潁邸舊書二千四百卷。〔註 35〕及書成，加資政殿學士。凡居洛陽十五年，天下以爲眞宰相，田夫野老皆號爲司馬相公。哲宗立，拜尚書左僕射兼門下侍郎，悉去新法之爲民害者，在相位八月而卒，時元祐元年九月，年六十八。贈太師溫國公，歸葬陝州，諡曰文正，賜碑曰「忠清粹德」。

　　光孝友忠信，恭儉正直，居處有法，動作有禮。於物澹然無所好，於學無所不通，惟不喜釋老。洛中有田三頃，喪妻，賣田以葬，惡衣菲食以終其身。著有《資治通鑑》二百九十四卷、《總目》三十卷、《考異》三十卷、《歷國圖》七卷、《通歷》八十卷、《稽古錄》二十卷、《皇朝百官公卿表》六卷、《書儀》八卷、《家範》四卷、《翰林詞草》三卷、《注古文孝經》一卷、《易說》三卷、《注繫辭》二卷、《注老子道德論》二卷、《集注太元經》八卷、《大學中庸義》一卷、《集注揚子》十三卷、《文中子傳》一卷、《河外諮目》三卷、《續詩話》一卷、《遊山行記》十二卷、《醫問》七篇、文集八十卷。〔註 36〕

　　司馬光〈獨樂園記〉云：「熙寧四年，迂叟始家洛，六年，買田二十畝於尊賢坊北，闢以爲園，其中爲堂，聚書出五千卷，命之曰讀書堂。」〔註 37〕

　　據此，知獨樂園之讀書堂乃司馬溫公藏書及讀書之處。司馬溫公作〈獨樂園七題〉，中有一首詠讀書堂云：「吾愛董仲舒，窮經守幽獨，所居雖有園，

〔註 35〕《宋史》作二千四百卷，蘇東坡〈司馬溫公行狀〉作四百二卷。
〔註 36〕據《蘇東坡全集・內集》卷三十六〈司馬溫公行狀〉、《東都事略》卷八十七、《宋史》卷三百三十六。
〔註 37〕見《司馬文正公集》卷六十六。

三年不遊目，邪說遠去耳，聖言飽充腹，發策登漢庭，百家始消伏。」〔註38〕

宋費袞〈司馬溫公讀書法〉云：「司馬溫公獨樂園之讀書堂，文史萬餘卷，而公晨夕所常閱者，雖累數十年皆新，若手未觸者。嘗謂其子公休曰：『賈豎藏貨貝，儒家惟此耳，當然知寶惜。吾每歲以上伏及重陽間，視天氣晴朗日，即設几案於當日所，側群書其上，以曝其腦，所以年月雖深，終不損動。至於啓卷，必先視几案潔淨，藉以茵褥，然後端坐看之，或欲行看，即承以方版，未嘗敢空手捧之，非惟手汗漬及，亦慮觸動其腦，每至看竟一版，即側右手大指，面襯其沿，而覆以次指，面撚而挾過，故得不至揉熟其紙，每見汝輩多以指爪撮起，甚非吾意，今浮屠老氏猶知尊敬其書，豈以吾儒反不如乎，當宜誌之。』」〔註39〕由此亦可見司馬溫公對於書籍之珍護矣。

元戴表元《剡源戴先生文集》卷一有〈洛陽獨樂書堂記〉，獨樂書堂即舊時司馬溫文正公之獨樂園。

《藏書紀事詩》卷一、《中國藏書家考略》載有此人。

二一、宋敏求（1019～1079）

宋敏求，字次道，河北趙州平棘人，綬子。寶元二年，賜進士及第。慶曆二年，以光祿寺丞充館閣校勘。王堯臣修《唐書》，以敏求習唐事，奏爲編修官。稍遷集賢校理，歷通判西京，知太平州，入爲郡牧判官、開封府推官、三司度支判官，墜馬傷足，出知亳州。召還，充《仁宗實錄》檢討官。英宗治平元年，同修起居注。二年，知制誥，同修實錄。神宗熙寧三年，除史館修撰。四年，加集賢院學士。八年特拜龍圖閣直學士。十年，命修兩朝正史，掌均國公牋奏。元豐二年卒，年六十一。特贈禮部侍郎。

敏求家藏書三萬卷，皆略誦習，熟於朝廷典故，士大夫疑議，必就正焉。著書甚多，有《書閣集》十二卷、《後集》六卷、《西垣制集》十卷、《東觀絕筆集》二十卷、《大唐大詔令》一百三十卷、《續唐武宣懿僖昭哀六朝實錄》總一百四十八卷、《東京記》三卷、《長安志》二十卷、《河南志》二十卷、《閤門儀制》十三卷、《集例》三十卷、《例要》五卷、《蕃夷朝貢錄》十卷、《三川下官錄》、《入蕃錄》、《春明退朝錄》各二卷、《韻類宗室名》五卷、《安南錄》三卷、《元會故事》一卷、《諱行後錄》五卷，復采晉唐人詩歌見於石者作《寶刻叢草》

〔註38〕見《司馬文正公集》卷四。
〔註39〕見《梁谿漫志》卷三。

三十卷，又撰《國史會要》及《集注史記》。〔註40〕

歐陽修〈送宋次道學士赴太平州〉詩云：「古堤老柳藏（一作楊柳排）春煙，桃花水下清明前，江南太守見之笑，擊鼓插旗催解船（一作打鼓插旗催發船）。侍中令德宜有後，學士清才方少年，文章秀粹得家法，筆畫點綴多餘（一作逾）妍。藏書萬卷復強記，故事累朝能口傳，來居侍從乃其職，遠置州郡誰謂（一本作為）然。交游一時盡英（一作豪）俊，車馬兩岸來聯翩，船頭朝轉暮千里，有酒胡不為（一作為不）留連。」〔註41〕

蘇頌〈龍圖閣直學士修國史宋公神道碑〉云：「家書數萬卷，多文莊宣獻手澤與四朝賜札，藏秘惟謹。或繕寫別本，以備出入。退朝則與子姪繙讎訂正，故其收藏最號精密。平生無他嗜好，惟沈酣簡牘以為娛樂，雖甚寒暑，未嘗釋卷。」〔註42〕

朱弁《曲洧舊聞》卷二云：「宋次道龍圖云：『校書如掃塵，隨掃隨有。』其家藏書皆校三五遍者，世之蓄書，以宋為善本。居春明坊昭陵時，士大夫善讀書者，多居其側，以便於備置故也。當時春明宅子，比他處僦值常高一倍。陳叔易常為予言此事，嘆曰：『此風豈可復見也。』」

徐度《卻掃編》卷中云：「詩人之盛，莫如唐。故今唐人之詩集，行於世者，無慮數百家。宋次道龍圖所藏最備，嘗以示王介甫，且俾擇其尤者。公既為擇之，因書其後曰：『廢日力於斯，良可嘆也，然欲知唐人之詩者胝此足矣。』其後此書盛行於世，《唐百家詩選》是也。」

邵博《河南邵氏聞見後錄》卷十九云：「晁以道言王荊公與宋次道同為群牧司判官，次道家多唐人詩集，荊公盡即其本擇善者籤帖其上，令吏抄之。吏厭書字多，輒移荊公所取長詩籤，置所不取小詩上。荊公性忽略，不復更視。唐人眾詩集，以經荊公去取皆廢，今世所謂《唐百家詩選》，曰荊公定者，乃群牧司吏人定也。」

據此，知宋敏求藏書達三萬卷，皆經校讎三五遍，所藏唐人詩集最備。家居春明坊，士大夫喜讀書者，皆僦居其側，以便借置善本，當時春明宅子，比他處僦值常高一倍。家藏書多楊徽之、宋綬手澤，與四朝賜札，藏秘惟謹，或

〔註40〕據蘇頌〈龍圖閣直學士修國史宋公神道碑〉、《宋史》卷二百九十一、《研北雜志》卷上。
〔註41〕見《歐陽文忠公文集》卷七。
〔註42〕見《蘇魏公文集》卷五十一。元陸友《研北雜志》卷上所載略同。

繕寫別本，以備出入，故其收藏，最爲精密。元符中燼于火，蕩爲煙埃，〔註43〕爲文獻一大劫焉。

《藏書紀事詩》卷一、〈宋代私家藏書概略〉、《中國藏書家考略》載有此人。

二二、曾鞏（1019～1083）

曾鞏，字子固，江西建昌南豐人。少警敏，揮筆成文，歐陽修一見奇之。登嘉祐二年進士，爲太平州司法參軍。召編校史館書籍，遷館閣校勘、集賢校理，嘗爲《英宗實錄》檢討官。不踰月，出通判越州，歷知齊、襄、洪州。進直龍圖閣、知福州。召判太常寺，未至，改知明州，徙亳州，又徙滄州，不行，留判三班院，遷史館修撰、管句編修院兼判太常寺。元豐五年四月擢試中書舍人，賜服金紫。九月，丁母憂。六年四月丙辰，終于江寧府，年六十五。追諡文定，學者稱南豐先生。著有《元豐類藁》五十卷、《續元豐類藁》四十卷、《外集》十卷。又集古今篆刻爲《金石錄》五百卷。〔註44〕

《齊東野語》卷十二云：「次如曾南豐及李氏山房亦皆一二萬卷，然其後靡不厄於兵火者。」

〈南豐先生墓誌〉亦云：「性嗜書，家藏至二萬卷。」〔註45〕

據此，知曾鞏藏書二萬卷，亦宋代藏書家，惟《藏書紀事詩》、《中國藏書家考略》諸書均未述及，今據上述資料收入本文。

《郡齋讀書志》卷五「宋書」條云：「嘉祐中，以宋、齊、梁、陳、北齊、周書，舛繆亡闕，始詔館職讎校，曾鞏等以秘閣所藏多誤，不足憑以是正，請詔天下藏書之家悉上異本，久之始集。治平中，鞏校定《南齊》、《梁》、《陳》三書上之，劉恕等上《後魏書》，王安國上《周書》，政和中始皆畢，頒之學官，民間傳者尚少。」據此，知曾鞏藏有《南齊書》、《梁書》、《陳書》。

二三、蘇頌（1020～1101）

蘇頌，字子容，福建泉州南安人，徙居丹陽。慶曆二年第進士，歷宿州觀察推官、知江寧縣。調南京留守推官，留守歐陽修委以政。皇祐五年，召

〔註43〕詳頁 39「宋綬」條。
〔註44〕據《宋史》卷三百一十九、《元豐類藁・附錄》〈南豐先生行狀碑誌哀挽〉。
〔註45〕見《元豐類藁・附錄》。

試館閣校勘、同知太常禮院。嘉祐中，遷集賢校理，編定書籍。富弼嘗稱頌為古君子，及與韓琦為相，同表其廉退，以知潁州。英宗時，遷度支判官。神宗時，命為淮南轉運使，召修起居注，擢知制誥，知通進銀台司、知審刑院，加集賢院學士、知應天府。吳越飢，選知杭州。元豐初，權知開封府。未幾，知河陽，改知滄州。元祐初，拜刑部尚書，遷吏部兼侍讀，調翰林學士承旨。五年，擢尚書左丞。七年，拜右僕射兼中書侍郎。頌為相，務在奉行故事，使百官守法遵職，量能授任，杜絕僥倖之源，深戒疆場之臣邀功生事。論議有未安者，毅然力爭之。後罷為觀文殿大學士、集禧觀使，繼出知揚州，徙河南，辭不行，告老，以中太一宮使居京口。紹聖四年，拜太子少師致仕。徽宗立，進太子太保，爵累趙郡公。建中靖國元年夏至，自草遺表，明日卒，年八十二，贈司空。頌器局閎遠，不與人校短長，以禮法自持。雖貴，奉養如寒士。自書契以來，經史、九流、百家之說，至於圖緯、律呂、星官、算法、山經、本草，無所不通。尤明典故，喜為人言，亹亹不絕。朝廷有所制作，必就而正焉。著有《華戎魯衛信錄》二百五十卷、《注本草》、《蘇魏公集》七十二卷、《新儀象法要》三卷。〔註46〕

蘇象先〔註47〕《譚訓》卷三云：「神宗問祖父：『卿家必有異書，何故父子皆以博學知名？』祖父對曰：『臣家傳朴學，惟知記誦而已。』上曰：『此尤難也。』祖父云：『吾收書數萬卷，自小官時得之甚艱，又皆親校手題。』使門閌不墜，則此文當益廣，不然耗散可待，可不戒哉！」又云：「祖父取平日抄節分門類，令子孫輩傳寫，幾二百冊，古今類書莫及焉。常云：『門類最難撰名。』」又云：「祖父在館閣九年，家貧俸薄，不暇募傭書，傳寫秘閣書籍，每日二千言，歸即書於方冊。家中藏書數萬卷，秘閣所傳者居多。祖父自維揚拜中太一宮使歸鄉里，是時葉公夢得為丹徒尉，頗許其假借傳寫，葉公每對士大夫言親炙之幸，其所傳寫遂為葉氏藏書之祖。」〔註48〕

據此，知蘇頌藏書數萬卷，秘閣所傳者居多，又皆親校手題。

呂祖謙《入越錄》云：「仁仲，蘇子容丞相孫，致仕閒居，年垂八十，道前輩事，亹亹不厭。出舊書數種，《管子》後子容手書：『慶曆乙酉，家君面付。』猶蘇河陽所藏也。紙尾銘款云：『惟蘇氏凵，宦學以儒，何以遺後？其

〔註46〕據《東都事略》卷八十九、《宋史》卷三百四十。
〔註47〕蘇象先，蘇頌之長孫。
〔註48〕此段又見《嘉定鎮江志》卷二十。

在此書，非學何立，非書何習，終以不倦，聖賢可及。』其曰書秩銘戒者，子容所識；其曰先公銘戒者，銘語亦同，蓋子容之子所識也，紙背多廢牋簡刺字，異今制者，末云牒件狀如前，謹牒如前輩所記，署銜多杭州官，稱子容云知府舍人。乃知杭州時也。」〔註49〕

據此，呂氏亦嘗見蘇頌所藏之書。

《藏書紀事詩》卷一、《中國藏書家考略》載有此人。

二四、月河莫氏（莫君陳　莫汲）

莫君陳，字和中，浙江湖州歸安人。少從胡瑗學，嘉祐二年進士。熙寧中，新置大法科，君陳中首選，為王安石所重。有《月河所聞集》一卷。〔註50〕

莫汲，字子及，號月河，君陳之曾孫。紹興十八年進士，為國子監正，秦檜惡其主張起用善類，謫化州。郡士之秀者，多從之學。〔註51〕

《齊東野語》卷十二云：「吾鄉故家如石林葉氏、賀氏皆號藏書之多，至十萬卷。其後齊齋倪氏、月河莫氏、竹齋沈氏、程氏、賀氏皆號藏書之富，各不下數萬餘卷，亦皆散失無遺。」

據此，知月河莫氏乃宋代一藏書家。按《四庫全書》卷一百四十三《月河所聞集》一卷〈提要〉云：「宋莫君陳撰。君陳，湖州人。其始末未詳，書中稱授知婺州權刑部郎中，則嘗以朝官典郡矣。書中載郭璞〈錢塘讖〉，則似在南渡之初。而書中多載元祐事，又有「今左丞晦叔」之語。考呂公著為尚書左丞，在哲宗即位之年，則又及見北宋。周密《癸辛雜識》，〔註52〕記當時藏書家有月河莫氏，或即其人歟。」則〈提要〉乃以月河莫氏即指莫君陳而言，汪辟疆所見亦同。〔註53〕

惟《四庫提要辨證》卷十九云：「嘉錫案《通鑑長編》卷二百四十三云：『熙寧六年三月詔，試中刑法莫君陳，遷一官，為刑法官。』《宋會要·選舉》

〔註49〕 見《續金華叢書》本《呂東萊文集》卷十五，《國學基本叢書》本載卷六，斷句有誤。

〔註50〕 據《宋元學案》卷一、清康熙十二年刊本清姚時亮纂修《歸安縣志》卷四。

〔註51〕 據《萬姓統譜》卷一百二十、《宋詩紀事》卷四十七、《宋元學案補遺》卷一。

〔註52〕 周密記當時藏書家之文，乃見於《齊東野語》卷十二「書籍之厄」條，此處作「癸辛雜識」，誤也，詳余嘉錫《四庫提要辨證》卷十九「月河所聞集一卷」條。

〔註53〕 見《目錄學研究》第66頁。

十三同。是則其人不但及哲宗之初，且其入仕，在神宗初年矣。」又云：「夫既列莫氏於石林葉氏之後，則所謂月河莫氏者，必非君陳本人，殆其子孫也。何者，以君陳即爲神哲時人，其年輩斷不在葉夢得以後也。」今考君陳曾孫汲，號月河，周密所謂月河莫氏，當即指汲而非君陳，惟收藏詳情不可攷。

《藏書紀事詩》、《中國藏書家考略》均未載。

二五、趙彥若

趙彥若，字元考，山東青州臨淄人。以父任爲將作監主簿。嘉祐四年，以大理評事爲館閣編校書籍官。熙寧初，任太常丞、秘閣校理、通判淄州。九年，累官太常博士。元豐二年，爲祠部員外郎、秘閣校理，兼修《百官公卿表》，改集賢校理，兼知宗正丞。四年，奏進《百官公卿表》十卷、《宗室世系表》三卷，賜銀絹有差，改朝散郎集賢校理，同修起居注。五年，試中書舍人。哲宗即位，爲龍圖閣待制，知亳州，移陳州，召還，提舉萬壽觀兼侍讀，遷兵部侍郎、兼實錄院修撰，擢禮部尙書，拜翰林學士，以子累，罷爲寶文閣學士、提舉萬壽觀。紹聖初，以彥若與修《神宗實錄》，貶安遠軍節度副使、澧州安置，尋卒，年六十三。後與元祐黨。有文集五十卷。〔註54〕

陳師道《後山談叢》卷二云：「澄心堂，南唐烈祖節度金陵之宴居也，世以爲元宗書殿誤矣。趙內翰彥若家有《澄心堂書目》，才三千餘卷，有建業文房之印，後有主者，皆牙校也。」又云：「趙元考云：『寒食麵，臘月雪水爲糊，則不蠹。南唐煮糊用黃丹，王文獻家以皂莢末置書葉間，然不如也。』」又云：「建業文房，南唐烈祖節度金陵之別室也。趙元考家有《建業文房書目》，才三千餘卷，有金陵圖書院印焉。」

《澄心堂書目》當即《建業文房書目》，乃南唐李氏秘府書目，知趙彥若家藏有其書目。

《藏書紀事詩》卷一、〈江蘇藏書家小史〉載有此人，知亦宋代藏書家。

二六、關景仁　子注

《武林藏書錄》卷中云：「關景仁，字彥長，錢塘人。嘉祐四年進士，嗜學好古，藏書甚富。子注字子束，紹興五年進士，承其家學，益增其所未備。嘗教授湖州，與胡瑗之孫滌裒瑗遺書，得《易解》、《中庸義》，藏之學官。又

〔註54〕據《東都事略》卷六十、《宋詩記事》卷二十八、《宋史翼》卷三。

錄瑗言行爲一帙，意在美風俗、新人材，仕至大學博士卒，自號香巖居士，有《關博士集》二十卷行於世。」〔註55〕

據此，知關氏父子亦宋代藏書家，惟收藏但知甚富，詳情不悉。

曾鞏〈夫人周氏墓誌銘〉云：「夫人嫁關氏爲徐州豐縣令景仁之妻，爲尚書職方員外郎，贈尚書都官郎中，諱魯之子。」〔註56〕

《藏書紀事詩》不載關氏父子，《中國藏書家考略》收有關景仁。

二七、王欽臣

王欽臣，字仲至，河南應天宋城人，洙子。清亮有志操，以文贄歐陽修，修器重之。文彥博薦試學士院，賜進士及第，歷陝西轉運副使。元祐初，爲工部員外郎，奉使高麗。還，進太僕少卿，遷秘書少監。改集賢殿修撰，知和州。徙饒州，斥提舉太平觀。徽宗立，復待制，知成德軍卒，年六十七。有《廣諷味集》。欽臣平生爲文至多，所交盡名士，性嗜古，藏書數萬卷，手自讎正，世稱善本。〔註57〕

《卻掃編》卷下云：「予所見藏書之富者，莫如南都王仲至侍郎家，其目至四萬三千卷，而類書之卷帙浩博，如《太平廣記》之類，皆不在其間，雖秘府之盛無以踰之。聞之其子彥朝云，其先人每得一書，必以廢紙傳之，又求別本參校，至無參誤，乃繕寫之，必以鄂州蒲圻縣紙爲冊，以其緊慢厚薄得中也。每冊不過三四十葉，恐其厚而易壞也，此本專以借人及子弟觀之。又別寫一本，尤精好，以絹素背之，號鎮庫書，非己不得見也，鎮庫書不能盡有，纔五千餘卷。蓋嘗與宋次道相約傳書，互置目錄一本，遇所闕則寫寄，故能致多如此。宣和中，御前置局求書，時彥朝已卒，其子問以鎮庫書獻，詔特補承務郎，然其副本具在。建炎初，問渡江，書盡留睢陽第中，存亡不可知，可惜也。」

《墨莊漫錄》卷四云：「藏書之富，如宋宣獻、畢文簡、王原叔、錢穆父、王仲至家及荊南田氏、歷陽沈氏，各有書目。」

據此，知王欽臣家藏書四萬三千卷，有書目流傳於當世，今佚。《藏書紀事詩》卷一、《中國藏書家考略》載有此人。

〔註55〕關注，《宋史翼》卷二十四有傳，與此略同。
〔註56〕見《元豐類藁》卷四十五。
〔註57〕據《宋史》卷二百九十四〈王洙傳〉附、《宋詩紀事》卷二十四。

二八、田偉　子田鎬　田鈞

《輿地紀勝》卷六十五云：「田偉，以燕人歸朝，得江陵尉，即占籍焉。建博古堂，藏書三萬七千卷，無重複者。黃魯直與其子交遊，曰：『文書之富未有過田氏者。』政和中，詔求遺書，嘗上千卷，補三館之闕。」

《方輿勝覽》卷二十七云：「田偉，燕人，歸朝授江陵尉，因家焉。作博古堂，藏書至五萬七千卷，無重複者。黃魯直過之曰：『吾校中秘書，及徧遊江南，文士圖書之富，未有過田氏者。』」

按《輿地紀勝》謂田偉藏書三萬七千卷，《方輿勝覽》作五萬七千卷，「五」字當為「三」字之誤，證之《郡齋讀書志》可知也。晁志卷九有《田氏書目》六卷云：「右皇朝田鎬撰。田偉居荊南，家藏書幾三萬卷。」《齊東野語》卷十二亦謂田鎬藏書三萬卷。

田氏藏書之處曰博古堂。

田氏家藏書目見於各家著錄如下：

《郡齋讀書志》卷九《田氏書目》六卷云：「右皇朝田鎬撰。田偉居荊南，家藏書幾三萬卷，鎬，偉之子也，因此成書，元祐中，袁默為之序。」

《通志・藝文略》有《荊州田氏書目》六卷，田瑋撰。按田瑋當為田鎬之誤。

《文獻通考・經籍考》有《田氏書目》六卷，引晁氏語，亦作田鎬撰。

《國史經籍志》有《荊南田氏書目》六卷，田鎬撰。

清葉仰高修、施廷樞纂《荊州府志》卷五十一有《田氏鎬書目》六卷。

按以上均為六卷本。又《宋史・藝文志》有《荊州田氏書總目》三卷，田鎬編。書名與上述各書著錄略異，卷數亦不同，或為分卷之不同也。

《郡齋讀書志》引田氏書目之處甚多，如：

卷一「坤鑿度二卷」條下云：「按隋唐志及《崇文總目》皆無之，至元祐《田氏書目》始載焉。」

卷一「周易口訣義七卷」條下云：「右唐史證撰，鈔注疏以便講習，田氏乃以為魏鄭公撰，誤也」。

卷二「春秋演聖統例十卷」條下云：「右皇朝丁副撰，田偉書目副作嗣，未知孰誤。」

卷四「韓李論語筆解十卷」條下云：「《四庫》、《邯鄲書目》皆無之，獨《田氏書目》有《韓愈論語》十卷《筆解》兩卷。」

卷八「金科易覽三卷」條下云：「右《崇文總目》有唐趙綽《金科易覽》一卷，《田氏書目》有蕭緒《金科易覽》三卷，當是綽初撰，緒刪改析之爲三爾。」

《田氏書目》已佚，然據晁志知田氏藏有《坤鑿度》二卷、《周易口訣義》七卷、《春秋演聖統例》二十卷、《韓愈論語》十卷《筆解》二卷、《金科易覽》三卷。

黃庭堅有〈戲簡田子平〉詩云：「不趨吏部曹中版，且鱠高沙湖裏魚，雖無季子六國印，要讀田郎萬卷書。」又云：「朱家堨箆好兄弟，陋巷六經葵莧秋，我卜荊州三畝宅，讀田家書從之游。」〔註 58〕又〈入窮巷謁李材叟翹叟戲贈兼田子平三首〉，其中一首云：「田郎杞菊荒三逕，文字時追二叟遊，萬卷藏書多未見，老夫端擬乞荊州。」〔註 59〕田子平，葉昌熾疑爲田偉之子。考宋吳炯《五總志》卷一云：「田鈞，荊州人，藏書甚富，山谷書萬卷堂以名其居。又有詩云：『雖無季子六國印，乞讀田郎萬卷書。』」則子平乃田鈞之字，當爲鎬之兄弟行也。

《藏書紀事詩》卷一、《中國藏書家考略》載有田偉、田鎬二人，不載田鈞。

二九、吳良嗣

葉氏《過庭錄》云：「公卿名藏書家如宋宣獻、李邯鄲、四方士民如亳州祁氏、饒州吳氏、荊州田氏等，吾皆見其目，多至四萬許卷。」

《齊東野語》卷十二云：「宋室承平時如南都戚氏、歷陽沈氏、盧山李氏、九江陳氏、番易吳氏，……皆號藏書之富。」

饒州吳氏、番易吳氏即吳良嗣也。《通志・藝文略》有吳良嗣《籯金堂書目》三卷，《遂初堂書目》有《鄱陽吳氏書目》，《宋史・藝文志》有《鄱陽吳氏籯金堂書目》三卷，當爲其家藏書目，惟吳氏生平仕履、藏書詳情均不可考。

《藏書紀事詩》卷一載有饒州吳氏。

三〇、蔡致君（大梁蔡氏）

宋蘇過〈夷門蔡氏藏書目敘〉云：「……比遊京師，有爲余言吾里有蔡致

〔註 58〕見《豫章黃先生文集》卷七。
〔註 59〕見《豫章黃先生文集》卷十。

君，隱居以求志，好古而博雅，閉門讀書，不交當世之公卿，類有道者也。余瞿然異之，一日造其門，見其子從容請交焉。其子爲余言：『吾世大梁人，業爲儒，吾祖吾父，皆不事科舉，不樂仕宦，獨喜收古今之書，空四壁，捐千金以購之，常若飢渴然，盡求善工良紙，手校而積藏之，凡五十年，經史百家、離騷風雅、儒墨道德、陰陽卜筮技術之書，莫不兼收而並取，今二萬卷矣。且吾父有德不耀，常畏人知，棄冠冕而遺世故久矣，必不能從子游。』余悵然自失，悠然而返。予惟古之逸民，未嘗以一藝自名於世，雖不求人知而人自知，以其所踐履者，絕乎流俗也。龐德公隱於鹿門，妻子躬耕，或疑其不仕以爲何以遺子孫也，龐公曰：『我遺子孫以安，不爲無所遺也。』今居士口不談世之爵祿，身不問家之有無，所付子孫者獨書耳，龐公之意，殆無以過此。居士之子，敏而文，學日富，人不知其所以然者，抑所謂不見異人，必得異書，中郎爲有子矣。余將負笈而請觀焉，乃持其《總目》三卷，爲敘而歸之，庶幾附託於斯，與藏書者終始。」〔註60〕

　　大梁蔡氏，號致君，其名及生平事蹟不詳，終生不仕，藏書二萬卷，有《夷門蔡氏藏書目》三卷，蘇過爲之序，收入《斜川集》中。

　　《藏書紀事詩》卷一、〈宋代私家藏書概略〉、《中國藏書家考略》載有此人。

三一、亳州祁氏

　　葉氏《渦庭錄》云：「公卿名藏書家，如宋宣獻、李邯鄲，四方士民如亳州祁氏、饒州吳氏、荊州田氏等，吾皆見其目，多止四萬許卷。」

　　《墨莊漫錄》卷五云：「譙郡祁氏多書，號外府太清老氏之藏室，後皆散亡。」

　　據此，知亳州（即譙郡）祁氏乃宋代藏書家，有藏書目錄流傳於當世，惟名字、生平仕履、收藏情形未詳。

　　《藏書紀事詩》、《中國藏書家考略》未載此人，惟〈宋代私家藏書概略〉載之。

三二、濡須秦氏

　　《直齋書錄解題》卷八有《秦氏書目》一卷云：「濡須秦氏，元祐二年，

―――――――――

〔註60〕見《斜川集》卷五。

有爲金部員外郎者，聞於朝，請以宅舍及文籍，不許子孫分割。」

《少室山房筆叢》卷一云：「宋又有濡須秦氏、莆田鄭氏、漳南吳氏、荆州田氏，竝著目錄，盛於前朝。」

濡須秦氏，名字不詳，《秦氏書目》，即其家藏書目，惟收藏情形不可攷。《藏書紀事詩》卷一、〈宋代私家藏書概略〉載有此人。

三三、李常（1027～1090）

李常，字公擇，江西南康建昌人。皇祐元年進士。調江州判官、宣州觀察推官。熙寧初，爲秘閣校理。王安石與之善，以爲三司條例檢詳官，改右正言、知諫院。安石立新法，常極言其不便。安石遣所親密諭意，常不爲止，落校理，通判滑州。歲餘復職，知鄂州，徙湖、齊二州。元豐六年，召爲太常少卿，遷禮部侍郎。哲宗立，改吏部，進戶部尚書。拜御史中丞，兼侍讀，加龍圖閣直學士。徙兵部尚書，辭不拜，出知鄧州，徙成都，行次陝，暴卒，年六十四，時元祐五年二月。常少時讀書廬山之五老峰下白石僧舍，既擢第，留所抄書九千卷，名舍曰李氏山房。有文集、奏議六十卷、《元祐會計錄》三十卷。〔註61〕

蘇軾〈約公擇飲是日大風〉詩云：「誰信家書藏九千。」〔註62〕

蘇軾〈李氏山房藏書記〉云：「余友李公擇，少時讀書於廬山五老峰下白石庵之僧舍，公擇既去，而山中之人思之，指其所居爲李氏山房，藏書凡九千餘卷。公擇既已涉其流，探其源，采剝其華實，而咀嚼其膏味，以爲己有，發于文詞，見于行事，以聞名於當世矣。而書固自如也，未嘗少損，將以遺來者，供其無窮之求，而各足其才分之所當得，是以不藏於家，而藏於其故所居之僧舍，此仁者之心也。余既衰且病，無所用於世，惟得數年之間，盡讀其所未見之書，而廬山固所願遊而不得者，蓋將老焉，盡發公擇之藏，拾其餘葉以自補，庶有益乎。而公擇求余文以爲記，乃爲一言，使來者知昔之君子見書之難，而今之學者有書而不讀爲可惜也。」〔註63〕李氏山房藏書凡九千餘卷，其書不藏于家，而藏于僧舍，以供人用，不啻當時之公共圖書館也。

《揮塵錄》卷一云：「承平時士大夫家如南都戚氏、歷陽沈氏、廬山李氏、九江陳氏、番易吳氏，俱有藏書之名，今皆散逸。」

〔註61〕據《蘇魏公文集》卷五十五〈龍圖閣直學士知成都府李公墓誌銘〉、《東都事略》卷九十二、《宋史》卷三百四十四、《宋詩紀事》卷十九。
〔註62〕見《蘇東坡全集》前集卷九。
〔註63〕見《蘇東坡全集》前集卷三十二。

《齊東野語》卷十二云：「次如曾南豐及李氏山房亦皆一二萬卷，然其後靡不厄於兵火。」

據此，知李氏頗富藏書之名，然李氏山房所藏之書至南宋已不復存矣。

《藏書紀事詩》卷一、〈宋代私家藏書概略〉、《中國藏書家考略》載有此人。

三四、呂大防（1027～1097）

呂大防，字微仲，陝西京兆藍田人。皇祐初，進士及第，調馮翊主簿、永壽令。遷著作佐郎、知青城縣。英宗即位，改太常博士。御史闕，內出大防與范純仁姓名，命為監察御史裏行。首言紀綱賞罰，未厭四方之望。會執政議濮王稱考，大防章累十數上，出知休寧縣。神宗立，通判淄州。熙寧元年，知泗州，為河北轉運副使。韓絳宣撫陝西，命為判官，又兼河東宣撫判官，除知制誥。四年，會環慶兵變，絳坐黜，大防亦落知制誥，以太常博士知臨江軍。數月，徙知華州。除龍圖閣待制、知秦州。元豐初，徙永興。神宗以彗星求言，大防陳三說九宜，累數千言。時用兵西夏，調度百出，有不便者輒上聞，務在寬民。及兵罷，民力比他路為饒，供億軍需亦無乏絕。進直學士。居數年，知成都府。哲宗即位，召為翰林學士，權開封府。遷吏部尚書。元祐元年，拜尚書右丞，進中書侍郎，封汲郡公。三年，拜尚書左僕射兼門下侍郎，提舉修《神宗實錄》，大防朴厚忠直，不植黨朋，與范純仁並位，同心戮力，以相王室。立朝挺挺，進退百官，不可干以私，不市恩嫁怨以邀聲譽，凡八年，始終如一。後以觀文殿學士、左光祿大夫知潁昌府。尋改永興軍。未幾，左正言上官均論其隳壞役法；右正言張商英、御史周秋、劉拯相繼攻之，奪學士，知隨州，貶秘書監，分司南京，居郢州。言者又以修《真宗實錄》直書其事為誣詆，徙安州。紹興四年，貶舒州團練副使、安置循州，至虔州信豐卒，年七十一。大防身長七尺，眉目秀發，聲音如鐘。自少持重，無嗜好，過市不左右游目，燕居如對賓客。每朝會，威儀翼如，神宗常目送之。與大忠及弟大臨同居，相切蹉論道考禮，冠昏喪祭一本於古，關中言禮學者推呂氏。徽宗即位，復其官。高宗紹興初，又復大學士，贈太師、宣國公。諡曰正愍。著有《呂汲公文錄》二十卷，《呂氏鄉約》。〔註64〕

《郡齋讀書志》卷十九有《呂汲公文錄》二十卷、《掇遺》一卷云：「大

〔註64〕據《東都事略》卷八十九、《宋史》卷三百四十、《宋詩紀事》卷十九。

防紹聖初，責授舒州團練副使、循州安置，未踰嶺卒。大防既拜相，常分其俸之半以錄書，故所藏甚富。」據此，知為宋代藏書家，惟藏書多寡未詳。

《郡齋讀書志》卷一有《古文尚書》十三卷云：「孔安國以隸古定五十九篇之書，其書自漢迄唐，行於學官，明皇不喜古文改從今文，由是古文遂絕。陸德明獨存其一二於《釋文》而已。皇朝呂大防得本於宋次道、王仲至家，以校陸氏《釋文》，雖小有異同而大體相類，觀其作字奇古，非字書傅會穿鑿者所能到，學者考之，可以知制字之本也。」

宋邵博《河南邵氏聞見後錄》卷九云：「神宗惡《後漢書》范曄姓名，欲更修之，求《東觀漢紀》，久之不得，後高麗以其本付醫官某人來上，神宗已厭代矣。至元祐年，高麗使人言狀，訪於書省，無知者。醫官已死，於其家得之，藏於中秘。予嘗寫本於呂汲公家，亦棄之兵火中矣。」

據此，知呂大防藏有《古文尚書》及《東觀漢紀》。

《宋史·藝文志》有《呂氏書目》二卷，疑即呂大防之家藏書目。

《藏書紀事詩》卷一、《中國藏書家考略》載有此人。

三五、李定（1028～1087）

李定，字資深，江蘇揚州人。少受學於王安石。登進士第，為定遠尉、秀州判官。神宗問青苗事，定極言其便，於是諸言新法不便者，帝皆不聽。拜太子中允、監察御史裏行，坐庶母死匿不為服，改崇政殿說書。後以集賢校理、檢正中書吏房，直舍人院同判太常寺。八年，加集賢殿修撰、知明州。元豐初，召拜寶文閣待制、同知諫院，進知制誥，為御史中丞。遷翰林學士，坐論府界養馬事失實，罷知河陽。留守南京，召為戶部侍郎。哲宗立，以龍圖閣學士知青州，移江寧府。言者爭暴其前過，又謫居滁州。元祐二年卒，年六十。〔註65〕

《通志·藝文略》有李定《李正議書目》三卷，當為其家藏書目，知亦宋代藏書家，惟收藏情形不可考。前人著作均未述及之，今據此收入本文。

三六、劉摯（1030～1097）

劉摯，字莘老，河北東光人。嘉祐中，擢甲科，歷冀州南宮令，徙江陵觀察推官。以韓琦薦，為館閣校勘。遷監察御史裏行，不附王安石，上疏極

〔註65〕據《東都事略》卷九十八、《宋史》卷三百二十九。

論新法之弊，謫監衡州塩倉。久之，簽書南京判官。入同知太常禮院。元豐初，改集賢校理，知大宗正寺丞，爲開封府推官。神宗開天章閣，議新官制，除至禮部郎中，俄遷右司郎中。哲宗立，召爲吏部郎中，改秘書少監，擢侍御史。拜尚書右丞，連進左丞、中書侍郎，遷門下侍郎。元祐六年，拜尚書右僕射，以觀文殿學士罷知鄆州。七年，徙大名、青州。紹聖初，爲讒所中，奪職知黃州，再貶光祿卿，分司南京，蘄州居住。四年，貶鼎州團練副使、新州安置。數月，以疾卒，年六十八。紹興初，贈少師，諡曰忠肅。有《忠肅集》二十卷。〔註66〕

《宋史》本傳云：「摯嗜書，自幼至老，未嘗釋卷。家藏書多自讎校，得善本或手抄錄，孜孜無倦。」

《藏書紀事詩》、《中國藏書家考略》未載此人。今據《宋史》本傳所載，知亦宋代藏書家，故收錄，惟其詳無考。

三七、昌王宗晟（1031～1095）

宗晟，濮安懿王之子。紹聖元年六月，以武安軍節度使判大宗正事，加檢校司徒，嗣濮王。二年三月薨，年六十五，贈太師、昌王，諡端孝。〔註67〕

《宋史》本傳云：「宗晟好古學，藏書數萬卷，仁宗嘉之，益以國子監書。」

據此，知宗晟藏書數萬卷，亦宋代藏書家。《藏書紀事詩》卷一載有此人。

三八、榮王宗綽（1034～1096）

宗綽，濮安懿王之子。官至河陽三城節度使，檢校司徒。紹聖三年二月薨，年六十三，贈太師，追封榮王，諡孝靖。〔註68〕

《容齋四筆》卷十三「榮王藏書」條云：「濮安懿王之子宗綽蓄書七萬卷，始與英宗偕學于邸，每得異書，必轉以相付。宗綽家本有岳陽記者，皆所賜也，此國史本傳所載。宣和中，其子淮安郡王仲麋進目錄三卷，忠宣公在燕，得其中秩云：『除監本外，寫本印書籍計二萬三千八百三十六卷。』觀一帙之

〔註66〕據《東都事略》卷八十九、《宋史》卷三百四十。
〔註67〕據《宋史》卷二百四十五〈宗室傳〉。
〔註68〕據《宋史》卷二百四十五〈宗室傳〉。

目如是，所謂七萬卷者爲不誣矣，三館秘府所未有也，盛哉。」

高似孫《史略》卷五云：「濮安懿王之子榮王宗綽聚書七萬卷，宣和中，其子曾進書目，自龍圖閣、太清樓、玉宸殿、宣和殿以及崇文三館所儲，盡歸於燕，幸僅存耳。」

據此，知榮王宗綽藏書七萬卷，且有藏書目錄三卷。惟明胡應麟以爲七萬卷甚可疑也。其《少室山房筆叢》卷一云：「第宋世三館所藏不過四萬以上，況英宗時尚在宋初，其時板本未盛，即重複通計亦未能遽至此，《隨筆》所計謬無疑。」

《藏書紀事詩》卷一載有此人。

三九、劉恕（1032～1078）、子羲仲

劉恕，字道原（一作道源），江西筠州高安人。少穎悟，書過目即成誦，未冠，舉進士。調鉅鹿主簿、和川令。恕篤好史學，自太史公所記，下至周顯德末，紀傳之外至私記雜說，無所不覽，上下數千載間，鉅微之事，如指諸掌，司馬光編次《資治通鑑》，召爲局僚，遇史事紛錯難治者，輒以諉恕。王安石與之有舊，欲引置三司條例，恕以不習金穀爲辭，因言天子方屬公大政，宜恢張堯舜之道以佐明主，不應以利爲先。又條陳所更法令不合眾心者，勸使復舊，至面刺其過。安石怒，恕不少屈，遂與之絕。光出知永興軍，恕亦以親老，求監南康軍酒以就養，許即官修書。光判西京御史台，恕請詣光，留數月而歸。官至秘書丞，元豐六年九月卒，年四十七。

恕爲學，自曆數、地理、官職、族姓至前代公府案牘，皆取以審證。求書不遠數百里，身就之讀且抄，殆忘寢食。宋敏求知亳州，家多書，恕枉道借覽。敏求日具饌爲主人禮，恕曰：「此非吾我所爲來也，殊廢吾事。」悉去之，獨閉閣，晝夜口誦手抄，留旬日，盡其書，目爲之瞖。死後七年，《通鑑》成，追錄其勞，官其子羲仲爲郊社齋郎。元祐七年刻《資治通鑑》版，書成，又詔書賜其家，諸儒以爲寵。著《十國紀年》四十二卷、《通鑑外紀》十卷、《疑年譜》一卷、《年略譜》一卷。〔註69〕

子羲仲，字壯輿，號浪漫翁。恕以史學自名，羲仲世其家學。平居厲節操。以蔡京薦，召爲宣教郎編修官，至京師，時宰以下，並不造詣。忤京，

〔註69〕據《溫國文正司馬公集》卷六十五〈劉道原十國紀年序〉、《豫章黃先生文集》
　　　　卷二十三、《東都事略》卷八十七下、《宋史》卷四百四十四。

不復仕。宣和初，卒於廬山。著有《太初曆》、《通鑑問疑》。嘗謫歐陽公《五代史》之訛誤爲《糾繆》。〔註70〕

晁說之〈劉氏藏書記〉云：「都官劉公凝之卓行絕識，不待老而歸休廬山之下，其遺子孫者無他物，蓋唯圖書也。其子道原，少而日誦萬言，既長苦心篤志，無所嗜好，晝夜以讀書爲娛，至于不慕榮利，忘去寒暑。司馬溫公稱其精博，宋次道稱其該贍，范醇大稱其密緻，則其所藏復蘊崇而不計者歟！且嘗憤疾南方士人家不藏書矣，則于是蓋特加意焉者也。公之子羲仲壯輿，人視其邁往不群，而自處憚憚循約，惟恐前脩之辱也。從仕四方，妻子不免飢寒而敦然唯是之求索，甚于人之飢渴而赴飲食者。則其所得補其家之未足，而且有以振發國中之沈鬱也。既已踵成其父《十國紀年》，而身採周秦之遺文，以爲《十二國史》。嘗論著《春秋》矣，而方且爲《周易》之學，則其藏書豈特充牣篋笥而誇緗帙，如愚賈潤屋以金珠邪？于是謹識其所得書之歲月先後，以視子孫，其意爲不淺也。乃俾說之爲之記，以載于目錄之上。」〔註71〕

據晁氏所云，知劉氏自凝之以來，三代藏書，且有藏書目錄，晁氏爲之記也。

《容齋續筆》卷十五云：「惟劉壯輿家於廬山之陽，自其祖凝之以來遺子孫者唯圖書也，其書與七澤俱富矣。於是爲作記。今劉氏之在廬山者，不聞其人，則所謂藏書，殆亦羽化。乃知自古到今神物亦於斯人爲靳靳也。」

陸游《老學庵筆記》卷九云：「劉道原、壯輿，載世藏書甚富，壯輿死，無後，書錄於南康軍官庫，後數年，胡少汲過南康訪之，已散落無餘矣。」

高似孫《史略》卷五云：「劉壯輿家廬山之陽，自其祖凝之以來圖書亦多，有藏書記，今亦不存。」

魏了翁〈眉山孫氏書樓記〉云：「劉壯輿家于廬山之陽，所儲亦博，今其子孫無聞焉。」〔註72〕

劉氏三世藏書，至南宋已散落無餘。

《郡齋讀書志》卷五「宋書」條下云：「嘉祐中，以宋、齊、梁、陳、魏、北齊、周書，舛繆亡闕，始詔館職讎校，曾鞏等以秘閣所藏多誤，不足憑以是正，請詔天下藏書之家悉上異本，久之始集　治平中，鞏校定《南齊》、《梁》、

〔註70〕據《卻掃編》卷中。
〔註71〕見《嵩山景迂生集》卷十六。
〔註72〕見《鶴山先生大全文集》卷四十一。

《陳》三書，劉恕等上《後魏書》，王安國上《周書》，政和中始皆畢，頒之
學官，民間傳者尚少。」據此，知劉恕藏有《後魏書》。

　　《藏書紀事詩》卷一、《中國藏書家考略》載有劉氏父子二人。

四〇、陳貽範

　　陳貽範，字伯謨，浙江臨海人。嘗遊胡瑗、陳襄之門，登治平四年進士。
歷宗正丞，通判處州，終朝奉郎，著有《千題適變錄》十六卷及《慶善集》。
〔註73〕

　　《通志・藝文略》有台州陳氏《慶善樓書目》三卷，《宋史・藝文志》
有陳貽範《潁川慶善樓家藏書目》二卷，知為宋代藏書家，惟藏書詳情不可
考也。

　　《藏書紀事詩》、《中國藏書家考略》均未載，僅見於〈浙江藏書家考略〉。

四一、錢勰（1034～1097）

　　錢勰，字穆父，浙江錢塘人，惟演從孫。五歲日誦千言。熙寧三年應試，
既中秘閣選，後王安石罷其科，遂不得第。以蔭知尉氏縣，授流內銓主簿。安
石知其不附己，命權鹽鐵判官，歷提點京西、河北、京東刑獄。奉使高麗，凡
餽餉皆不納。元祐初，遷給事中，以龍圖閣待制知開封府。出知越州，徙瀛州。
召拜工部、戶部侍郎，進尚書，加龍圖閣直學士，復知開封。哲宗蒞政，召為
翰林學士，章惇極意排詆，罷知池州。紹聖四年卒，年六十四。〔註74〕

　　《墨莊漫錄》卷五云：「藏書之富，如宋宣獻、畢文簡、王原叔、錢穆父、
王仲至及荊南田氏、歷陽沈氏，各有書目」。

　　據此，知錢勰亦宋代著名之藏書家，且有藏書目錄，惟收藏情形無考。

　　《武林藏書錄》卷中、《藏書紀事詩》卷一、《中國藏書家考略》載有此
人。

四二、錢龢

　　《武林藏書錄》卷中云：「錢龢字嵒父，吳越王後，勰弟，錢塘人。以孝
義著，居九里松之間，嘗建傑閣，藏書甚富，東坡榜之曰「錢氏書藏」。仕至

〔註73〕據《宋元學案》卷五。
〔註74〕據《東都事略》卷四十八、《宋史》卷三百一十七。

直秘閣、知荊南府，墓在靈隱天竺兩山之中。《處州府志》載，熙寧間，以光祿寺丞出知龍泉縣，朝廷初更新法，編次保伍，人情駭異，龢諭以德意，民始安輯。爲政務簡易，以便於民。及去，老幼思之，立去思堂，吳充作記。」

據此，知錢龢亦宋代藏書家。《藏書紀事詩》卷一、《中國藏書家考略》載有此人。

四三、曾　旼

曾旼，字彥和，福建龍溪人。熙寧六年進士，爲《書解》，朱文公、呂成公皆取之。歷監潤州倉曹。嘗纂《潤州類集》。〔註75〕

《墨莊漫錄》卷五云：「吳中曾旼彥和、賀鑄方回二家書，其子獻之朝廷，各命以官，皆經彥和、方回手自讎校，非如田沈家，貪多務得，舛謬訛錯也。」又《建炎以來繫年要錄》卷五十二云：「紹興二年三月戊午，進士曾晁夫特補將仕郎。晁夫，旼子也，獻其家所藏書二千卷。」

王士禎《香祖筆記》卷十一歷數宋代藏書家，亦有曾旼彥和。

據此，知曾旼乃宋代藏書家，其收藏情形不可考，惟曾氏藏書均手自讎校，後其子將其藏書二千卷獻之朝廷。

《藏書紀事詩》卷一、《中國藏書家考略》載有此人。

四四、李　傑

李傑，字穎伯，湖南邵陽人。熙寧進士，歷知永、靖二州。元祐初，知瀘州，尋遷梓州路提點刑獄。五年，改金部郎中。崇寧元年，坐元符末應詔上書譏訕謗斥得罪宗廟，勒停編管唐州。三年，入黨籍。後爲湖南安撫使，終於大理卿。〔註76〕

《輿地紀勝》卷五十九云：「李傑，字穎伯，邵陽人，其父即洞明先生也。少登科後，出師湖南，由邵陽拜松楸，以己俸置書萬卷以遺郡庠，買田數阡畝以贍宗族。」

據此，知李傑藏書萬卷，並以捐贈郡庠，亦宋代藏書家。惟《藏書紀事詩》、《中國藏書家考略》均未載。今據《輿地紀勝》所載，收入本文，惟收藏情形不可考。

〔註75〕據《宋詩紀事》卷二十五。
〔註76〕據《宋史翼》卷十九。

四五、沈　思

《歸安縣志》卷五云：「沈思，字持正，號東老，歸安人。能釀十八仙白酒，一日有客自稱回道人，長揖於門，曰：『知公酒新熟，願求一醉。』熙寧元年八月十九日也。公見其風骨秀偉，及論古今治亂，老莊浮屠之理，無所不通，意非塵埃中人，留飲竟日，且奕且歌，因授公以長生輕舉之術，約五年復遇，今日當化去。公領悟，將達旦，則甕中僅存糟粕矣，回公乃擘榴皮題詩於壁：『西鄰已富憂不足，東老雖貧樂有餘，白酒釀成緣好客，黃金散盡爲收書。』已而言別，至舍西石橋，回公乘風而去，公悵慕久之。後四年，公果仙脫，家人舉棺怪其輕，視之，惟衣履存焉。」

《避暑錄話》卷下云：「東林去吾山東南五十餘里，沈氏世爲著姓，元豐間有名思者，字東老，家頗藏書，喜賓客。東林當錢塘往來之衝，故士大夫與游客勝士，聞其好事，必過之，沈亦應接不倦。嘗有布裘青巾，稱回山人，風神超邁，與之飲，終日不醉。薄暮取食餘石榴皮，書詩一絕壁間曰：『西鄰已富憂不足，東老雖貧樂有餘，白酒釀來緣好客，黃金散盡爲收書。』即長揖出門，越石橋而去，追躡之已不見，意其爲呂洞賓也。」

據此，東林沈思，浙江湖州歸安人，乃元豐間一藏書家也。

《藏書紀事詩》卷一、《中國藏書家考略》載有此人。

四六、文　瑩

文瑩，宋僧，字道溫，浙江錢塘人。工詩，喜藏書，尤留心當世之務。終老于荊州之金鑾寺，著有《湘山野錄》、《玉壺清話》，《渚宮集》。〔註77〕

文瑩〈玉壺清話序〉云：「玉壺，隱居之潭也。文瑩收古今文章著述最多，自國朝至熙寧間，得文集二百餘家，僅（一作近）數千卷。」則文瑩所藏書，北宋文集即達數千卷之多，其收藏之富亦可想見也。

《續湘山野錄》云：「王平甫安國奉詔，定蜀楚民秦民三家所獻書可入三館者，令令史李希顏料理之。其書多剝脫，而得一弊紙，所書花蕊夫人詩，筆書乃花蕊手寫，而其詞甚奇，與王建宮詞無異。建之辭自唐至今，誦者不絕口，而此獨遺棄不見取。受詔定三家書者，又斥去之，甚爲可惜也。遂令令史郭祥繕寫入三館，既歸，口誦數篇與荊公，荊公明日在中書語及之，而禹玉相公當世參政願傳其本，於是盛行於時。文瑩親於平甫處得副本，凡三

〔註77〕據《宋詩紀事》卷九十一、鮑廷博〈玉壺清話跋〉。

十二章。」據此知文瑩藏有花蕊夫人詩三十二章。

《藏書紀事詩》卷七、《武林藏書錄》卷中載有此人。

四七、陳景元

陳景元，元豐間道士，字太虛，號眞靖，自稱碧虛子，江西建昌南城人。師高郵道士韓知止，已而別其師，遊天台山，遇鴻濛先生張無夢授秘術。自幼讀書，至老不倦。不汎交，未嘗與俗子將迎，惟相善法雲寺釋法秀，人比之廬山陸修靜交惠遠也。初遊京師，居醴泉觀，眾請開講。神宗聞其名，召對天章閣，累遷至右街副道籙，賜號眞人。乞歸廬山，復以葬親爲請，詔賜百金助之，既歸，行李百擔皆經史也。詩書盡皆清婉可喜。一時大臣如王安石、王珪喜與之遊。嘗與蔡卞論書，至歐陽詢，則曰：「世皆知其體方，而莫知其筆圓。」卞頗服膺。《注道經》二卷，《老氏藏室纂微》二卷、《解莊子》十卷。編《高士傳》百卷，所著文集二十卷。〔註78〕

《避暑錄話》卷下云：「元豐間道士陳景元，博識多聞，藏書數萬卷，士大夫樂從之游，身短小而傴。師孟嘗從求《相鶴經》，得之甚善，作詩親携往謝。末云：『收得一般瀟洒物，龜形人送鶴書來。』徐學首自探吳音諷之，諸弟子在旁皆忍笑不能禁，時王侍郎仲至在坐，顧景元不覺失聲，幾仆地。」

《宣和書譜》卷六云：「道士陳景元，……自幼喜讀書，至老不倦，凡道書皆親手自校寫，積日窮年，爲之痀傴，每著書，什襲藏之。有佳客至，必發函，具鉛槧，出客前以求點定。……乞歸廬山，復以葬親爲請，詔賜百金助之，既歸，行李無他物，百擔皆經史也。所居以道儒醫書，各爲齋館而區別之，四方學者來從其遊，則隨所類齋館，相與校讎，於是人人得盡其學，而所藏號爲完書。……凡手自校正書有五千卷。」

陳景元藏書數萬卷，凡手自校正書有五千卷，道書皆親手自校寫，隱居廬山，各爲齋館以區別道儒醫書，且與四方學者相互讎校，故所藏號爲完書。

《藏書紀事詩》卷七、《中國藏書家考略》載有此人。

四八、賀鑄（1052～1125）

賀鑄，字方回，河南衛州人，〔註79〕孝惠皇后族孫。身長七尺，面鐵色，

〔註78〕據《宣和書譜》卷六、《宋詩紀事》卷九十。
〔註79〕《東都事略》卷一百一十六作「開封人」。

眉目聳拔。喜談當世事，可否不少假借。雖貴要權傾一時，小不中意，極口詆之無遺辭，人以爲近俠。博學強記，工語言，深婉麗密，如次組繡。尤長於度曲。元祐中，任通直郎、通判泗州，又倅太平州。以尚氣使酒，不得美官，悒悒不得志，食宮祠祿，退居吳下，引遠世故。家藏書萬餘卷，手自校讎，無一字脫誤，其所與交，終始厚者，惟信安程俱。鑄自衰歌詞，名《東山樂府》，俱爲序之。嘗自言唐諫議大夫知章之後，自號慶湖遺老。宣和七年卒，年七十四。有《慶湖遺老集》二十卷。〔註80〕

周密《齊東野語》卷十二云：「至若吾鄉故家如石林葉氏、賀氏皆號藏書之多，至十萬卷。」此處所云賀氏當指賀鑄而言，王士禎《香祖筆記》卷十一歷數宋代藏書家亦有賀鑄方回。

明陳繼儒《太平清話》卷一云：「賀方回長七尺，面鐵色，眉目聳拔，退居吳下昇平橋及橫塘別墅，藏書萬餘卷，手讎校無一字誤。」《蘇州府志》卷七云：「企鴻軒在昇平橋，越人賀鑄所居（前志誤云在醋坊橋），又有水軒，其親題書籍云升平地。」此乃賀鑄藏書之處。

陸游《老學庵筆記》卷八云：「賀方回，狀貌奇醜，色青黑而有英氣，俗謂之賀鬼頭。喜校書，朱黃未曾去手，詩文皆高，不獨工長短句也。」《墨莊漫錄》卷四亦云：「藏書之富……吳中曾旼彥和、賀鑄方回二家書，其子獻之朝廷，各命以官，皆經彥和、方回手自讎校，非如田、沈家，貪多務得，舛謬訛錯也。」則賀鑄不僅喜藏書，更精讎校。

《建炎以來朝野雜記・甲集》卷四云：「高宗始南渡，書籍散失，紹興初，有言賀方回子孫鬻故書於道者，上命有司市之。」《研北雜志》卷上亦云：「賀方回故居，在吳中昇平橋，所居有企鴻軒，郡志誤作醋坊橋。方回有二子：曰房、曰廩，廩字豫登，紹興二年二月二日甲子，進方回手校書五千餘卷，得官，特添差平江糧料院。方回葬義興之篠領，其子孫尚有存者。」則南渡後，賀鑄藏書盡歸朝廷，以實三館焉。

宋王楙《野客叢書》卷四云：「余得毘陵賀方回家所藏繕寫《嵇康集》十卷。有詩六十八首，今《文選》所載康詩才三數首。《選》惟載康〈與山巨源絕交書〉一首，不知又有〈與呂長悌絕交〉一書。《選》惟載〈養生論〉一篇，不知又有〈與向子期論養生難答〉一篇四千餘言，辯論甚悉。集又有〈宅無

〔註80〕據葉石林《建康集》卷八〈賀鑄傳〉，《東都事略》卷一百一十六，《宋史》卷四百四十三〈文苑傳〉、《吳中人物志》卷十。

吉凶攝生論難〉上中下三篇，〈難張叔遼自然好學論〉一首，〈管蔡論〉、〈釋私論〉、〈明膽論〉等文，其詞旨玄遠，率根於理，讀之可想見當時之風致。《崇文總目》謂《嵇康集》十卷，正此本也。《唐・藝文志》謂《嵇康集》十五卷，不知五卷謂何。」據此賀鑄家藏有繕寫之《嵇康集》十卷，乃《崇文總目》所著錄之本，較當時通行之《文選》所載爲多。

　　《天祿琳琅書目》卷九「呂氏春秋」條下有鏡湖遺老識語云：「餘杭鏤本亡三十篇，又有脫字漏字，此本得於東牟王氏。四明使君於元豐初奉詔修書於資善堂，取太清樓藏本爲之校定。元祐壬申，余喜得此書，校讎始就，爲一客挾去，後三年見歸，因募筆工錄之。」據此知賀鑄所藏書中亦有《呂氏春秋》，而得書之不易，亦由此可見也。

　　《藏書紀事詩》卷一、〈江蘇藏書家小史〉、《中國藏書家考略》載有此人。

第四章　南北宋之際藏書家

　　本章收錄北宋末季以及經靖康之亂而入南宋之藏書家凡二十四人。此一時期之北方藏書家因經歷戰火，其藏書多燬於兵，如山東趙明誠之藏書三四萬卷，數經遷徙，已百不存一也。南方之藏書家，雖或遭兵燹，如陸游〈跋京本家語〉所謂江南藏書家，頗受焚劫；或有不慎於火，如石林葉氏舊藏三萬卷之遭回祿。然大都尚能保全，以資相互補緝，影響於後代也。故陳振孫仕於莆田之時，猶得傳錄吳與、林霆、方漸之藏書。靖康之亂，館閣所貯秘書悉為金人輦載而去，高宗移蹕臨安，重建秘書省，下詔徵求遺書，浙江藏書家諸葛行仁嘗上進所藏萬卷。又曾借抄陸宰家藏書，以充秘府。淳熙間所編《館閣書目》，著錄多達四萬四千餘卷，超軼北宋秘府，實為此一時期藏書家之貢獻也。

一、晁說之（1059～1129）

　　晁說之，字以道，山東濟州鉅野人。慕司馬光之為人，自號景迂。元豐五年進士，蘇軾以著述科薦之。元祐中以黨籍放斥，元符末與崔鷗同書邪籍。靖康初，召為著作郎，試中書舍人，兼東宮詹事。建炎初，終徽猷閣待制。三年卒，年七十一。說之博極群書，善畫山水，工詩，通六經，尤精《易傳》。著有《儒言》、《晁氏客語》及《景迂生集》二十卷。〔註1〕

　　晁說之〈劉氏藏書記〉云：「予家則五世于茲也，雖不敢與宋氏〔註2〕爭多，而校讎是正，則未肯白讓，乃去年〔註3〕冬，火亦告讁。」高似孫《史略》

〔註1〕據《宋詩紀事》卷二十八、《宋元學案》卷二十二、《宋元學案補遺》卷二十二。

〔註2〕宋氏即指宋綬，詳前。

〔註3〕此記作於政和乙未（五年），去年即指政和甲午（四年），見《容齋續筆》卷十五「書籍之厄」條。

卷五亦云：「晁以道家所藏凡五世，雖不及宋氏，而校讎最爲精確。」《容齋續筆》卷十五亦引晁氏之語。宋綬父子校讎之精已爲諸家所稱揚，而晁氏自謂藏書雖不及宋氏而校讎未肯自遜，則其校書之精確亦可想見也。

清莫友芝《邵亭知見傳本書目》卷十一有宋徽宗政和乙未（五年）晁說之刊《王弼注老子道德經》，則晁氏不僅藏書，亦自刻書也。

〈宋代私家藏書概略〉、《中國藏書家考略》載有此人，《藏書紀事詩》未載。

二、吳　與

吳與，字可權，福建漳浦人。元豐五年進士，累遷奉議郎通判湖州。時故人張商英當國，或諷之使見，與毅然曰：「吾遇天覺於放逐中，諄諄勉以忠義，今可呈身求進耶？」竟不往，官終廣南東路提點刑獄。生平歷官凡七任，悉以俸餘市書，所藏至三萬餘卷，鄭樵稱海內藏書者四家，以與所藏本爲最善。〔註4〕

《直齋書錄解題》卷八有《吳氏書目》一卷云：「奉議郎吳與可權家藏，閩中不經兵火，故家文籍多完具，然地濕苦蠹損。」按《通志‧藝文略》有《漳浦吳氏藏書目》四卷，與直齋所記一卷不同。

鄭樵《校讎略》云：「書不存於秘府，而出於民間者甚多。如漳州吳氏，其家甚微，其官甚卑，然一身文字間，至老不休，故所得之書，多蓬山所無者。兼藏書之家例有兩目錄，所以示人者，未嘗載異書；若非與人盡誠盡禮，彼肯出其所秘乎？此謂求之私。」又云：「古之書籍，有上所無而出於今民間者。《古文尚書音》，唐世與宋朝並無，今出於漳州之吳氏。……按漳州《吳氏書目》，算術一家，有數件古書，皆三館四庫所無者。……又《師春》二卷、《甘氏星經》二卷、《漢官典義》十卷、《京房易鈔》一卷，今世之所傳者，皆出吳氏。」

吳與藏書三萬餘卷，有《吳氏書目》，所藏之書，頗多三館、四庫所無者，吳氏可謂宋代一大藏書家也。

《藏書紀事詩》卷一、《中國藏書家考略》載有此人。

三、張　塈

張塈，字子厚，江蘇常州人。元祐三年，登進士甲科。獨養其親，不忍

〔註4〕據《宋史翼》卷十九。

斯須去左右。閉戶讀書四十年，手校數萬卷，無一字舛。窮經著書，至夜分不寐。元豐中，近臣薦其高行。至于元祐，大臣復薦之，起教授潁州，辭不就。孫覺、胡宗愈、范祖禹、蘇軾再薦之，詔拜秘書省校書郎，敕郡縣致禮敦遣，竟不出。塸蹈中守常，從容不迫，爲當時名流所慕，以不造門爲恥。崇寧四年卒。明年，詔以塸隱德丘園，聲聞顯著，賜謚曰正素先生。〔註5〕

　　葉夢得《蒙齋筆談》卷下云：「正素處士張塸，字子厚，毗陵人。……家藏書數萬卷，善琴棋，日惟玩此三物。」

　　據此，知張塸藏書數萬卷，皆手自校定，無一字舛，亦宋代藏書家。《藏書紀事詩》卷一、〈江蘇藏書家小史〉、《中國藏書家考略》載有此人。

四、鮑愼由

　　鮑愼由，〔註6〕字欽止，浙江處州龍泉人。元祐六年進士。嘗從王安石學，又親炙蘇軾，故其文汪洋閎肆，詩尤高妙。徽宗朝，除工部員外郎，居無何，以不合去，責監泗川轉般倉。歷河東福建路常平、廣西淮南轉運判官，復召爲郎。以言者罷，提點元封觀。起知明州，又知海州，復奉祠。卒年五十六。嘗注杜甫詩，有文集五十卷。〔註7〕

　　《郡齋讀書志》卷六有《呂夏卿兵志》三卷云：「右皇朝呂夏卿撰，公武得之於宇文時中季蒙，題其後云：『夏卿修《唐史》，別著《兵志》三卷自秘之，戒其弟子勿妄傳。鮑欽止吏部，好藏書，苦求得之，其子無爲太守恭孫，偶言及，因懇借鈔錄於吳興之山齋。』」

　　《藏書紀事詩》卷一、《中國藏書家考略》載有此人，知亦宋代藏書家。

五、石公弼

　　石公弼，初名公輔，字國佐，浙江越州新昌人。元祐六年登進士第，調衛州司法參軍。知廣德縣，召爲宗正寺主簿。徽宗善之，擢監察御史。進殿中侍御史，由右正言改左司諫，遷侍御史，徙太常少卿，遷起居郎，兼定王、嘉王記室。故事，初至宮，例得金繒之賜二百萬，公弼辭不受。大觀二年，

〔註5〕據《宋史》卷四百五十八〈隱逸傳〉。
〔註6〕鮑愼由，《宋史》作鮑由，案《宋史》卷二百零八〈藝文志〉有《鮑愼由文集》五十卷，陳振孫《直齋書錄解題》卷十七著錄《夷白堂小集》二十卷，《別集》三卷，下注：「考功員外郎括蒼鮑愼由欽止撰」，則「由」實名「愼由」。
〔註7〕據《宋史》卷四百四十三，《宋詩紀事》卷三十二。

拜御史中丞，劾蔡京罪惡，章數十上，京始罷。及劉逵主國柄，公弼復論其廢紹述良法，啓用元祐邪黨學術，人頗以是譏之。進兵部尚書兼侍讀。張商英入相，欲引爲執政，何執中、吳居厚交沮之，以樞密直學士知揚州，改述古殿直學士、知襄州。蔡京再輔政，羅致其罪，責秀州團練副使、台州市置。踰年，遇赦歸。卒年五十五。〔註8〕

《嘉泰會稽志》卷十六謂越藏書有三家：曰左丞陸氏、尚書石氏、進士諸葛氏。尚書石氏則石公弼也。其「藏書」條又云：「石氏當尚書無恙時，書無一不有。又嘗纂集前代（闕）器爲圖記，亦無一不具，其後頗弗克守，而從子大理正邦哲盡以金求得之，於是爲博古堂，博古之所有眾矣。其冥搜遠取，抑終身不厭者，後復散出，而諸孫提轄文思院繼曾稍加訪尋，間亦獲焉。」

《藏書紀事詩》、《中國藏書家考略》未載此人，〈宋代私家藏書概略〉載之。今據《嘉泰會稽志》，知石公弼亦宋代藏書家。

六、宇文季蒙

《郡齋讀書志》卷五「宋書」條下云：「紹興十四年，井憲孟爲四川漕，始檄諸州學官，求當日所頒本，時四川五十餘州皆不被兵，書頗有在者，然往往亡闕不全，收合補綴，獨少《後魏書》十許卷，最後得宇文季蒙家本，偶有所少者，於是七史遂全，因命眉山刊行焉。」又卷六「呂夏卿兵志」條下云：「公武得之於宇文時中季蒙」。

據此，知宇文季蒙頗有藏書。季蒙，字時中，蜀人，生平仕履不詳。

《藏書紀事詩》卷一、《中國藏書家考略》載有此人，知亦宋代藏書家。

七、王 莘

王莘，字樂道，安徽汝陰人。

《揮麈後錄》卷七云：「先祖早歲登科，游宦四方，留心典籍，經營收拾，所藏逮數萬卷，皆手自校讎，貯之于鄉里，汝陰士大夫多從而借傳。元符末，坐黨籍，謫官湖外，乃於安陸卜築爲久居計，輦置其半于新居。建炎初，寇盜蜂起，惟德安以邑令陳規元則帥眾堅守，秋毫無犯，事聞，擢守本郡，先祖之遺書，留空宅中，悉爲元則載之而去。後十年元則以閣學士來守順昌，亦保城無虞，先祖汝陰舊藏書猶存，又爲元則所掩有，二處之書，悉歸陳氏。

〔註8〕據《東都事略》卷一百零五，《宋史》卷三百四十八。

先人每以太息，然無埋從而索之。」

　　按王明清乃王莘之孫，據明清所言，其祖王莘藏書逮數萬卷，其書後悉歸陳元則。

　　《藏書紀事詩》卷一載有此人。《中國藏書家考略》載有王萃，當爲王莘之誤，葉昌熾云：「性之之父，今《直齋書錄解題》刻本作萃，攷葉石林《避暑錄話》，有王莘樂道，即其人也。伊尹耕於有莘之野，而樂堯舜之道，其字樂道，當以作莘爲正，萃字形近致誤。」

八、魏衍（1060～1127～1129）〔註9〕

　　魏衍，字昌世，江蘇彭城人。

　　宋陳師道〈朝奉郎魏君墓銘〉云：「君諱濤，字信卿，其先白魏徙徐爲彭城人。有子曰衍。……君家產萬金，委群弟不問所在。後爭分，君又多予之。人有難之者，君不答，召衍而指其書曰，『讀此不患貧矣。』」〔註10〕

　　《卻掃編》卷中云：「魏衍者，字昌世，亦彭城人，從無己游最久，蓋高弟也。以學行見重于鄉里，自以不能爲王氏學，不事舉業。家貧甚，未嘗以爲戚，唯以經籍自娛，爲文章操筆立成，名所居之處曰曲肱軒，自號曲肱居士。政和間，先公守徐，招寘書館，俾余兄弟從其學，時年五十餘矣，見異書猶手自抄寫，故其家藏書亦數千卷。建炎初，死於亂，平生所爲文，今世無復存者，良可歎也。」

　　按：徐度《卻掃編》卷中謂陳無己詩，今世所傳率多雜僞，唯魏衍所編二十卷者最善。

　　清吳世熊修《徐州府志》卷二十二下之上〈人物傳・文學〉云：「魏衍，彭城人，遊陳師道之門，師道吟詩至苦，竄易至多，有不如意則棄稿，世所傳多僞，衍編輯師道詩得六卷、文得十四卷、詩話、談叢各爲集，人稱爲善本云。」

　　《藏書紀事詩》卷一載有此人，知亦宋代藏書家。

九、趙令時（1061～1134）

　　趙令時，字德麟，太祖于燕懿王德昭之五世孫，早以才敏聞。元祐六年，

〔註9〕《宋人傳記資料索引》不載魏衍生卒年，今據《宋人生卒考示例》補入。
〔註10〕見《後山先生集》卷十六。

簽書潁州公事。所交多元祐勝流，坐與蘇軾游入黨籍，後從高宗南渡。紹興
初，官至右朝請大夫。改右監門衛大將軍、榮州防禦使、權知行在大宗正事。
遷洪州觀察使，襲封安定郡王。尋遷寧遠軍承宣使、同知行在大宗正事。紹
興四年卒，年七十四。著有《侯鯖錄》八卷。〔註11〕

　　趙氏藏書事蹟，舊籍不載，按《藏書紀事詩》卷一、《中國藏書家考略》
收其人，云：「李廌〈德隅齋畫品自序〉云：『趙德麟藏書數萬卷，蓄畫數十
函，皆留京邸。』」惟考《德隅齋畫品》一書，今傳世各本之首，俱未冠其自
序。李氏《濟南集》及《濟南文粹》亦未收其畫品自序之文，但有〈序趙氏
汝陰唱和集〉一篇，而未言及趙氏藏書數萬卷事。復考《畫品》一書，首見
陳氏《直齋書錄解題》著錄，《文獻通考・經籍考》因之，陳氏解題亦未道及
李氏嘗自序事，不悉葉昌熾氏何所據。茲姑從葉氏之說而收之，並誌其疑。

一〇、范　覬

　　李廌〈經史閣詩〉云：「隱君扁舟離五湖，初聞邑子驚陶朱，多金不用五
粓術，高閣惟藏萬卷書。牙籤玉軸比四庫，縹帙錦囊過五車，河間闕遺應復
購，汲冢蠹簡嗟無餘。……異時聯華陟嚴近，白虎東觀文石渠，願待善本校
中秘，毋令後儒爭魯魚。」詩有題云：「方城范覬富而善教子，作經史閣以藏
書，諸子皆有時名。」〔註12〕

　　范氏其人無考，據詩知其藏書達萬卷，不乏秘本，藏書之處曰經史閣。《藏
書紀事詩》、《中國藏書家考略》諸書未收。

一一、郭永（1076～1128）

　　郭永，字謹思，一字慎思，河北大名府元城人。少剛明勇決，身長七尺，
髯鬚若神。以祖任為丹州司法參軍。後調清河丞，尋知大谷縣。調東平府司
錄參軍，移河北西路提舉常平。遷河東提點刑獄。時高宗在揚州，命宗澤守
京師。澤厲兵積粟，將復兩河，以大名當衝要，永即朝夕謀戰守具。居無何，
澤卒，大名孤城無援，永率士晝夜乘城，伺間則出兵狙擊。城陷，金人奇永
狀貌，且素聞其賢，欲以當貴啗永，永瞋目怒罵不絕，金人怒，乃殺之，一
家皆遇害，年五十三。紹興初，贈中大夫、資政殿學士，諡勇節。永博通古

〔註11〕據《宋史》卷二百四十四〈宗室傳〉。
〔註12〕見《濟南集》卷三。

今，得錢即買書，家藏書萬卷，爲文不求人知。見古人立名節者，未嘗不慨然掩卷終日，而尤慕顏眞卿爲人。〔註13〕

郭永藏書萬卷，知亦宋代藏書家，《中國藏書家考略》載有此人。《藏書紀事詩》則未載。

一二、葉夢得（1077～1148）

葉夢得，字少蘊，號肖翁，又號石林，江蘇蘇州吳縣人。紹聖四年，登進士第，調丹徒尉。徽宗朝，自婺州教授召爲議禮武選編修官，以蔡京薦，召對稱旨，遷特祠部郎官。大觀三年，遷翰林學士，極論士大夫朋黨之弊，專於重內輕外，且乞身先眾人補郡。三年，以龍圖閣直學士知汝州，尋落職，提舉洞霄宮。政和五年，起知蔡州，復龍圖閣直學士，移帥潁昌府，尋提舉南京鴻慶宮，自是或廢或起。宣和五年，卜別館于卞山。靖康中，避居緝雲。建炎元年，起知杭州，坐軍亂貶祠官。三年，高宗駐蹕揚州，遷翰林學士兼侍讀，除戶部尚書。既而帝駐蹕杭州，遷尚書左丞，與宰相朱勝非議論不協，會州民有上書訟夢得過失者，上以夢得深曉財賦，乃除資政殿學士、提舉中太一宮，專一提領戶部財用，充車駕巡幸頓遞使，辭不受，歸湖州。紹興初，起爲江東安撫大使兼知建康府，兼壽春等六州宣撫使。八年，除江東安撫制置大使兼知建康府、行宮留守。奏防江措畫八事，又言建康、太平、池州緊要隘口，江北可濟渡去處共十有九，願聚集民兵，把截要害，命諸將審度敵形，併力進討。明年，金人入寇，至柘皋，夢得團結沿江民兵數萬，分據江津，遣子模將千人守馬家渡，金兵不得渡而去。時禁旅與諸道兵咸集，夢得兼總四路漕計以給饋餉，軍用不乏，故諸將得悉力攻戰。詔加觀文殿學士，移知福州，兼福建安撫使。時海寇朱明猖獗，詔夢得挾御前將士便道之鎮，或招或捕，或誘之相戕，遂平寇五十餘群。然頗與監司異議，上章請老，特遷一官，提舉臨安府洞霄宮，尋拜崇信軍節度使致仕。十八年卒湖州，年七十二，贈檢校少保。著有《石林春秋傳》、《石林居士建康集》、《石林詞》、《避暑錄話》、《石林燕語》、《石林詩話》。〔註14〕

《遂初堂書目》有《葉石林書目》，當爲其家藏書目。

〔註13〕據《浮溪集》卷二十〈郭永傳〉、《宋史》卷四百四十八〈忠義傳〉。
〔註14〕據《宋史》卷四百四十五、清鄭元慶《吳興藏書錄》、清光緒九年刊清馮桂芬纂修《蘇州府志》卷八十五。

葉氏《過庭錄》云：「公卿藏書家……。惟宋宣獻擇之甚精，止二萬許卷，而校讎詳密，皆勝諸家。吾家舊所藏，僅與宋氏等，而宋氏好書，人所未見者，吾不能盡得也。自六經諸史與諸子之善者，通有三千餘卷，讀之固不可限以數，以二十年計之，日讀一卷，亦可以再周，其餘一讀足矣。惟六經不可一日去手，吾自登科後，每以五月後天氣漸暑，不能泛及他書，即日專誦六經一卷，至中秋時畢，謂之夏課，守之甚堅，宣和後始稍廢，歲亦必一周也。」

葉氏《避暑錄話》卷上亦云：「余家舊藏書三萬餘卷，喪亂以來，所亡幾半，山居狹隘，餘地置書無幾，雨漏鼠齧，日復蠹敗，今歲出曝之，閱兩旬纔畢，其間往往多余手自抄，覽之如隔世事，因日取所喜觀者數十卷，命門生等從旁讀之，不覺至日昃。」

王明清《揮麈後錄》卷七云：「靖康俶擾，中秘所藏與士大夫家者悉為烏有。南渡以來惟葉少縕少年貴盛，平生好收書，逾十萬卷，貯之霅川弁山山居，建書樓以貯之，極為華煥，丁卯冬，其宅與書俱蕩一燎。」

陳振孫《直齋書錄解題》卷十八「石林總集」條下云：「尚書左丞吳郡葉夢得少蘊撰。……其居在卞山，奇石森列，藏書數萬卷，既歿，守者不謹，屋與書俱燼於火。」

《齊東野語》卷十二云：「至若吾鄉故家如石林葉氏、賀氏，皆號藏書之多，至十萬卷。」

據此，知葉氏家舊藏書三萬餘卷，靖康之變，海內俶擾，中秘所藏與士大夫家，悉為烏有。高宗南渡，北方為金元所蹂躪，南方亦士氣不振，文學凋零，圖籍散佚，藏書者寥寥可數。惟葉夢得，平生好收書，逾十萬卷，置之霅川弁山，建書樓以貯之，既歿，守者不謹，其宅與書俱蕩一燎，散失殆盡。

《吳興藏書錄》、《藏書紀事詩》卷一、〈宋代私家藏書概略〉、〈江蘇藏書家小史〉、《中國藏書家考略》均載有此人。

一三、李光（1078～1159）

李光，字泰發，浙江越州上虞人。崇寧五年，登進士第。劉安世居南京，光以師禮見之。宣和二年，召為太常博士。五年，遷司封。首論士大夫諛佞成風，王黼惡之，貶桂州陽朔縣。欽宗即位，權右司諫，後遷侍御史，謫監汀州酒稅。建炎元年，高宗即位于南京，擢秘書少監，除知江州；未幾，擢

侍御史，皆以道梗不赴。三年，車駕自臨安移蹕建康，除知宣州。尋進直龍圖閣。除徽猷閣待制、知臨安府。紹興元年，除知洪州，固辭，提舉臨安府洞霄宮。除知婺州，甫至郡，擢吏部侍郎。上欲移蹕臨安，被旨節制臨安府見屯諸軍、兼戶部侍郎、督營繕事。尋兼侍讀，擢吏部尚書。授淮西招撫使，未至，道除端明殿學士、江東安撫大使、知建康府，兼壽春、滁、濠、廬、和、無爲宣撫使。光議論與宰相朱勝非不合，落職奉祠。五年二月，尋復寶文閣待制、知湖州。七月，除顯謨閣直學士，移守平江。十一月，除禮部尚書，六年，除端明殿學士、守台州，俄改溫州。七年，除江西安撫使。八年五月，知洪州兼制置大使。十月，擢吏部尚書；踰月，除參知政事。以忤秦檜，上章求去，乃除資政殿學士、知紹興府，改提舉臨安府洞霄宮。十一年冬，責授建寧軍節度副使、藤州安置。十四年，移瓊州。二十年，移昌化軍。論文考史，怡然自適，筆力精健。又三年，始以郊恩，復左朝奉大夫。二十五年秦檜死，始量移郴州。二十九年，卒於江州，年八十二，謚莊簡。著有《易傳》十卷、文集四十卷、《兵略》十卷、《神仙傳》十卷。〔註15〕

《揮塵後錄》卷七云：「李泰發家舊有萬餘卷，亦以是歲〔註16〕火於秦，豈厄會自有時邪。」

元孔齊《至正直記》卷二云：「予至上虞，聞李莊簡公光，無書不讀，多蓄書冊與宋名冊數萬卷，子孫不肖，且粗率鄙俗，不能保守，書散於鄉里之豪民家矣，……讀其家訓者，不覺爲之痛心也。」

據此，知李光藏書數萬卷，丁卯午（紹興十七年），萬餘卷火於秦，餘者，子孫不肖，不能保守，散於鄉里之豪民家矣。

《藏書紀事詩》卷一、《中國藏書家考略》載有此人。

一四、黃伯思（1079～1118）

黃伯思，字長睿，別字宵賓，自號雲林子，福建邵武人。元符三年進士。伯思好古文奇字，彝器款識，悉能辨正。善畫，工詩文，篆隸正行草章草飛白，皆妙絕。爲秘書郎，縱觀冊府藏書，至忘寢食，自六經及歷代史書、諸子百家、天官地理、律曆卜筮之說無不精詣，亦好道家言。重和元年卒，〔註17〕年四十。

〔註15〕據《會稽續志》卷五、《宋史》卷三百六十三。
〔註16〕指丁卯年，詳葉夢得條。
〔註17〕《宋史》作政和八年，案政和止七年，此處應作重和元年。

有《翼騷》一卷、《東觀餘論》三卷、文集五十卷。〔註18〕

　　樓鑰〈跋黃長睿東觀餘論〉云：「王順伯厚之嘗言本朝始自歐陽公《集古錄》千卷，趙德父《金石錄》至二千卷，考訂甚工，然猶未免差誤，惟雲林之書為盡善。」又云：「以雲林之美才，又仕於洛，多見故家名帖，及居館閣，盡見太清樓所藏異書……嘗自言曰：『考校往古事蹟，先須熟讀強記，遇事加之精審，決無疏略。』」〔註19〕

　　《東觀餘論》卷下〈跋章草雞林紙卷後〉云：「政和丁酉（七年）歲五月二十一日於丹陽城南弟暴舊書，得此雞林小紙，已為人以鄭衛辭書盈軸矣。竊矜其遠物而所書未稱，顧紙背尚可作字，因以索靖體書章草《急就》一卷，藏于家，運筆結字頗合作，庶幾顏文忠牒背書藁舊事云。」〔註20〕

　　《藏書紀事詩》卷一、《中國藏書家考略》載有此人，知亦宋代藏書家，惟收藏情形不可考。

一五、宇文虛中（1079～1146）

　　宇文虛中，字叔通，四川成都華陽人。大觀三年進士，歷官州縣，入為起居舍人、國史編修官、同知貢舉，遷中書舍人。宣和間，承平日久，兵將驕惰，宋謀引女真夾攻契丹，虛中諫不聽。南渡後使金被留，虛中有才藝，金人加以官爵，累官翰林學士，知制誥兼太常卿，金人號為國師。然因是而知東北之士皆憤恨陷北，遂密以信義結約，金人不覺也。金人每欲南侵，虛中以費財勞人，遠征江南荒僻，得之不足以富國之由勸阻之。後被誣謀反，鞫治無狀，乃羅織虛中家圖書為反具，全家焚死，時紹興十六年，年六十八。淳熙間，諡肅愍。有文集行于世。〔註21〕

　　清梁玉繩《瞥記》卷四云：「宇文虛中為人媒孽，指家藏圖書為反具，罪至族。高士談圖書尤多，亦見殺，士大夫家多藏圖籍，固是美事，然聚書之禍，不可不知。」〔註22〕

〔註18〕據《宋史》卷四百四十三。
〔註19〕見《攻媿集》卷七十六。
〔註20〕《藏書紀事詩》卷一引張萱疑耀云：「長睿得雞林小紙一卷，書章草《急就》，余嘗疑之，幸獲校秘閣書籍，每見宋板書，多以官府文牒翻其背以印行，如《治平類篇》，一部四十卷，皆元符二年及崇寧五年公私文牒牋啓之故紙也。其紙極堅厚，背面光澤如一，故可兩用，若今之紙不能也。」
〔註21〕據《宋史》卷三百七十一。
〔註22〕見清梁玉繩《清白士集》卷二十一。

據此，知宇文虛中亦宋代藏書家。《藏書紀事詩》卷一、《中國藏書家考略》載有此人。

一六、高士談

《宋史·宇文虛中傳》云：「虛中嘗撰宮殿牓署，本皆嘉美之名，惡之者摘其字以爲謗訕，由是媒孽成其罪，遂告虛中謀反。鞫治無狀，及羅織虛中圖書爲反具。虛中曰：『死自吾分。至於圖籍，南來士大夫家家有之，高士談圖書尤多於我家，豈亦反邪？』有司承順風旨，並殺士談。」

據此則高士談亦宋代藏書家，惟前人均未及之，藏書之詳情不可知也。生平仕履亦不詳，當與宇文虛中同時。

一七、趙明誠（1081～1129）

趙明誠，字德父，山東密州諸城人。崇寧二年出仕，宣和三年知萊州。靖康元年守淄川，金人犯京師。建炎元年，奔母喪於金陵，其妻李清照偕返，連艫渡江，載書十五車。二年，守建康，三年三月罷職，將家於贛州，五月，被旨知湖州，七月末，病於行都，八月十八日卒，清照爲文以祭之，時年僅四十九，清照年四十六。嘗以所藏三代彝器及漢唐以來石刻，仿歐陽修《集古錄》例，成《金石錄》三十卷，紹興中，其妻李清照表上之。李清照，號易安居士，山東濟南人。工詩文，尤以詞擅名，卓然爲宋代大家，紹興中卒，年七十餘，有《漱玉詞》。〔註23〕

易安居士〈金石錄後序〉云：「余建中辛巳始歸趙氏。……侯年二十一，在太學。……連守兩郡，竭其俸入以事鉛槧。每獲一書，即同共校勘，整集籤題，得書、畫、彝、鼎，亦摩玩舒卷，指摘疵病，夜盡一燭爲率，故能紙札精緻，字畫完整，冠諸收書家。……收書既成，歸來堂起書庫大櫥，簿甲乙，置書冊。如要講讀，即請鑰上簿，關出卷帙，或少損污，必懲責，楷完塗改，不復向時之坦夷也。……遇書史百家，字不刓闕，本不謬謬者輒市之，儲作副本。自來家傳《周易》、《左氏傳》，故兩家者流，文字最備……。至靖康丙午歲，侯守淄川，聞金人犯京師，四顧茫然，盈箱溢篋，且戀戀，且悵悵，知其必不爲己物矣。建炎丁未春三月，奔太夫人喪南來，既長物不能盡載，乃先去書之重大印本者，又去畫之多幅者，又去古器之無款識者，後又去書之監本者，畫之平常

〔註23〕據李文裿《易安居士年譜》。

者，器之重大者，凡屢減去，尚載書十五車。至東海，連艫渡淮，又渡江至建康。青州故第，尚鎖書冊什物，用屋十餘間，期明年春，再具舟載之。十二月，金人陷青州，凡所謂十餘屋者，已皆爲煨燼矣。……建炎己酉時猶有書二萬卷，又金石刻二千卷，器皿茵褥可待百客，他長物稱是。余又大病，僅存喘息，念侯有妹婿任兵部侍郎，從衛在洪州，遂遣二故吏先部送行李往投之。冬十二月，金人陷洪州，遂盡委棄，所謂連艫渡江之書又散爲雲煙矣。獨餘少輕小卷軸、書帖、寫本，李、杜、韓、柳集，《世說》、《鹽鐵論》、漢唐石刻副本數十軸、三代鼎彝十數事、南唐寫本書數篋，偶病中把玩，搬在臥內者，歸然獨存。……到越，已移幸四明，不敢留家中，並寫本書寄剡。後官軍收叛卒取去，聞盡入故李將軍家。所謂歸然獨存者，無慮十去五六矣。惟有書畫硯墨可五七篋，更不忍置他所，常在臥榻下，手自開闔。在會稽卜居士民鍾氏舍。忽一夕，穴壁負五篋去。余悲慟不得活，重立賞收贖，後二日，鄰人鍾復皓出十八軸求賞，故知其盜不遠矣。萬計求之，其餘遂牢不可出。今知盡爲吳說運使賤價得之。所謂歸然獨存者，乃十去其七八，所有一二殘零不成部帙，書冊三數種，平平書帖，猶復愛惜如護頭目，何愚也邪。」此序於其收藏及散佚之經緯敘述綦詳，知在煨燼之餘，猶有書二萬卷及金石刻二千卷，則其盛時當不下三、四萬卷，亦足與秘閣相埒矣。

《藏書紀事詩》卷一、《中國藏書家考略》載有此人。

一八、董 逌

董逌，字彥遠，山東東平人。徽宗時，官校書郎。靖康中爲國子監祭酒。建炎元年四月率諸生至南京勸進，除宗正少卿，二年五月除江東提刑，旋召爲中書舍人，充徽猷閣待制。著有《廣川易學》二十四卷、《廣川詩故》四十卷、《廣川書跋》十卷、《畫跋》五卷、《藏書志》二十六卷、《廣川家訓》三十卷。〔註24〕

《直齋書錄解題》卷八有《廣川藏書志》二十六卷云：「徽猷閣待制董逌彥遠撰。以其家藏書，考其本末而爲之論說，及於諸子而止，蓋其本意專爲經設也。」按：《宋史·藝文志》載有董逌《廣川藏書志》二十六卷，與此相符。《遂初堂書目》有《廣川董氏藏書志》，未著卷數。《廣川藏書志》已佚，惟賴陳氏書得以考其崖略。陳氏《解題》卷二有《廣川詩故》四十卷云：「董

〔註24〕據《直齋書錄解題》、《宋史翼》卷二十七。

迺撰，其說兼取三家，不專毛鄭，謂《魯詩》但見取於諸書，其言莫究，《齊詩》尚存可據，《韓詩》雖亡缺，猶可參考。案迺《藏書志》有《齊詩》六卷，今館閣無之，迺自言隋唐亦已亡久矣，不知今所傳何所從來，或疑後世依託爲之。然則安得便以爲《齊詩》尚存也。然其所援引諸家文義與毛氏異者亦足以廣見聞，續微絕云耳。」據此，則《廣川藏書志》有《齊詩》六卷也。又卷十二「陰陽家類」云：「自司馬氏論九流，其後劉歆《七略》、班固《藝文志》皆著陰陽家。……其論陰陽家者流，蓋出於羲和之官。……今志所載二十一家之書皆不存，無所考究，而隋唐以來，子部遂闕陰陽一家，至董迺《藏書志》始以星占五行書爲陰陽類。」此亦董氏《藏書志》在目錄學上之貢獻也。

　　陳氏《解題》卷八有《廣川書跋》十卷，《畫跋》五卷，二書今尚存，惟《畫跋》作六卷。《書跋》前有其子董棻紹興丁丑（二十七）年序。

　　《藏書紀事詩》卷一、《中國藏書家考略》載有此人。

一九、東平朱氏

　　宋周紫芝〈朱氏藏書目序〉云：「文林郎朱君軒，世居大梁，其祖官東平，因徙居焉。金人南下，東平陷歿，君方以事在江南，遂與其家不相聞，今既十年矣。一日與僕言，爲之出涕，且曰：『吾家藏書萬卷，皆在東平，今所存惟書目。』因出以示僕，皆其祖朝議君所藏，自五經諸子百氏之書，皆手校善本，其餘異書小說，皆所未嘗知名者。秦漢以來，至於有唐，文人才士類書家集，猶數千卷。嗚呼！可謂富矣哉。君因俾余序其目而藏之，余詰其所以序之之意，君曰：『吾祖以善人稱於鄉里，子孫決不至於中絕。吾有季弟，離東平時年十五，今二十有五六歲矣，有幼子未能勝衣，而眉目偉秀，巍巍如成人，使其不死，今亦年可二十餘，萬有一吾書不爲煨燼，猶可幸其復存，他日可爲吾家舊物，子其爲我記之。』余聞其言，爲之愴然而告之曰：『事有興衰，物有成壞，此理之常，所不可逃者。……今子家雖墮敵，而身猶能抱遺書之總目，念家世之勤勞，以幸朝廷克復境土，再有中原，尚能保其所藏，以不失中朝賢士大夫之家，則其志固亦可嘉矣。昔韓偓著《香奩》，昭宗之亂，散失不全，而蘇暐得第一篇，偓自述以爲可喜。他時使君得其全書，則其爲喜當何如哉，子姑俟之毋躁。』」〔註25〕

　　據此，知靖康兵火之前，有東平朱氏，其人無考，藏書萬卷，虜人犯順，

〔註25〕見《太倉稊米集》卷五十二。

東平陷歿，其書下落不明，其孫朱軒在江南。南渡後，仍保有其祖之藏書目，求周氏爲作〈朱氏藏書目序〉，則東平朱氏亦北宋末一藏書家也。

《藏書紀事詩》卷一載有此人。《中國藏書家考略》作朱軒，誤也。朱軒所存者惟書目而已，不可謂藏書家。

二○、張邦基

《四庫全書總目》卷一百二十一著錄《墨莊漫錄》十卷，〈提要〉云：「宋張邦基撰。邦基字子賢，高郵人，仕履未詳。自稱宣和癸卯在吳見朱勔所採太湖黿山石。又稱紹興十八年，見趙不棄除侍郎，則南北宋間人也。」

《墨莊漫錄》卷一云：「僕性喜藏書，隨所寓榜曰墨莊。」

《藏書紀事詩》卷一、〈江蘇藏書家小史〉、《中國藏書家考略》載有此人，知爲宋代藏書家，惟收藏情形不可考。

二一、林　霆

林霆，字時隱，福建興化軍莆田人。政和五年進士。爲敕令所刪定官，詆紹興和議，謂不宜置二帝萬里外不通問，即挂冠出都門。秦檜死，轉承議郎，通判衢州，遷湖州，以二寡姊年垂八十，不欲遠宦，告老而歸。霆篤行忠義，未嘗干進，入仕四十年，歷官五任而已，莆田人稱爲「忠義林氏」。寶慶三年，即其所居立祠。寶祐中，又給田百畝，使備祭享以勸忠義。〔註26〕

《宋史》卷四百三十六〈鄭樵傳〉云：「同郡林霆，字時隱，擢政和進士第，博學深象數，與樵爲金石交。林光朝嘗師事之。聚書數千卷皆自校讎，謂子孫曰：『吾爲汝曹獲良產矣。』紹興中，爲敕令所刪定官，力詆秦檜和議之非，即掛冠去，當世高之。」

《藏書紀事詩》卷一載有此人，知亦宋代藏書家。

二二、方　漸

方漸，福建莆田人。重和元年進士。紹興中通判韶州，歷知梅、潮、南思等州，官至朝散郎。平生清白自矢，不置產，積書數千卷，爲小閣三間藏之，榜曰富文，因以稱號。子孫相傳爲富文方氏。〔註27〕

〔註26〕據《宋史》卷四百四十九，《莆陽文獻傳》第四十一。
〔註27〕見《閩中理學淵源考》卷八。

　　《輿地紀勝》卷一百零二云：「方漸，知梅州，嘗謂梅人，無植產，恃以為生者，讀書一事耳。所至以書自隨，積之至數千卷，皆手自讎定。就寢多不解衣，林艾軒質之，公曰：『解衣擁衾，會有所檢討，則懷安熟寐矣。』增四壁為閣以藏其書，榜曰富文。」〔註28〕

　　《藏書紀事詩》卷一、〈宋代私家藏書概略〉、《中國藏書家考略》載有此人，知方漸乃南宋莆田之藏書家，其藏書之處，榜曰富文，鄭樵亦嘗往就讀之。

二三、諸葛行仁

　　《嘉泰會稽志》卷十六謂越藏書有三家，曰左丞陸氏、尚書石氏、進士諸葛氏。進士諸葛氏即諸葛行仁。其「求遺書」條云：「先是有布衣諸葛行仁亦會稽人，進所藏書八千五百四十六卷，賞以官實，紹興五年六月也。」「藏書」條又云：「中興秘府始建，嘗于陸氏就傳其書，而諸葛氏在紹興頗有獻焉，可以知其所蓄之富矣。」又云：「諸葛氏以其書入四明，子孫猶能保之。」

　　《建炎以來朝野雜記・甲集》卷四云：「紹興五年九月，大理評事諸葛行仁獻書萬卷於朝，詔官一子。」

　　據此，知諸葛行仁乃南宋越州三大藏書家之一，紹興中嘗獻書於朝，惟平生仕履未詳。《藏書紀事詩》、《中國藏書家考略》均未載，僅見於〈宋代私家藏書概略〉。

二四、陸宰（1088～1148）〔註29〕

　　陸宰，字元鈞，浙江山陰人。官朝請大夫、直秘閣。紹興十八年卒，年六十一。著有《春秋後傳補遺》一卷。〔註30〕

　　據《會稽志》卷十六，知陸氏乃越州三大藏書家之一。其「求遺書」條云：「紹興十三年，始建秘書省於臨安天井巷之東，乃詔求遺書於天下，首命紹興府錄朝請大夫直秘閣陸宰家所藏書來上，凡萬三千卷有奇。時置局於班春亭，命新信州教授虞仲（闕）、新江東安撫司准備差遣陸淞等數人、校勘書手百餘人，再閱歲乃畢，今四庫所藏多其本也。」陸氏藏書之富，亦可想見

〔註28〕明祁承㸁《澹生堂藏書約・聚書訓》所載略同。
〔註29〕《宋人傳記資料索引》不載陸宰生卒年，今據《宋人生卒考示例》補入。
〔註30〕據《宋詩紀事》卷四十一、《宋元學案》卷九十八。

矣。惟李心傳《建炎以來朝野雜記‧甲集》卷四云：「紹興十三年建秘閣，又命即紹興府借故直秘閣陸宲家書繕藏之。宲，農師子也。」以藏書歸之陸宲，與《會稽志》異。考宰亦爲農師陸佃子，與宲爲兄弟行，其藏書見載於其子陸游《渭南文集》中跋文頗不乏，如放翁所跋之《溫庭筠詩集》、《造化權輿》、《韓非子》，《蘇氏易傳》、《資暇集》等均謂其父舊藏，則宰之藏書甚富無疑也。且《會稽志》謂「陸氏書特全於放翁家。」則子襲父書也，故當以《會稽志》所載陸宰爲是。

〈宋代私家藏書概略〉載有此人。《藏書紀事詩》、《中國藏書家考略》則未載。

第五章　南宋中興時期藏書家

　　本章錄南宋高宗以迄寧宗初年之藏書家凡二十四人。靖康之亂，胡騎南侵，北方固遭蹂躪，江南州縣，亦頗經焚劫，藏書之家，百不存一。高宗定都臨安，局面以定，擘劃經營，百廢俱興。好書之士，亦於亂後，乘時廣事蒐求子遺之餘，如畢良史之搜自舊京，井度、陸游等之搜自川蜀，故藏書亦漸以增。雖此一時期藏書多者不過二萬餘卷，遠不若北宋承平時期之豐盛，然文獻之得以不墜，珍本秘笈不絕如縷，藏書家蒐求之力不可沒也。此期藏書之家以浙江爲獨盛，凡九人，幾佔總數十分之四。以前較盛之江西、江蘇則已不能與之抗衡，蓋杭州已成爲政治經濟文化之中心故也。北方藏書家多已南遷，故雖籍隸山東、河南者，而其書之收藏，則在川蜀或江南也。

一、聞人滋

　　聞人滋，字茂德，浙江嘉禾人。官刪定。紹興三十一年歸嘉禾，周必大以詩〔註1〕送之。〔註2〕

　　《老學庵筆記》卷一云：「嘉興人聞人茂德名滋，老儒也。喜留客食，然不過蔬豆而已。郡人求館客者，多就謀之。又多蓄書，喜借人。自言作門客牙，充書籍行，開豆腐羹店。予少時與之同在勅局爲刪定官，談經義娓娓不倦，發明極多，尤邃於小學云。」

　　《藏書紀事詩》卷一云：「施晉錫〈鴛鴦湖櫂歌〉：『草堂湖上草萋菲，屐齒斑斑客款扉，幾載令丞從事者，貯書滿屋蠹魚肥。』自注：『聞人茂德名滋，喜留客，又多蓄書，作德興丞，終進賢令，曾爲《南湖草堂記》。』」

〔註 1〕 詩見《周文忠集・省齋文稿》卷二。
〔註 2〕 據《宋元學案補遺》卷二十五。

據此，知聞人滋亦宋代藏書家，收藏情形未詳。《藏書紀事詩》卷一、《中國藏書家考略》載有此人。

二、畢良史

畢良史，字少董，一字伯瑞，自號死齋，河南上蔡人，〔註3〕畢士安五世孫。紹興初進士。少喜字學，得晉人筆法，壯遊京師，以買賣古器書畫之屬，出入貴人之門，當時謂之畢償賣。靖康之變，僑寓興國軍，蔣璨官江西，喜其辨慧，給貲令赴行在，諸內侍皆喜之，高宗方搜訪古器書畫之屬，恨未有辨其眞僞者，得良史甚悅，月給俸五十千，仍令內侍延請爲賓客，又得束脩百餘千。紹興八年，金人歸三京地，擢右迪功郎、開封府推官，乃益搜求京城亂後遺棄古器書畫買而藏之。金人敗盟，開封陷，良史入于金，不仕，乃教學講《春秋》。十二年，和議成，與孟庾、李正名同放還，遂盡載所收骨董至行在，上大喜。十三年正月進《春秋正辭》，特改右宣議郎，幹辦行在糧料院。十五年七月，加直秘閣，知盱眙軍。十八年，進直敷文閣，二十年八月卒于任。著有《春秋正辭》二十卷、《繙經堂集》八卷。〔註4〕

宋徐夢莘《三朝北盟會編》卷二百零八云：「畢良史字少董，蔡州人，略知書傳，喜學，粗得晉人筆法。少游京師，以買賣古器書畫之屬，出入貴人之門，當時謂之畢償賣。……上方搜訪古器書畫之屬，恨未有辨其眞僞者，得良史甚悅，月給俸五十千，仍令內侍請爲門客，又得束脩百餘千，良史月得錢幾二百千，而食客滿門，隨有輒盡，當時號爲窮孟嘗。……權知東明縣，良史到縣，及搜求京城亂後遺棄古器書畫古今骨董，買而藏之。……及復得還歸，遂盡載所有骨董而到行在，……人號良史爲畢骨董。」

宋王明清《玉照新志》卷一云：「紹興庚申，金人以河南故地歸我，詔以孟富文庾爲東京留守，富文辟畢少董良史以自隨，未幾，金敗盟，少董身陷僞地者累年，嘗於相國寺鬻故書處，得熙豐日殘曆數葉，無復倫序。」

《藏書紀事詩》卷一載有此人，知畢良史亦宋代藏書家。

三、井　度

衢本《郡齋讀書志》自序云：「南陽公天資好書，自知興元府至領四川轉運

〔註3〕　《吳中舊事》作「東平人」。
〔註4〕　據《吳中舊事》、《宋史翼》卷二十七。

使，常以俸之半傳錄，時巴蜀獨不被兵，人間多有異本，聞之未嘗不力求，必得而後已，歷二十年所有甚富，既罷，載以舟，即廬山之下居焉。宿與公武厚，一日貽書曰：『某老且死，有平生所藏書，甚秘惜之，顧子孫稚弱，不自樹立，若其心愛名，則爲貴者所奪，若其心好利，則爲富者所售，恐不能保也。今舉以付子，他日其間有好學者歸焉，不然，則子自取之。』公武惕然從其命，書凡五十篋。……倘遇其子孫之賢者，當如約，紹興二十一年元日。」

袁本《讀書志》〈自序〉，南陽公作南陽井公，當即井度憲孟也，《直齋書錄解題》卷八「晁氏讀書志」條亦云：「南陽公未知何人，或云井度憲孟也。」袁本自序云：「……凡得書若干部，計若干卷。今三榮僻左少事，日夕躬以朱黃讎校舛誤，每終篇輒撮其大指論之，豈敢效王宋之博，所期者家聲是繼而已。其書則固自若也，儻遇井氏之賢，當如約。」

袁本《讀書志》〈黎安朝序〉云：「《昭德先生讀書志》四卷，蓋所得南陽井氏藏書也。井氏始收之蜀道，聚于廬山之陽，既乃歸先生，徙而置之三峨之下，書今不可得盡見矣，而志獨存。」又袁本〈杜鵬舉序〉亦云：「先生姓晁氏，名公武，校井氏書爲《讀書志》，凡四卷」。

據此，知井度，字憲孟，號南陽公，河南南陽人。自知興元府至領四川轉運使，常以俸之半傳錄，歷二十年，故所藏甚富，其書悉贈晁公武，即袁本《昭德先生讀書志》四卷所著錄者也。

《郡齋讀書志》卷五「宋書」條下云：「嘉祐中，以宋、齊、梁、陳、魏、北、齊、周書舛繆亡闕，始詔館職讎校。……政和中，始皆畢，頒之學官，民間傳者尚少。未幾，遭靖康丙午之亂，中原淪陷，此書幾亡，紹興十四年，井憲孟爲四川漕，始檄諸州學官，求當日所頒本，時四川五十餘州皆不被兵，書頗有在者，然往往亡闕不全，收合補綴，獨少《後魏書》十許卷，最後得宇文季蒙家本，偶有所少者，於是七史遂全，因命眉山刊行焉。」據此，知井度收刊史籍之功，亦甚鉅也。井度所刻七史，世稱之眉山七史，今已失傳。

周紫芝〈書譙郡先生文集後〉云：「……今又得《譙郡先生集》一百卷於四川轉運副使南陽井公之子晦之，然後知先生之詩義爲最多，猶有網羅之所未盡焉。晦之泣爲余言：『百卷之書，皆先君無恙時，貽書交舊而得之，手自校讎，爲之是正，凡一千八百三首，歷數年而後成。君能裒其所未得者以補其遺，是先君子之志也。』」〔註5〕

〔註5〕見《太倉稊米集》卷六十七。

據此，知井度亦藏有《譙郡先生集》一百卷，後歸其子晦之。葉昌熾云：「觀此文，則井公有子，且能讀父書矣。公武何未聞還瓶也，甚矣！踐言之難也。」

《藏書紀事詩》卷一、《中國藏書家考略》載有此人。

四、晁公武

晁公武，字子止，山東鉅野人。靖康末避難入蜀，紹興中舉進士第，為四川轉運使井度屬官，總領四川宣撫司錢糧所主管文字，十七年以左朝奉郎通判潼州府，七月知恭州，移知榮州，又知合州，轉潼川路轉運判官，二十七年十二月侍御史王珏劾罷之。金安節薦為台諫，乾道三年為利州路安撫使，四年三月以敷文閣待制為四川安撫制置使。時米價騰貴，人民告饑，公武以錢三百萬貫糴米六萬石，專充賜糧，以備久遠，民甚賴之。五年知興元府，復為四川制置使。六年罷四川制置使，歸宣撫司。七年五月以敷文閣直學士左朝議大夫，除臨安少尹，七月罷。累官吏部侍郎，卒，葬嘉定之符文鄉。著有《易詁訓傳》十八卷、《尚書詁訓傳》四十六卷、《毛詩詁訓傳》二十卷、《中庸大傳》一卷、《春秋故訓傳》三十卷、《稽古後錄》三十五卷、《昭德堂藁》六十卷、《讀書志》二十卷、《嵩高樵唱》二卷，今惟《讀書志》存。〔註6〕

《郡齋讀書志・自序》云：「公武家自文元公來，以翰墨為業者七世，故家多書，至於是正之功，世無與讓焉。然自中原無事時，已有火厄；及兵戈之後，尺素不存也。公武仕宦連蹇，久益窮空，雖心志未衰而無書可讀，每恨之。南陽公天資好書，自知興元府至領四川轉運使，常以俸之半傳錄，時巴蜀獨不被兵，人間多有異本，聞之未嘗不力求，必得而後已。歷二十年，所有甚富，既罷，載以舟，即廬山之下居焉。宿與公武厚，一日貽書曰：『某老且死，有平生所藏書，甚秘惜之，顧子孫稚弱，不自樹立，若其心愛名，則為貴者所奪，若其心好利，則為富者所售，恐不能保也。今舉以付子，他日其間有好學者，歸焉，不然，則子自取之。』公武惕然從其命，書凡五十篋，合吾家舊藏，除其復重得二萬四千五百卷有奇。今三榮僻左少事，日夕躬以朱黃讎校舛誤，終篇輒撮其大旨論之，豈敢效二三子之博聞，所期者不墜家聲而已，書則固自若也，儻遇其子孫之賢者，當如約。紹興二十一年元

〔註6〕詳清錢保塘撰〈昭德先生事略〉，長沙王先謙校刊本《郡齋讀書志》卷末附有此文。

日昭德晁公武序。」

晁公武承其家文元公四世之學，藏書宏富，博覽不倦。及守榮州，又得四川轉運使南陽井度憲孟之贈書，凡五十篋，合其家舊藏，共二萬四千五百卷。公武於簿書之暇，躬自校讎，終篇則撮其大旨論之，爲《郡齋讀書志》，書成於紹興二十一年。惟其書在宋時傳有兩本：其一爲二十卷本，係晁氏門人姚應績所編，宋淳祐己酉（九年）南充游鈞知衢州所刊，所謂「衢州本」也。其一爲四卷本，淳祐庚戌（十年），番陽黎安朝知袁州，刊之郡齋，又取趙希弁家藏書續之，謂之《附志》，所謂「袁州本」也。其後希弁得衢本參校，輯四卷本所無者爲《後志》二卷，以補其缺。此書流傳至今，爲中國現存最早之私家目錄。世所著錄或衢本或袁本，或兩本並見：

《宋史・藝文志》「傳記類」有《晁公武讀書志》二十卷，而「目錄類」有《晁公武讀書志》四卷。按：二十卷當係衢本，四卷當係袁本。

《直齋書錄解題》卷八有《晁氏讀書志》二十卷。云：「昭德晁公武子止撰，其序言得南陽公書五十篋，合其家舊藏得二萬四千五百卷，其守榮州日夕讎校，每終篇輒論其大指，時紹興二十一年也。其所發明有足觀者。南陽公未知何人，或云井度憲孟也。」此當係衢本也。

宋王應麟《玉海》卷五十二「書目門」有《晁公武讀書志》四卷云：「初南陽井氏（度）傳錄蜀中書甚富，以與公武，公武分爲四部，經類十、史類十三、子類十六、集類三，每讀一書撮其大旨論之，紹興二十一年自序。」據此，《讀書志》四卷均井度贈公武之書，此當係袁本。

元馬端臨《文獻通考・經籍考》卷三十四「目錄類」有《晁氏讀書志》二十卷。按下全引陳氏《解題》，知亦衢本。

明《文淵閣書目》卷十一「類書盈字號第四廚書目」有《讀書志》一部二十六冊殘闕，又有《讀書志》一部八冊完全。按：從其分別著錄觀之，二十六冊者疑係衢本，八冊者疑係袁本。

明葉盛《菉竹堂書目》卷五「類書」有《讀書志》二十六冊。此當係衢本，蓋今傳菉竹堂實係僞書，即據《文淵目》刪去重複而成也。

明焦竑《國史經籍志》卷三「簿錄類」有《晁公武讀書志》四卷《續讀書志》四卷。此係袁本，「續讀書志」云者，疑係將《後志》《附志》併言之。

清《四庫全書總目》卷八十五「目錄類」有《郡齋讀書志》四卷《後志》二卷《考異》一卷《附志》一卷云：「《郡齋讀書志》四卷，宋晁公武撰，《後

志》二卷亦公武所撰、趙希弁重編，《附志》一卷則希弁所續輯也。⋯⋯始南陽井憲孟爲四川轉運使，家多藏書，悉舉以贈公武，乃躬自讎校，疏其大略爲此書，以時方守榮州，故名《郡齋讀書志》，後書散佚，而志獨存。淳祐己酉鄱陽黎安朝守袁州，因令希弁即其家所藏書目參校，刪其重複，摭所未有，益爲《附志》一卷而重刻之，是爲袁本。時南充游鈞守衢州，亦取公武門人姚應績所編蜀本刊傳，是爲衢本，當時二書竝行於世，惟衢本分析至二十卷，增加書目甚多，卷首公武〈自序〉一篇，文亦互有詳略。希弁以衢本所增乃公武晚年續裒之書，而非所得井氏之舊，因別摘出爲《後志》二卷。又以袁衢二本異同別爲《考異》一卷，附之編末，蓋原志四卷爲井氏書，《後志》二卷爲晁氏書，並至南渡而止。《附志》一卷則希弁家書，故兼及於慶元以後也。馬端臨作《經籍考》，全以是書及陳氏《書錄解題》爲據，然以此本與《經籍考》互校，往往乖迕不合。⋯⋯疑此書已經後人刪削，不特衢本不可復見，即袁本亦非盡舊文，故與馬氏所引不能一一符合歟。⋯⋯然書雖非舊而梗概仍存，終爲考證者所取資也。」

《四庫全書簡明目錄》卷八「目錄類」有《郡齋讀書志》四卷《後志》二卷《考異》一卷《附志》一卷，云：「⋯⋯三志竝以經、史、子、集分部，各有解題，爲藏書家所依據，惟此本所載與《文獻通考》所引多異同，蓋當時傳刻亦非一本也。」

清錢謙益《絳雲樓書目》卷一「書目類」有《晁氏公武讀書志》（註：二十卷，《宋史》作四卷）、《後志》。

清金檀《文瑞樓藏書目錄》卷三「簿錄類」有《晁昭德讀書志》、《讀書後志》。

清錢大昕《十駕齋養新錄》卷十四云：「晁公武《郡齋讀書志》，宋時有兩本，袁州本僅四卷，淳祐庚戌番陽黎安朝知袁州刊之郡齋，又取趙希弁家藏書續之，謂之《附志》。衢州本二十卷，則晁之門人姚應績所編，淳祐己酉南充游鈞知衢州所刊，兩書卷數不同，所收書則衢本幾倍之。其後希弁得衢本參校爲《後志》二卷，以補其闕，其與希弁同者不復重列，蓋已非完書矣。馬氏《經籍考》所引晁說皆據衢本，不用袁本，是當時兩本並行，而優劣自判。今世通行本皆依袁本翻刻。予婿瞿生中溶購得鈔白衢本，惜無好事者刊行之。」

清孫星衍《孫氏祠堂書目》卷三「書目類」有《郡齋讀書志》四卷、《後志》二卷、《考異》一卷、《附志》一卷。

　　清阮元《揅經室外集》卷二〈衢本郡齋讀書志二十卷提要〉云：「宋晁公武撰，姚應績編，應績，公武門人，此書在宋時已兩本並行，淳祐庚戌鄱陽黎安朝守袁州所刻，謂之袁本，《四庫全書》已著錄是編。淳祐己酉南充游鈞知衢州所刻，其所收書，較之袁本，幾倍之，馬端臨作《經籍考》，全據是冊。」

　　衢州本之傳於世者有：清嘉慶二十四年吳門汪士鍾藝芸精舍刊本、清光緒六年會稽章氏式訓堂刊本，又王先謙校刊本據衢本為底本，亦多視為衢本。

　　袁州本今傳有：故宮博物院藏宋淳祐己酉、庚戌間黎安朝刊本，每半葉十行，行二十字，白口，左右雙闌，雙魚尾，板心上記字數，中記志幾，下記刻工姓名。首淳祐己酉〈黎安朝序〉、〈杜鵬舉序〉、〈晁公武自序〉，《後志》前有淳祐庚戌〈趙希弁序〉，紹興二十一年衢本〈晁公武自序〉，卷末有淳祐己酉〈游鈞跋〉、淳祐庚戌〈黎安朝跋〉。民國二十四年上海涵芬樓曾影印此本，收入《四部叢刊三編》。

　　晁公武自以所錄書史，集居其半，若依《七略》，則多寡不均，故依四部分類：

　　經之類凡十：易、書、詩、禮、樂、春秋、孝經、論語、經解、小學。
　　　　合二百五十五部，計三千二百四十四卷。

　　史之類凡十三：正史、編年、實錄、雜史、偽史、史評、職官、儀注、刑法、地理、傳記、譜牒、書目。合二百八十三部、七千三百八十八卷。

　　子之類凡十八：儒家、道家、法家、名家、墨家、縱橫家、雜家、農家、小說、天文、曆算、五行、兵家、類書、藝術、醫書、神仙、釋書。合五百五十五部，計七千七百六十卷。

　　集之類凡四：楚辭、別集、總集、文說。集部不載部數卷數。

　　《藏書紀事詩》卷一、〈宋代私家藏書概略〉、《中國藏書家考略》載有此人。

五、石邦哲

　　石邦哲，字熙明，浙江越州新昌人。紹興三年為大理評事。〔註7〕

　　陸游〈朝奉大夫石公墓誌銘〉云：「公諱繼曾，字興宗，周武王之弟康叔封於衛，五世生靖伯邑于石，是為石氏之始祖。而會稽新昌之石，實自青之

〔註 7〕據《嘉泰會稽志》卷十九。

樂陵南徙，距公二十三世，其詳見於《世譜》。左朝議大夫累贈正奉大夫諱端中，朝散大夫大理正、出爲福建路參議諱邦哲，迪功郎溫州平陽縣主簿諱祖仁，公之三代也。……寺正築堂名博古，藏書二萬卷，每撫公歎曰：『吾是書以遺爾，無恨矣。』」〔註8〕

據此，知石繼曾之祖石邦哲，藏書二萬卷，其藏書之處曰博古堂。

明弘治十五年黃紋刊本及嘉靖四十四年杜思刊本徐幹《中論》有石邦哲〈識語〉云：「紹興二十八年戊寅清明日，假朱丞本校于博古堂。」又有陸友仁記云：「按《唐志》六卷，今本二卷二十篇，宋大理正山陰石邦哲手校題識。邦哲，字熙明，再世藏書，至治二年得之錢塘仇遠氏。」據此，知石邦哲有手校本徐幹《中論》二卷。

《藏書紀事詩》卷一載有此人。

六、莆田李氏

《直齋書錄解題》卷八有《藏六堂書目》一卷云：「莆田李氏云：『唐江王之後，有家藏誥命。』其藏書自承平時，今浸以散逸。」

莆田李氏，其人無考。《藏六堂書目》，當爲其家藏書目。

《通志·校讎略》「求書之道」條云：「鄉人李氏曾守和州，其家或有沈氏之書，前年所進褚方回〈清慎帖〉，蒙賜百匹兩。此則沈家舊物也。」據此，則李氏或有沈立之書。

《直齋書錄解題》卷六《獨斷》二卷條下云：「……舒台二郡皆有刻本，向在莆田，嘗錄李氏本，大略與二本同，而上下卷前後錯互，因並存之。」卷八《晉陽事跡雜記》十卷條下云：「唐河東節度使李璋纂，序言四十卷，《唐志》亦同，今刪爲十卷，蓋治平中太原府所刻本也，從莆田李氏借錄。」《番禺雜記》一卷條下云：「莆田借李氏本錄之，蓋承平時舊書，末有『河南少尹家藏』六字，不知何人也。」卷十五《集選目錄》二卷條下云：「莆田李氏有此書，凡一百卷，力不暇傳，姑存其目。」卷十九《武元衡集》一卷條下云：「初用莆田李氏本傳錄，後以石林葉氏本校，益以六首及李吉甫唱酬六首，川本作二卷。」據此，知陳振孫仕于莆田，嘗傳錄李氏藏書，則李氏當爲莆田有名之藏書家。

《藏書紀事詩》卷一載有此人。

〔註8〕見《渭南文集》卷三十六。

七、李衡（1100～1178）

　　李衡，字彥平，江蘇江都人。紹興二年進士，授吳江主簿，有部使者怙勢作威，衡拂衣而歸。後知溧陽縣，專以誠意化民，民莫不敬。後召入爲監察御史，歷司封郎中、樞密院檢詳，出知溫、婺、台三州，加直秘閣。而衡引年乞身，懇懇不休，孝宗累卻其奏，除秘閣修撰致仕。孝宗思其樸忠，旋召，除侍御史，以老固辭，不獲命，差同知貢舉。會外戚張說以節度使掌兵柄，衡力疏其事，廷爭移時，改除起居郎，章五上，請老愈力，上知不可奪，仍以秘撰致仕。衡後定居崑山，結茅別墅，杖履徜徉，左右惟二蒼頭，聚書踰萬卷，號曰樂菴，淳熙五年卒，年七十九。〔註9〕

　　《吳郡志》卷十四云：「樂菴在崑山縣東六里圓明村，侍御史李衡彥平歸老所居。衡本江都人，避地居崑山，志氣卓犖不群，學問通性理，登第後治縣有聲，召對，累遷樞密院檢詳諸房文字，出典大藩，俄引年而歸，作此菴，以經史圖書自娛，歲餘落致仕，以侍御史同知貢舉，復告老，年幾八十，起居不衰。時過諸子於邑中，已復還菴，清脩絕俗，給事唯一蒼頭，俄旬餘不食，謝去醫藥，手書數十紙，徧別親舊，勑其子不得隨俗作佛事，書訖，掩戶蕭然而化，其家刻其遺書，總一大軸，士大夫宗敬之。」

　　據此，知樂菴乃吳郡有名之園亭，亦爲李衡藏書之所，李衡藏書萬卷。

　　《藏書紀事詩》卷一、《中國藏書家考略》載有此人。

八、鄭樵（1104～1162）

　　鄭樵，字漁仲，福建莆田人。居夾漈山，謝絕人事，閉門誦習。久之，乃游名山大川，搜奇訪古，遇藏書家，必借留讀盡乃去。晝理簡編，夜觀星象，寒暑俱忘。初爲經旨、禮樂、文字、天文、地理、蟲魚、草木、方書之學，皆有論辨。紹興十九年上之，詔藏秘府。樵歸益厲所學，從者二百餘人。紹興二十七年以侍講王綸、賀允中薦，應召，授右迪功郎、禮兵部架閣。以御史葉義問劾之，改監潭州南嶽廟，給札歸抄所著《通志》。書成，入爲樞密院編修官，尋兼攝檢詳諸房文字。紹興三十一年，高宗幸建康，命以《通志》進，會病卒，年五十九，學者稱夾漈先生。有《谿西集》五十卷。〔註10〕

　　鄭樵既究心圖籍，乃將天下古今書籍，分類著錄，爲《群書會要》三十

〔註9〕據《宋史》卷三百九十。
〔註10〕據《宋史》卷四百三十六、《莆陽文獻傳》第二十八。

－99－

六卷。〔註11〕又鈔秘省所頒《闕書目錄》，集爲《求書闕記》七卷《外紀》十卷。〔註12〕又有《夾漈書目》一卷、《圖書志》一卷，記其平生所自著之書，今諸目並佚，未能永其傳也。〔註13〕

鄭樵撰《通志》二百卷，以博洽聞於時，其〈校讎略〉尤爲精心之作。其論類例、論亡書、論求書等，頗多卓見，可供後世研究目錄學者之參考也。

《通志》又有〈藝文略〉，盡載古今目錄所收之書，區爲十二類，類之下再區爲一百五十五小類，小類之下，更分二百八十四目，至爲纖細，茲列其目如下：

經類第一：分易（十六目）、書（十六目）、詩（十二目）、春秋（十三目）、春秋外傳國語（四目）、孝經（六目）、論語（十一目）、爾雅（九目）、經解（二目）九小類。

禮類第二：分周官（六目）、儀禮（四目）、喪服（九目）、禮記（九目）、月令（四目）、會禮（四目）、儀注（十八目）七小類。

樂類第三：分樂書、歌辭、題解、曲簿、聲調、鐘磬、管絃、舞、鼓吹、琴、讖緯十一小類。

小學類第四：分小學、文字、音韻、音釋、古文、法書、蕃書、神書八小類。

史類第五：分正史（九目）、編年（十五目）、霸史、雜史（九目）、起居注（三目）、故事、職官、刑法（十一目）、傳記（十三目）、地里（十目）、譜系（六目）、食貨（六目）、目錄（四目）十三小類。

諸子類第六：分儒術、道家（二十五目）、釋家、法家、名家、墨家、縱橫家、雜家、農家、小說家、兵家（五目）十一小類。

天文類第七：分天文（八目）、曆數（五目）、算術（二目）三小類。

五行類第八：分易占、軌革、筮占、龜卜、射覆、占夢、雜占、風角、鳥情、逆刺、遁甲、太一、九宮、六壬、式經、陰陽、元辰、三命、行年、相法、相笏、相印、相字、堪輿、易圖、婚姻、產乳、登壇、宅經、葬書三十小類。

藝術類第九：分射、騎、畫錄、畫圖、投壺、奕碁、博塞、象經、摴蒲、

〔註11〕據《玉海》卷五十二「藝文部」。《直齋書錄解題》卷八作二十六卷。
〔註12〕據《玉海》卷五十二「藝文部」。
〔註13〕據《直齋書錄解題》卷八。

彈基、打馬、雙陸、打毬、彩選、葉子格、雜戲格十六小類。

醫方類第十：分脈經、明堂鍼炙、本草、本草音、本草圖、本草用藥、採藥、炮炙、方書、單方、胡方、寒食散、病源、五臟、傷寒、腳氣、嶺南方、雜病、癰腫、眼藥、口齒、婦人、小兒、食經、香薰、粉澤二十六小類。

類書類第十一

文類第十二：分楚辭、歷代別集、總集、詩總集、賦、贊頌、箴銘、碑碣、制誥、表章、啓事、四六、軍事、案判、刀筆、俳諧、奏議、論、策、書、文史、詩評二十二小類。

中國自來目錄，俱屬部類二級，類下不再細分，自鄭氏〈藝文略〉詳分以後，影響明清目錄甚鉅也。

《藏書紀事詩》卷一、〈宋代私家藏書概略〉、《中國藏書家考略》載有此人，知亦宋代藏書家。鄭樵著述頗多，且《宋史》謂樵遇藏書家，必借讀盡乃去，陳振孫仕於莆，傳錄夾漈鄭氏之書頗多，其藏書當富，惟其家藏書目已佚，故不詳其收藏情形。《中國藏書家考略》謂鄭樵：「聚書數千卷，皆自校讎，謂子孫曰：『吾爲汝曹獲良產矣。』」此段乃《宋史・鄭樵傳》述樵同郡之林霆，而誤以爲樵，則失於考訂也。

九、劉儀鳳（1110～1175）

劉儀鳳，字韶美，四川普州人。紹興二年進士。擢第十年始赴調，尉遂寧府之蓬溪，監資州資陽縣酒稅，爲果州、榮州掾。召試館職，辭以久離場屋，改國子監丞。宰相以其名士，遷秘書丞、禮部員外郎。所草賤奏，以典雅稱。乾道元年，遷兵部侍郎兼侍講。儀鳳在朝十年，每歸即匿其車騎，局其門戶，客至，無親疏皆不得見。政府累月始一上謁，人尤其傲。俸入，半以儲書，凡萬餘卷，國史錄無遺者。御史張之綱論儀鳳錄四庫書本以傳私室，遂斥歸蜀。三年起知邛州，未上，改漢州、果州，罷歸。淳熙二年十二月卒，年六十六。〔註14〕

《老學庵筆記》卷二云：「劉韶美在都下累年，不以家行，得俸專以傳書，書必三本，雖數百卷爲一部者亦然。出局則杜門校讎，不與客接，既歸蜀，亦分作三船以備失壞，已而行至秭歸新灘，一舟爲灘石所敗，餘二舟無他，

〔註14〕據《宋史》卷三百八十九。

遂以歸普慈，築閣貯之。」

劉儀鳳常以俸之半儲書，凡萬餘卷，知爲宋代藏書家。《藏書紀事詩》卷一、《中國藏書家考略》載有此人。

一○、王銍 子廉清

王銍，字性之，安徽汝陰人。父莘字樂道。銍嘗從歐陽修學。南渡後，寓居剡中，善屬文，不樂仕進，讀書五行俱下，他人纔三四行，銍已盡一紙。記問該洽，尤長宋代故事，對客指畫誦說數百十言，退而質之，無一語謬。紹興初，累官右丞事郎，守太府丞迪功郎，權樞密院編修官，纂集祖宗兵制，書成，四年三月賜名《樞庭備檢》；罷爲主管台州崇道觀。九年，以元祐八年補錄及七朝史上之，詔進右宣議郎，然所修未及半，後爲秦檜所阻，不克成。進右宣教郎、充湖南安撫使參議官，獻祖宗八朝《聖學通紀論》，遷右宣教郎，十三年獻《大元經解義》，賜白金三百兩。建炎初爲樞密院編修官。藏書數百篋，無所不備。有《雪溪集》。〔註15〕

子廉清，字仲信。問學該博，著有《京都歲時記》、《廣古今同姓名錄》、《補定水陸章句》、《新乾曜眞形圖》。〔註16〕

王明清《揮麈後錄》卷七云：「先人南渡後，所至窮力抄錄，亦有書幾萬卷。」

陸游《老學庵筆記》卷六云：「王性之記問該洽，尤長於國朝故事，莫不能記，對客指畫誦說，動數百千言，退而質之，無一語繆。予自少至老，惟見一人。方大駕南渡，典章一切，掃蕩無遺。……方是時，性之近在二百里內，非獨博記可詢，其藏書數百篋，無所不備，盡護致剡山，當路藐然不問也。」卷二又云：「性之既卒，秦熺方恃其父，氣燄薰灼，手書移郡，將欲取其所藏書，且許以官其子，長子仲信名廉清，苦學有守，號泣拒之曰：『願守此書以死，不願官也。』郡將以禍福誘脅，皆不聽，熺亦不能奪而止。」〔註17〕

據此，知王銍藏書近萬卷，死後，其書歸長子廉清，秦熺雖欲奪之，不可得也。

《藏書紀事詩》卷一、《中國藏書家考略》載有王銍父子二人。

〔註15〕據《宋史翼》卷二十七。
〔註16〕據《宋史翼》卷二十七〈王銍傳〉附、《宋詩紀事》卷五十八。
〔註17〕此段又見《會稽志》卷十九。

一一、尤袤（1124～1193）

尤袤，字延之，江蘇常州無錫人。紹興十八年，擢進士第。為祕書丞兼國史院編修官、實錄院檢討官，遷著作郎兼太子侍讀。後梁克家罷相，袤與祕書少監陳騤各與郡。袤得台州，會有毀袤者，高宗使人密察，民誦其善政不絕口。除淮東提舉常平，改江東。進直祕閣，遷江西漕兼知隆興府。屢請祠，進直敷文閣，改江東提刑。梁克家薦袤，召對，除吏部郎官、太子侍講，累遷樞密檢正兼左諭德。高宗崩前一日，除太常少卿。孝宗嘗論人才，謂袤曰：「如卿才識，近世罕有。」兼權中書舍人，復詔兼直學士院，力辭，且薦陸游自代，孝宗不許。光宗即位，言者以為周必大黨，遂與祠。紹熙元年，起知婺州，改太平州，除煥章閣待制，召除給事中，終禮部尚書。時光宗已屬疾，國事多舛，袤積憂成疾，遂卒，時紹熙四年，年七十。贈金紫光祿大夫，諡文簡。嘗取孫綽〈遂初賦〉以自號，光宗書扁賜之。著有《遂初小藁》六十卷、《內外制》三十卷。〔註18〕

尤袤藏書甚富，《遂初堂書目》即其家藏書目，亦名《益齋書目》（詳後）。

《直齋書錄解題》卷八有《遂初堂書目》一卷云：「錫山尤氏尚書袤延之，淳熙名臣，藏書至多，法書尤富，嘗燼於火，今其存亡幾矣。」卷十八有《梁谿集》五十卷云：「禮部尚書錫山尤袤延之撰，家有遂初堂藏書，為近世冠。」

毛幵〈遂初堂書目序〉云：「晉陵尤延之，始自青衿，迨夫白首，嗜好既篤，網羅斯備，日增月益，晝誦夕思，重之不以借人，新若未嘗觸手，耳目所飫，有虞監之親鈔，子孫不忘，多杜侯之手校。表層樓而儷富，託名山而共久，不已盛乎。若其剖析條流，整齊綱紀，則有目錄一卷。」

魏了翁〈跋尤氏遂初堂藏書目錄序後〉云：「余生晚，不及拜遂初先生。……寶慶初元多，得罪南遷，過錫山，訪前廣德使君，則書厄于火者累月矣，為之徬徨不忍去。因惟國朝以來，藏書之盛，鮮有久而弗厄者。……矧如尤氏子孫克世厥家，滋莫可曉，雖然，是穟是蕡，雖有饑饉，亦有豐年。吾知有穟蕡耳，豐凶非我知也。尤氏子孫，其尚思所以勿替先志云。」〔註19〕則尤氏所藏書亦於寶慶初厄於火矣。

楊萬里〈益齋藏書目序〉云：「延之於書靡不觀，觀書靡不記。……延之每退則閉門謝客，日計手抄若干古書，其子弟亦抄書，不惟延之手抄而已也。

〔註18〕據《宋史》卷三百八十九。
〔註19〕見《鶴山先生大全文集》卷六十三。《遂初堂書目》卷尾亦有此跋文。

其諸女亦抄書，不惟子弟抄書而已也。……曰：『吾所抄書，今若干卷，將彙而目之。饑讀之以當肉，寒讀之以當裘，孤寂而讀之以當友朋，幽憂而讀之以當金石琴瑟也。』〔註20〕則延之之篤嗜典籍，可知矣。

《文獻通考・經籍考》卷三十四有《遂初堂書目》一卷，引誠齋序，略與〈益齋藏書目序〉相同，由此可知《遂初堂書目》亦名《益齋書目》。《四庫全書總目》卷八十五〈遂初堂書目提要〉亦云：「楊萬里《誠齋集》，有爲袠作〈益齋書目序〉，其名與此不同，然《通考》引萬里序，列《遂初堂書目》條下，知即一書」。

《研北雜志》卷上云：「淳熙紹熙間，尤常伯延之、王左曾順伯兩公，酷好古刻，以收儲之富相角，皆能辨別眞贋。」讀此文，知尤袠乃當代一大藏書家也。

《宋史・藝文志》卷三有《遂安堂書目》二卷，尤袠集。「安」字蓋爲「初」字之誤。按《直齋書錄解題》、《文獻通考・經籍考》、《四庫全書總目》著錄《遂初堂書目》均作一卷，明初陶宗儀輯《說郛》亦云：「一卷全鈔。」《宋志》獨作二卷，疑僅係卷數有分合，而非諸家著錄有闕佚也。此目屢經刊行，今傳者有《說郛》本、《海山仙館叢書》本、《常州先哲遺書》本、《叢書集成》重排海山仙館本，均作一卷。

今傳無解題之書目中記板本者，莫先於《遂初堂書目》。目中所錄，一書多至數本，有成都石刻、舊監本、京本、杭本、高麗本、江西本、朱氏新定、川本、嚴州本、吉州本、越州本、湖北本、越本、舊杭本、舊本、川本小字、川本大字、朱墨本等，爲後世書目記版本之權輿。

此目依四部分類，分經爲九門，曰經總類、周易類、尙書類、詩類、禮類、樂類、春秋類、論語類（孝經孟子附）、小學類。分史爲十八門，曰正史類、編年類、雜史類、故事類、雜傳類、僞史類（夷狄附各國史後）、國史類、本朝雜史類、本朝故事類、本朝雜傳類、實錄類、職官類、儀注類、刑法類、姓氏類、史學類、目錄類、地理類。分子爲十二門，曰儒家類、雜家類、道家類、釋家類、農家類、兵書類、數術家類（一天文、二曆譜、三五行、四陰陽、五卜筮、六形勢）、小說類、雜藝類、譜錄類、類書類、醫書類。分集爲五門，曰別集類、章奏類、總集類、文史類、樂曲類。共四十四類。

〔註20〕 見《誠齋集》卷七十八。傳本《遂初堂書目》卷尾有此跋，作李燾撰，疑《說郛》傳錄之誤。

《遂初堂書目》卷首有毛幷平仲序，卷尾有魏了翁、李燾（實爲楊萬里）、陸友仁三跋。

《四庫全書總目》卷八十五著錄《遂初堂書目》一卷，〈提要〉云：「其例略與史志同，惟一書兼載數本以資互考，則與史志小異耳。諸書解題，檢馬氏《經籍考》無一條引及袤說，知原本如是。惟不載卷數及撰人，則疑傳寫者所刪削，非其原書耳。其子部別立譜錄一門，以收香譜、石譜、蟹錄之無可附者，爲例最善。間有分類未安者，如《元經》本史而入儒家，《錦帶》本類書而入農家，《琵琶錄》本雜藝而入樂之類。亦有一書偶然複見者，如《大歷浙東聯句》一入別集，一入總集之類。又有姓名譌異者，如《玉瀾集》本朱槔作而稱朱喬年之類。然宋人目錄存於今者，《崇文總目》已無完善，惟此與晁公武志爲最古，固考證家之所必稽矣。」此目分類之優劣及其重要性亦由此可見矣。

《遂初堂書目》但記書目，不具解題，並缺卷數及撰人，使後人無從考索，殊爲缺憾。《四庫提要》疑爲傳寫者所刪削，非其原書，恐亦未盡確也。宋人目錄，著錄雖多，存者亦僅官書若《崇文總目》，已非完書；私家目錄，尤多散佚，今存者，惟延之此目與晁氏《讀書志》、陳氏《書錄解題》三種，尚可考見宋代典籍之存佚，宜乎爲考證家所取資也。至一書兼載數本，則又開後世版本學之先河，又晁陳二家所未逮也。

《藏書紀事詩》、〈宋代私家藏書概略〉、〈江蘇藏書家小史〉、《中國藏書家考略》載有此人。

一二、陸游（1125～1209）子子遹

陸游，字務觀，浙江越州山陰人，宰子。年十二能詩文，以蔭補登仕郎。舉試薦送屢前列，爲秦檜所嫉。檜死，始爲福州寧德主簿。孝宗即位，遷樞密院編修官兼編類聖政所檢討官。孝宗稱其力學有聞，言論剴切，遂賜進士出身。後通判建康府，尋易隆興府。久之，通判夔州。范成大帥蜀，游爲參議官，以文字交，不拘禮法，人譏其頹放，因自號放翁，後累遷江西常平提舉。紹熙元年，遷禮部郎中兼實錄院檢討官。嘉泰二年，以孝宗、光宗《兩朝實錄》及《三朝史》未就，詔游權同修國史、實錄院同修撰、免奉朝請，尋兼秘書監。三年，書成，遂升寶章閣待制，致仕。游才氣超逸，尤長於詩。嘉定二年卒，年八十五。著有《劍南詩稿》八十五卷、《入蜀記》六卷、《南

唐書》十八卷、《天彭牡丹譜》一卷、《老學庵筆記》十卷、《家世舊聞》二卷、《渭南文集》四十一卷、《放翁詞》二卷。〔註21〕

《會稽志》卷十六云：「陸氏書特全於放翁家，嘗宦兩川，出峽不載一物，盡買蜀書以歸，其編目日益鉅。」據此，知陸游亦有家藏書目。

陸游有〈書巢記〉云：「陸子既老且病，猶不置讀書，名其室曰書巢。客有問曰：『……今子幸有屋以居，牖戶墻垣猶之比屋也，而謂之巢，何耶？』陸子曰：『……吾室之內，或栖于櫝，或陳于前，或枕藉于床，俯仰四顧，無非書者。吾飲食起居，疾痛呻吟，悲憂憤歎，未嘗不與書俱。賓客不至，妻子不覿，而風雨雷雹之變，有不知也，間有意欲起，而亂書圍之，如積槁枝，或至不得行，則輒自笑曰，此非吾所謂巢者耶。』乃引客就觀之，客始不能入，既入又不能出，乃亦大笑曰：『信乎其似巢也。』」〔註22〕陸氏藏書之富可以想見矣。

以下列舉陸氏之跋文，以見其藏書之概略：

〈跋眞廟賜馮侍中詩〉云：「某家舊藏」。

〈跋尹耘師書劉隨州集〉云：「傭書人韓文，持束紙支頭而睡，偶取視之，《劉隨州集》也。乃以百錢易之，手加裝褙。紹興二十五年正月八日陸某記。」

〈跋老子道德古文〉云：「右漢嚴君平著《道德經指歸古文》，此經自唐開元以來，獨傳明皇帝所解，故諸家盡廢。今世惟此本及貞觀中太史令傅奕所校者尚傳，而學者亦罕見也。予求之踰二十年，乃盡得之，玉笈藏道書二千卷，以此爲首。」

〈跋山谷先生三榮集〉云：「予集黃帖得贈元師及王周彥三詩，甚愛之。有黃淑者家三榮，見而笑曰：『紹興中再刻本也，舊石方黨禁時已磨毀矣。』乃出此卷曰：『是舊石本，其筆力精勁蓋如此。』因錄藏之。淳熙之元二月二日務觀書。」

〈跋硯錄香法〉云：「《硯錄》舊有本而亡之，《香法》蓋未之見。師房者，濟南衛昂也，娶婆娑先生崔德符女，晚官巴峽死焉。乾道辛卯冬，予得此編於巫山縣，師房手鈔也，已腐敗不可讀，乃錄藏之。後三年，淳熙之元二月三十日蜀州漱玉南牋務觀書。」

〈跋溫庭筠詩集〉云：「先君舊藏此集，以〈華清宮〉詩冠篇首，其中有

〔註21〕據《宋史》卷三百九十五。
〔註22〕見《渭南文集》卷十八。

〈早行〉詩，所謂『雞聲茅店月，人跡板橋霜』者，久已墜失。得此集於蜀中，則不復見〈早行〉詩矣，感歎不能自已。淳熙丙申重陽日某識。」〔註23〕

又〈跋陵陽先生詩草〉云：「右陵陽先生韓子蒼《詩草》一卷，得之其孫籍。」

〈跋先左丞使遼語錄〉云：「右先楚公《使遼錄》一卷，三十八伯手書，伯父自幼被疾，以左手書，然筆力清健如此，平生凡鈔書至數十百卷。」

〈跋續集驗方〉云：「予家自唐丞相宣公在忠州時，著《陸氏集驗方》，故家世喜方書。予宦遊四方，所獲亦以百計，擇其尤可傳者，號《陸氏續集驗方》，刻之江西倉司民爲心齋。淳熙庚子十一月望日吳郡陸某謹書。」

〈跋家藏造化權輿〉云：「右《造化權輿》六卷，楚公舊藏，有九伯父大觀中題字，淳熙壬寅得之故第廢紙中。用別本讎校，而闕其不可知者；兩本俱通者，亦具疏其下，四日山陰陸某謹記。後十有四年，慶元元年八月十二日重校，凡三日而畢，時年七十一。」

〈跋釣台江公奏議〉云：「某乾道庚寅夏，得此書於臨安。後十有七年蒙恩守桐廬，訪其家，復得三表及贈告墓志，因併刻之，以致平生尊仰之意。淳熙十三年十一月十有六日，笠澤陸某書。」據此，則陸游不僅抄書校書亦自刻書也。

〈跋松陵集三〉云：「淳熙十六年四月二十六日車駕幸景靈宮，予以禮部郎兼膳部檢察，賜公卿食，訖事作假。會陵陽韓籍寄此集來，云東都舊本也。欣然讀之，時寓甎街巷街南小宅之南樓。山陰陸某務觀手識。此集蔡景繁舊物，復嘗歸韓子蒼，子蒼之孫籍以遺予，蓋百年前本也。」

〈跋韓非子〉云：「若《韓非子》一卷，紹興丁卯，先君年六十時，傳吳械才老本。後四十有二年，淳熙己酉某重裝而藏之，時年六十有五，十月九日史院東閣手識。」

〈跋彩選〉云：「紹興十九年正月十有七日，友人王仲言父自京江來，以是爲贈，酴醾庵記。」〔註24〕

又〈跋蘇氏易傳〉云：「此本先君宣和中入蜀時所得也。方禁蘇氏學，故謂之毗陵先生云，紹熙辛亥七月二十日陸某識。」

〈跋資暇集〉云：「吾家舊有此本，先左丞所藏，書字簡樸，疑其來久矣。

〔註23〕以上六則跋文見《渭南文集》卷二十六。
〔註24〕以上八則跋文見《渭南文集》卷二十七。

首曰隴西李忻文濟翁編，忻字猶成文也。久已淪墜，忽尤延之寄刻本來，為之愴然。紹熙二年十一月二十九日陸某識。」

〈跋京本家語〉云：「……收書之富獨稱江浙，繼而胡騎南騖，州縣悉遭焚劫，異時藏書之家，百不存一，縱有在者，又皆零落不全。予舊收此書，得自京師，中遭兵火之餘，一日，於故篋中偶尋得之，而虫齕鼠傷，殆無全幅，綴緝累日，僅能成秩。乃命工裁去四周所損者，別以紙裝背之，遂成全書。嗚呼！予老懶目昏，雖不復讀，然嗜書之心，固未衰也，後世子孫知此書得存之如此，則其餘諸書，幸而存者，為予寶惜之。紹興戊午十月七日雙清堂書。後五十有七年，復脫壞不可挾，子聿亟裝緝之，持以相示，方先少保書此時，某年十四，今七十矣，不覺老淚之濡睫也。紹熙甲寅閏月四日第三男中大夫某謹識。」

〈跋釋氏通紀〉云：「予少時避兵東陽山中，有沈師者，丞相恭惠公之裔，近有僧來往天衣山，自言歐陽文忠公家，今又得脩公所著《釋氏通紀》，觀之則建炎樞臣盧公諸孫也。近世不世類求人，名門大家散而為方外道人者多矣，如脩公既棄衣冠，猶能博學強記，寓史氏法於是書，亦賢矣夫。慶元丁巳重九日放翁陸某務觀識。」

〈跋魏先生草堂集〉云：「按國史：野，陝人，沈存中《筆談》以為蜀人居陝州，不知何所據也。予在蜀十年，亦不聞野為蜀人，《筆談》蓋誤也，慶元戊午得之書肆，十月十九日龜堂病叟手識，時年七十有四矣。」〔註25〕

〈跋晁以道書傳〉云：「晁以道著書專意排先儒，故其言多而不通，然亦博矣。凡予家所錄本多得於以道孫子闓，子闓本自多誤。予方有吏役，故所錄失誤又多，不暇校定。及謝事居山陰，欲得別本參考又不能，致可恨也。壬戌四月十八日老學菴記，時年七十八。」〔註26〕

又〈跋東坡集〉云：「此本藏之三十年矣，嘉泰甲子歲十二月，遭爐幾焚之。予緝成編，比舊本差狹小乃可愛，遂目之曰焦尾本云，十四日山陰陸某書。」

〈跋陶靖節文集〉云：「張縯季長學士自遂寧寄此集來，道中失調護，前後皆有壞處，遂去之而存其偶全者，末有〈年譜辨正〉別緝為編云。開禧元

〔註25〕以上五則跋文見《渭南文集》卷二十八。
〔註26〕見《渭南文集》卷二十九。

年正月四日務觀書。」〔註27〕

又〈跋祠部集〉云:「祠部叔祖詩文至多,今皆不傳,此小集得之書肆,蓋石氏所藏也。」

〈跋先楚公奏檢〉云:「舊有海陵時錄白元本,巨編大字,有先左丞親書更定處,今不復存,此本紹興中先少師命筆史傳錄者。」

《跋出疆行程》云:「此一書蓋陳魯公出使時官屬所記,不知為何人也。文詞雖鄙淺,事頗詳洽,故錄之。」〔註28〕

按以上所列皆陸氏所藏之書,或家傳,或友人相送,或得之書肆,或親自抄錄,所增益者大都獲之川蜀也。

陸氏〈雨後極涼料簡篋中舊書有感詩〉云:「笠澤老翁病蘇醒,欣然起理西齋書,十年燈前手自校,行間顛倒黃與朱,區區樸學老自信,要與萬卷歸林廬。」〔註29〕讀此詩,知陸游十年校書,藏書萬卷。

又〈跋子聿所藏國史補〉云:「子聿喜蓄書,至輟衣食,不少吝也,吾世其有興者乎?嘉泰壬戌閏月幾望,放翁記,時年七十有八。」〔註30〕按:子聿,陸游少子,聿一作緯,又作遹。〔註31〕據此,知陸子遹亦好藏書。

子遹,嘉定間為溧陽令。溧陽俗信巫覡,子遹至,誅其魁,興學校,習禮儀,習俗頓革。寶慶二年知嚴州,創釣台書院。〔註32〕

《藏詩紀事詩》卷一、《中國藏書家考略》均載有陸游父子二人。

一三、周煇（1126~1198以後）〔註33〕

周煇,字昭禮,江蘇淮海人。紹熙間,居錢塘清波門之南,嗜學工文,隱居不仕。當世名公卿多折節下之,而簡亢自高,未嘗報謝。藏書萬卷,父子自相師友。著有《清波雜志》十二卷、《清波別志》三卷。又有《北轅錄》一種,收入《說郛》。〔註34〕

〔註27〕以上二則跋文見《渭南文集》卷三十。
〔註28〕以上三則跋文見《渭南文集》卷三十一。
〔註29〕見《劍南詩稿》卷十二。
〔註30〕見《渭南文集》卷二十九。
〔註31〕據錢大昕《陸放翁年譜》。
〔註32〕據《景定嚴州續志》卷二,《萬姓統譜》卷一百十一。
〔註33〕卒年據《宋人生卒考示例》。
〔註34〕據《宋詩紀事》卷五十八、《全宋詞》第三冊第1610頁、《武林藏書錄》卷末、
　　　《四庫提要辨證》卷十八。

《清波雜志》張貴謨序云：「昭禮家藏故書幾萬卷，平時父子自相師友，其學問源委蓋不同如此，今寓居中都清波門之南，故因以名其集云。」

周煇藏書萬卷，知亦宋代藏書家。《武林藏書錄》卷末、《藏書紀事詩》卷一、《中國藏書家考略》載有此人。

一四、王明清

王明清，字仲言，安徽汝陰人，銍次子。甫十歲，朱希眞、徐敦立過其父，因詢以國史中數事，應之無遺，由是受知。慶元間，居甥館於嘉禾。官至朝散郎，與其父雪溪、兄仲信俱有史才。當時諸公欲收置史館，不果。嘗剴切上封事，是時南渡以來，簡冊散亡，老成凋謝，明清裒集軼事遺聞，編爲《揮麈錄》及《玉照新志》。又著有《投轄錄》、《清林詩話》。〔註35〕

《揮麈後錄》卷七云：「先人南渡後，所至窮力鈔錄，亦有書幾萬卷，明清憂患之初，年幼力弱，秦伯陽遣浙漕吳彥猷渡江攘取大半。丁卯歲，秦檜之擅國，言者論會稽士大夫家藏野史，以謗時政，初未知爲李泰發家設也。是時明清從舅氏曾宏甫守京口，老母懼焉，凡前人所記本朝典故，與夫先人所述史藁雜記之類，悉付之回祿，每一思之，痛心疾首。後來明清多寓浙西婦家，煨燼之餘，所存不多，諸姪輩不能謹守，又爲親戚盜去，或他人久假不歸，今遺十不一存。每一歸展省舊篋，不忍復啓，但流淚而已。」

王明清家三代藏書，藏書甚富，後秦檜擅國，凡本朝典故之類，悉付之回祿，所餘不多，子孫又不能謹守，惜哉。

《藏書紀事詩》卷一載有此人。《中國藏書家考略》未載。

一五、沈　瀛

沈瀛，字子壽，號竹齋，浙江吳興人。少入太學，即有重名。紹興三十年進士，歷知江州、江東安撫司參議。仕四十餘年，絀於王官，再入郡，三佐帥幕。平生嗜文字若性命。有《竹齋詞》、《沈子壽文集》。〔註36〕

《齊東野語》卷十二云：「其後齊齋倪氏、月河莫氏、竹齋沈氏、程氏、賀氏皆號藏書之富，各不下數萬餘卷，亦皆散失無遺。」

〔註35〕據《宋詩紀事》卷五十八、《宋史翼》卷二十九。
〔註36〕據葉適《水心先生文集》卷十二〈沈子壽文集序〉、《吳興掌故集》卷二、《宋詩紀事》卷五十一、《全宋詞》第三冊第 1649 頁。

竹齋沈氏即沈瀛，據周密所言，則沈瀛亦宋代藏書家，收藏達數萬卷，惟詳情不可考耳。《藏書紀事詩》、《中國藏書家考略》諸書未載。

一六、張 鉉

張鉉，字伯壽，江西鄱陽人。多蓄書卷，其貯藏之處曰萬卷堂。

洪适〈萬卷堂記〉云：「同郡張伯壽，學邃而根，談壘彌堅，暇日，踵其門，升其堂，則緹帙縹囊，鱗貫櫛比，伯壽儳佯其間，如枵腹者之須哺，倦游者之企歸，執熱者之思濯清風也。夫六藝出秦埃，至今千三百餘歲，螭蚑所紀，金續所書，嵐齋松窗之所纂削，方殺青，日紛月切，好事者汲汲求之，終其身不能以盡致。伯壽簡心端思，它無嗜玩，旁裒博訪，惟恐奧篇異牘之不我有，手鈔日校，黃墨謹嚴，俗客鼎來，未始塵滓斯堂也。」〔註37〕

《藏書紀事詩》卷一、《中國藏書家考略》載有此人，知亦宋代藏書家。

一七、蔡 瑞

葉适〈石庵藏書目序〉云：「石庵書若干卷，承奉郎蔡君瑞藏之。始蔡君之伯父曰居士，葬母，因其地為廬居，紹興十九年大旱……居士將以所餘穀散之，而患無名，時庵旁有石冒土而奮，如蟠根叢萌欲發而尚鬱者，遂為萬夫傭使出之，高二丈，廣可三之，石溫潤如玉質，故名石庵云。蔡君念族人多貧，不盡能學，始買書置石庵，增其屋為便房，願讀者處焉，買田百畝助之食，嗚呼！蔡君可謂能教矣。……淳熙十五年三月。」〔註38〕

據此，知蔡瑞亦宋代藏書家，其藏書之處曰石庵，有《石庵藏書目》，今佚。其不惟能藏，且備食宿以利便讀者。惜其人《宋史》無傳，生平仕履未詳。

一八、潘景憲（1134～1190）

潘景憲，字叔度，浙江金華人，幼穎悟，日誦數萬言，年九歲以童子貢京師，通念十三書，說六經大義，作三體字，詔許特試禮部，且賜束帛。後入太學，益自刻厲，一時學官皆推重焉。擢隆興元年進士第，調荊門軍學教授，不行，請為南嶽祠官。秩滿，宰相知其賢，欲留為中都官，力辭而請為太平州學教授，景憲與呂祖謙同年而齒長，聞其論說行身探道之意，慨然感

〔註37〕見《盤洲文集》卷卅一，按葉昌熾《藏書紀事詩》引此文作洪邁撰，實誤。楊立誠、金步瀛編《中國藏書家考略》沿葉氏之訛，則失於未考也。

〔註38〕見《水心先生文集》卷十二。

悟，遂棄所學而學焉。既而遭父喪，廬墓三年，服除，遂不復仕。日遊呂氏之門，躬執弟子之禮，誦詩讀書，旁貫史氏，靡不該覽，而尤於程氏之《易》為盡心焉。至它書史考訂蒐輯，日有程課，鉛黃朱墨未嘗去手。買田儲書以待四方之學者，紹熙元年卒，年五十七。〔註39〕

韓元吉〈潘叔度可庵記〉云：「金華潘景憲叔度……，買地於金華之別麓，號葉山，以營其二內之藏，而虛其中央以為他日自歸之所，築室於傍，因以游息。……朱元晦以聞道之意名之曰可庵，而叔度自名其前之堂曰退老，取伯恭之言以名其後之室曰共學，左則曰庶齋，右則曰省齋，二齋儲書且萬卷，以待朋友之習，市良田百畝以為講習聚食之資。」〔註40〕

據此，知潘景憲為宋代藏書家，其藏書之處曰可庵，其左右兩齋（庶齋及省齋）藏書近萬卷，且為朋友講習之所。

樓鑰〈跋春秋繁露〉云：「《繁露》一書凡得四本……然止於三十篇，終不合《崇文總目》及歐陽文忠公所藏八十二篇之數。余老矣，猶欲得一善本，聞婺女潘同年叔度景憲，多收異書，屬其子弟訪之，始得此本，果有八十二篇。」〔註41〕知潘叔度所藏《春秋繁露》乃為八十二篇，與《崇文總目》合，知為善本。

《藏書紀事詩》卷一、《中國藏書家考略》載有此人。

一九、彭惟孝（1135～1207）

彭惟孝，字考求，自號求志居士，一號玉峰老人，江西廬陵太和人。甫冠而孤，事母盡孝。稍長，力於學，聚書萬餘卷，號彭氏山房，延老師宿士主講，命子姪從學，自亦造其席，且暮不懈。好施與，喜周鄉閭之急，赴公上之難。開禧三年五月癸未卒，年七十三。〔註42〕

彭惟孝藏書萬餘卷，其藏書之處曰彭氏山房。《藏書紀事詩》卷一、《中國藏書家考略》載有此人。

二〇、李孟傳（1136～1219）

李孟傳，字文授，浙江上虞人，光幼子。光南遷之日方六歲。以光遺表

〔註39〕據朱熹《朱文公集》卷九十三〈承事郎致仕潘公墓誌銘〉。
〔註40〕見《南澗甲乙稿》卷十五。
〔註41〕見《攻媿集》卷七十七。
〔註42〕據陸游《渭南文集》卷三十九〈求志居士彭君墓誌銘〉。

恩，累官至太府丞。韓侂冑願見之，不可，由是出知江州，復知處州。累遷廣西提點刑獄、浙東提點刑獄。以朝請大夫、直寶謨閣致仕。嘉定十二年卒，年八十四。有《盤溪文稿》五十卷、《宏詞類稿》十卷，《左氏說》、《讀史》、《雜志》各十卷、《記善》、《紀異錄》各五卷。〔註43〕

《會稽續志》卷五云：「孟傳字文授，少講學有聲，而天資爽邁，無纖毫世俗之氣。當世聞人如曾幾、徐度、賀允中、汪應辰、張孝祥諸公，一見皆器遇之，與之游。從宰明州象山，秩滿，主管誥院，遷太府寺丞，權考功郎，出知江州、處州，提舉福建常平茶事、提點浙西刑獄，尋奉祠里居，久之，乞掛冠，除直寶謨閣致仕。性嗜書，至老不厭，藏書萬卷，悉置左右，繙閱紬繹，周而復始，每得異書，手自校勘，竟其徧乃止。多識典故及前輩出處、中朝舊事，歷歷能道本末，有如目覩。嘉定十二年卒，年八十四。有《磐溪詩文稿》五十卷，《宏詞類稿》十卷、《讀史》十卷、《雜志》十卷、《記善》、《記異錄》各五卷。」

據此，知李孟傳藏書萬卷，亦宋代藏書家，惟《藏書紀事詩》、《中國藏書家考略》諸書未載。

二一、樓鑰（1137～1213）

樓鑰，字大防，自號攻媿主人，浙江明州鄞縣人。隆興元年進士，累官太府宗正寺丞，出知溫州。光宗立，除考功郎，改國子司業，擢起居郎兼中書舍人。繳奏無所迴避，禁中或私請，帝曰：「樓舍人朕亦憚之，不如且已。」遷給事中，乞正太祖東嚮之位。朱熹以論事忤韓侂冑，除職與郎。鑰請還講筵，不報。寧宗受禪，侂冑頗有弄權之漸，彭龜年力攻之，出知外郡，鑰奏留不得。遷爲吏部尚書，以顯謨閣學士提舉江州太平興國宮。尋知婺州，移寧國府，罷，奪職。侂冑誅，起爲翰林學士，遷吏部尚書兼翰林侍講。時鑰年過七十，精敏過人。除端明殿學士、簽書樞密院事，升同知，進參知政事。位兩府者五年，累疏求去，除資政殿學士，知太平州，辭，進大學士，提舉萬壽觀。嘉定六年卒，年七十七，贈少師，諡宣獻。著有《范文正年譜》、《攻媿集》一百一十卷。〔註44〕

宋袁燮〈樓公行狀〉云：「公，山經地志星緯律曆之學，皆欲得其門戶。研

〔註43〕據《宋史》卷三百六十三、四百零一。
〔註44〕據《絜齋集》卷十一〈樓公行狀〉、《宋史》卷三百九十五。

精字書，偏旁點畫，纖悉無差。……藏書既富，欲別貯之，營度累歲，執政之次年，東樓始成，有登臨之快，叢古今群書其上，而累奇石於前。」〔註45〕

清全祖望〈湖語〉云：「攻媿東樓，拂雲高戶。」又云：「藏書之富，南樓北史。」自注：「宣獻東樓，鴻禧碧沚，最有名。」〔註46〕

據此，知樓鑰藏書之處曰東樓，乃當時浙江有名之藏書家，與史守之齊名。

清錢大昕〈抱經樓記〉云：「四明古稱文獻之邦，宋元之世，攻媿樓氏、清容袁氏，藏書之富，甲于海內。」〔註47〕

樓鑰〈以六經左氏傳莊子遺伯中弟有詩來謝次韻〉云：「手披欲究百家編，奴婢年來識鄭玄，顧我幸多千卷蓄，念君未有一經全。詩書心醉不容醒，父子筆耕期有年，此但古人糟粕爾，更須從此悟眞荃。」又云：「書種傳來直到今，讀書幾似孝標淫，欲君終就九經庫，與子平分一片心。更向漆園窮妙旨，何殊清廟奏遺音，中郎書籍付王粲，想得知余此意深。」〔註48〕

其藏書印章爲「四明樓鑰。」〔註49〕《天祿琳琅書目·續編》卷六宋刻《昌黎先生詩集》，有四明樓鑰印章，鑰古鑰字，知爲樓鑰藏書。

《藏書紀事詩》卷一、《中國藏書家考略》載有此人。

二二、倪思（1147～1220）〔註50〕

倪思，字正甫，號齊齋，浙江湖州歸安人。乾道二年進士，淳熙五年，中博學宏詞科。累遷秘書郎，除著作郎兼翰林權直。光宗即位，遷將作少監兼權直學士院、中書舍人，升中書舍人兼直學士院，同修國史，尋兼侍講，除禮部侍郎。光宗久不過重華宮，思疏十上，言多痛切，帝心動容。兼權吏部侍郎，出知紹興府。寧宗即位，改婺州，未上，提舉太平興國宮，召除吏部侍郎兼直學士院。御史姚愈劾思，乃出知太平州，歷知泉州、建寧府，皆以言者論云。久之，召還，試禮部侍郎兼直學士院，論諫多切直。以忤韓侂胄，予祠。侂胄誅，復召，除權兵部尚書兼侍讀，徙禮部尚書。又忤史彌遠，以

〔註45〕見《絜齋集》卷十一。
〔註46〕見《鮚埼亭集》卷四。
〔註47〕見《潛研堂文集》卷二十。
〔註48〕見《攻媿集》卷九。
〔註49〕見蔣復璁〈兩浙藏書家印章考〉。
〔註50〕《宋人傳記資料索引》倪思生年作一一七四年，誤也。倪思嘉定十三年（1220）卒，年七十四，則生年當爲紹興十七年（1147），且倪思乃乾道二年（1166）進士，知《索引》四七謁爲七四，失校也。

寶謨閣直學士知鎮江府，移福州，尋鐫職。久之，除寶文閣學士、提舉嵩山崇福宮。嘉定十三年卒，年七十四，諡文節。有《齊齋甲稿》二十卷、《乙稿》十五卷、《翰林前後稿》四十卷、《披垣詞草》二十卷、《兼山論著》三十卷附錄《五經年譜》一卷、《齊齋奏議》三十卷、《披垣繳論》四卷、《銀台章奏》五卷、《台諫論》二卷、《昆命元龜說》一卷、《經鉏堂雜志》十卷、《班馬異同》三十卷。〔註51〕

　　《齊東野語》卷十二云：「其後齊齋倪氏、月河莫氏、竹齋沈氏、程氏、賀氏，皆號藏書之富，各不下數萬餘卷，亦皆散失無遺。」

　　齊齋倪氏即倪思，知倪思亦宋代著名之藏書家，藏書多達數萬卷。惟《藏書紀事詩》、《中國藏書家考略》諸書未載。

　　《天祿琳琅書目》卷三有宋淳熙六年筠州軍事判官倪思等刊本《欒城集》，知倪思不僅藏書，亦自刊書也。

二三、朱欽則

　　朱欽則，字敬父，一字敬之，福建邵武人。乾道八年進士，治詩賦，嘉泰二年三月除秘書丞，八月為監察御史。〔註52〕

　　陸游〈萬卷樓記〉云：「昭武朱公敬之粹於學，而篤於行。早自三館為御史，為寺卿，出典名藩，尊所聞，行所知，亦無負於為儒矣。然每悒然自以為歉，益務藏書，以棲於架、藏於櫝為未足，又築樓於第中，以示尊閣傳後之意，而移書屬予記之。……朱公齒髮尚壯，方為世顯用，且澹然無財聲色之奉，儻網羅不倦，萬卷豈足道哉！」〔註53〕

　　據此，知朱欽則藏書萬卷，其藏書之處曰萬卷樓，亦宋代藏書家。《藏書紀事詩》、《中國藏書家考略》諸書未載。

二四、史守之

　　史守之，字子仁，浙江明州鄞縣人。越國公浩孫，禮部侍郎彌大子，衛王彌遠之姪。仕終朝奉大夫，中年避世遠嫌，退處月湖，與慈湖諸公講肄為

〔註51〕據《鶴山先生大全文集》卷八十五〈倪公墓誌〉、《宋史》卷三百九十八、《吳興掌故集》卷四。
〔註52〕據《渭南文集》卷二十〈心遠堂記〉、《南澗甲乙稿》卷十六、《南宋館閣續錄》卷七。
〔註53〕見《渭南文集》卷二十一。

樂，寧宗御書「碧沚」二字賜之，蓋清修好古之士也。〔註54〕

樓鑰〈史子仁碧沚〉詩云：「相家小有四明山，更茸桃源渺莽間，四面樓臺相映發，一川烟水自彎環。」又云：「中川累石勢嵯峩，城上遙岑聳翠螺，舊說夕陽無限好，此中最得夕陽多。」〔註55〕讀此詩亦可知史守之碧沚聞名於當世也。

全祖望〈湖語〉云：「藏書之富，南樓北史。」注云：「宣獻東樓，鴻禧碧沚最有名。」又云：「忠宣在北，鴻禧在東，繡衣長橋，碧沚芳叢。」又云：「舊學甘盤，黑頭潞國，三經箋故之書，爲儒苑所矜式，而中興大儒，俱荷翹車之辟。」注云：「史忠定相孝宗，御書舊學二字賜之。」〔註56〕

明文徵明〈跋宋通直郎史守之告身〉云：「越國公浩孫，衛王彌遠之姪，仕不甚顯。……今吳中藏書家所收古書，有「舊學史氏」及「碧沚」印者，多其遺書。」〔註57〕

全祖望〈碧沚楊文元公書院記〉云：「淳熙四先生，吾鄞得其三，沈端憲公、楊文元公，袁正獻公也。文元之館於碧沚，以史氏也。先是，史忠定王館端憲於竹洲，又延文元於碧沚，袁正獻公時亦來預，忠定既逝，端憲、正獻亦下世。忠定之孫子仁，不滿其叔彌遠所爲，退居湖上，復請文元講學，故其居碧沚也甚久，碧沚牙籤最富，文元因思修書以正邪說，未就而卒。」〔註58〕

據此，知史守之藏書甚富，與樓鑰同爲南宋浙江有名之藏書家。其藏書之處曰碧沚，亦爲講學之所。「碧沚」二字乃寧宗御書賜之，其祖史浩忠定相孝宗，孝宗曾御書舊學二字賜之，故史守之藏書往往有「舊學史氏」及「碧沚」二印。其藏書至清代猶有存者。

《天祿琳琅書目》卷二宋刻《資治通鑑考異》、卷三宋刻《九家集注杜詩》均有「史氏家傳翰林收藏書畫圖章」印，知爲史守之藏書。《天祿琳琅書目續編》卷一三「禮圖」條下云：「每冊首末有史氏收藏圖章，自稱家傳翰苑，考南宋時史氏以四明、眉山兩派爲盛，而四明尤著。浩及彌遠、嵩之三世爲相，彌大、彌堅、彌鞏、彌宇、彌寧、能之、雋之、岩之多官館閣，或其家藏籍也。」卷四《四明志》有「舊學史氏復隱書」印，且云：「史浩字直翁，鄞縣

〔註54〕據明文徵明〈跋宋通直郎史守之告身〉。
〔註55〕見《攻媿集》卷十。
〔註56〕見《鮚埼亭集》卷四。
〔註57〕見《甫田集》卷二十二。
〔註58〕見《鮚埼亭集外編》卷十六。

人。紹興十四年進士，相孝宗，贈會稽郡王，諡文惠。浩初爲孝宗建王府教授，又兼直講，隆興元年拜尚書右僕射，旋予祠。淳熙五年復爲右丞相，十年除太保致仕，封魏國公。治第鄞之西湖，建閣奉兩朝賜書，上爲書明良慶會名其閣、舊學名其堂，故有舊學印章，其曰復隱，蓋在請老再歸後也。」故知凡有舊學印章者蓋其祖史浩藏書也。

　　《士禮居藏書題跋記》卷五有宋書棚本徐度《卻埽編》三卷，云：「有舊學「史氏復隱書印」一印、「碧沁」一印、「舊學圖書」一印，不知其誰氏矣。」此當爲史氏藏書，「碧沁」疑爲「碧沚」之誤，蓋以篆文相似耳，黃氏失於考也。

　　《愛日精廬藏書志》卷二十六「藝文類聚」條有馮己蒼跋曰：「卷末有葫蘆「碧沙」印，又「舊學圖書」四字方印，未知何家物也。」此當爲史氏藏書，「碧沙」疑爲「碧沚」之誤，蓋亦篆文相似耳。

　　其藏書印章有「碧沚」，「舊學史氏復隱書印」，「舊學史氏」、「舊學圖書」。
〔註59〕

　　《藏書紀事詩》卷一、《中國藏書家考略》載有此人。

〔註59〕見《兩浙藏書家印章考》。

第六章　南宋末期藏書家

　　本章收錄寧理朝以迄宋末之藏書家凡十六人。此一時期仍沿前期以浙江地區爲最盛，達九人，超越總數半數以上。自藏書數量而言，浙江湖州陳振孫藏書五萬一千餘卷，武林周密收藏四萬二千卷，福建莆田鄭寅藏數萬卷，則已超邁中興時期而足媲美北宋承平時期之藏書家。惟此期八十年間之藏書家反不若前期之盛，更無論北宋承平時期矣。揆諸事實，南宋之時，雕版印刷更盛於前，書籍較之往昔易傳，於理，藏書家應盛於前，今反較少者，或易代之際，歷經兵燹，文獻失墜，有以致歟？

一、衛　湜

　　衛湜，字正叔，江蘇吳郡人。好古博學，舉慶元進士，調太常寺丞，遷將作少監，皆不赴。嘗集《禮記》諸家傳註爲一百六十卷曰《禮記集說》，寶慶三年上之，擢直秘閣。歷朝散大夫直寶謨閣、知袁州。學者稱爲櫟齋先生。〔註1〕

　　葉適〈櫟齋藏書記〉云：「余友衛君湜，清整而裕，淡泊而詳，酷嗜書，山聚林列，起櫟齋以藏之，與弟兄群子習業於中。夫其地有江湖曠逸之思，圃有花石奇詭之觀，居有臺館溫涼之適，皆略不道，而獨以藏書言者，志在於學而不求安也。」又云：「日融月釋，心形俱化，聲色坑好，如委灰焉，然後退於櫟，而進於道矣，固宜漏眾美而以書言之也。」〔註2〕

〔註 1〕據《吳中人物志》卷六、《宋史翼》卷二十五。
〔註 2〕見《水心先生文集》卷十一。

明盧熊輯《蘇州府志》卷七云：「櫟齋在石浦，衛湜正叔藏書之室，葉適爲記」。

據此，知衛湜乃宋代藏書家，其藏書之處曰櫟齋。

《藏書紀事詩》卷一、〈江蘇藏書家小史〉、《中國藏書家考略》載有此人。

二、吳如愚（1167～1244）

吳如愚，字子發，浙江錢塘人。家世以積善聞。如愚生而岐嶷，骨象異凡，父武翼公篤意義方，擇名士爲師課之。家多藏書，一覽成誦，輒通曉大義。甫弱冠，於諸子百家，靡不究竟。定省餘閒，刻意經學，所得日富。性澹泊，不以仕進爲念，安貧樂道。私淑同志扁其室曰準齋。趙彥械嘗以賢能才識舉。端平初，復以行義純固可爲師表薦。嘉熙二年，孔山喬當國，特授從政郎，充秘閣校勘。如愚三辭，有旨吳某重更父澤而就文，懇免秘書之列屬，高風可尙，雅志當從，特轉秉義郎。淳祐四年卒，年七十八。有《準齋集》及《雜說》。〔註3〕

《武林藏書錄》卷中、《中國藏書家考略》載有此人，知亦宋代藏書家，惟收藏情形不可考。《藏書紀事詩》則未載。

三、李心傳（1167～1244）

李心傳，字微之，號秀巖，四川隆州井研人。慶元初下第，閉門讀書，寶慶二年以薦爲史館校勘，賜進士，修《中興四朝帝紀》。又踵修《十三朝會要》，端平三年成書，擢工部侍郎，以言罷。奉祠，居潮州，淳祐四年卒，年七十八。著有《高宗繫年錄》二百卷、《學易編》五卷、《誦詩訓》五卷、《春秋考》十三卷，《禮辨》二十三卷、《讀史考》十二卷、《舊聞證誤》十五卷、《建炎以來朝野雜記》甲乙集各二十卷、《道命錄》五卷、《西陲泰定錄》九十卷、《辨南遷錄》一卷、《詩文集》一百卷。〔註4〕

《齊東野語》卷十二云：「至如秀嵒、東窗、鳳山三李，高氏，牟氏皆蜀人，號爲史家，所藏僻書尤多，今亦已無餘矣。」

秀巖李氏即李心傳，據周氏之言，知李心傳亦宋代藏書家，惟收藏情形不可考。《藏書紀事詩》、《中國藏書家考略》諸書未載。

〔註3〕據徐元杰《楳埜集》卷十一〈準齋先生吳公行狀〉、《武林藏書錄》卷中。
〔註4〕據《宋史》卷四百三十八。

四、岳珂（1183～1234）〔註5〕

岳珂，字肅之，號亦齋，又號倦翁，河南湯陰人，寓居江州，歷管內勸農使、知嘉興。嘉定十五年，以朝奉郎守軍監淮東總領。寶慶二年，遷戶部侍郎、淮東總領兼制置使。端平元年卒，年五十二。著有《棠湖詩稿》、《愧郯錄》、《桯史》、《金佗粹編》、《寶眞齋法書贊》、《玉楮集》等。〔註6〕

《九經三傳沿革例》書本條云：「今以家塾所藏唐石刻本、晉天福銅板本、京師大字舊本、紹興初監本、監中見行本、蜀大字舊本、蜀學重刻大字本、中字本、又中字有句讀附音本、潭州舊本、撫州舊本、建大字本、俞韶卿家本、又中字凡四本、婺州舊本，併興國于氏、建余仁仲凡二十本，又以越中舊本注疏、建本有音釋注疏、蜀注疏合二十三本，專屬本經名士，反覆參訂，始命良工入梓，固自信以爲盡善，正恐掃塵隨生亦或有之。」

據此，知岳氏之刻九經三傳，據其家塾所藏則有二十三本之多。

岳氏刻九經三傳，《天祿琳琅書目》尙有著錄者。卷一「春秋經傳集解」條云：「諸卷末有木記曰相台岳氏刻梓家塾，或曰相台岳氏刻梓荊谿家塾，爲長方橢圓亞字諸式，具大小篆隸文，蓋南宋岳珂乃飛孫，本相州湯陰人，故以相台表望，南渡後徙常州，今宜興有珂父霖墓，故家塾以荊谿名，珂校刊九經三傳，著《沿革例》，讎勘最爲精覈。」《續編》卷三「論語」條云：「每卷末印記相台岳氏刻梓荊谿家塾，或亞字形或條印，其字或小篆或八分，蓋岳珂所刻。」「孝經」條云：「亦岳珂荊谿家塾刻。」「孟子」條云：「岳珂荊谿家塾所刻。」

《藏書紀事詩》卷一宋藏書家中載有此人，惟據今人翁同文先生據《九經三傳沿革例》所述，其作者應已入元，與岳珂時代不合。又刻地係在江蘇宜興（古名荊谿），與岳珂著籍江州（江西九江）不合，因考相台岳氏九經三傳刻者及《沿革例》撰者，係岳浚而非岳珂，其論甚碻。〔註7〕浚字仲遠，宜興人。生於宋理宗時，家富藏書。方回《桐江續集》卷二十五有贈其詩云：「岳氏家幾傳，陽羨溪山中，故書三萬卷，金石爛模楊。」蓋宋元之際一藏書之家也。

五、徐鹿卿（1189～1250）

徐鹿卿，字德夫，號泉谷，江西隆興豐城人。博迪經史，以文學名於鄉，

〔註5〕卒年據《全宋詞》。
〔註6〕據《宋詩紀事》六十四、《全宋詞》第四冊第2516頁。
〔註7〕見翁氏撰〈九經三傳刻梓人爲岳浚考〉，載《大陸雜誌》卷三十二第七期。

後進爭師宗之。舉嘉定十六年進士，爲南安軍學教授，申明義理之學。其後盜作，環城屋皆燬，惟學官免。後入爲樞密院編修官、權右司、贊畫二府。會方大琮、劉克莊、王邁以言事黜，鹿卿贈以詩，言者併劾之，太學諸生作四賢詩美之。知建昌軍，治行大孚，田里歌誦。擢度支郎官兼右司，入對，極陳時弊。改侍右郎官兼敕令刪修官、兼右司，越月，起爲江東轉運判官。淳祐三年，以右司召，入對，請定國本、正紀綱、立規模，理宗嘉納之。兼中書門下省檢正諸房公事，兼崇政殿說書。逾年，兼權吏部侍郎。時議使執政分治兵財，鹿卿執議不可。以疾丐祠，遷右文殿修撰、知平江府兼發運副使。召權兵部侍郎，固辭，遷國子祭酒、權禮部侍郎、兼同修國史、兼實錄院同修撰，兼侍講、兼權給事中。遷禮部侍郎，累疏告老，授寶章閣待制、知寧國府，而引年之疏五上，不允，提舉鴻禧觀，遂致仕，進華文閣待制。淳祐十年九月卒，年六十二，諡清正。著有《泉谷文集》、《奏議》、《講義》、《塩楮議政稿》、《歷官對越集》，手編《漢唐文類》、《文苑菁華》。〔註8〕

元劉壎《隱居通議》卷四云：「泉谷徐尚書鹿卿，豐城人也，嘗搆閣以藏書，名之曰味書閣。幼安爲之賦曰：『山水明秀，邑稱劍江，於其中而擇勝，建傑閣之巍昂，黃簾綠幕之閉，牙籤玉軸之藏，出則連車，入則充梁，是書也，非有酸鹹甘旨之可啖，醲灩瀹髓之可嘗也，然而古今嗜之者，飲則過於醪醴，嚼則美於稻梁。』……泉谷先生博極群書，屬厭正味，立朝則奏對偉然，出守而治行卓爾，有大人格君之業，得君子愛人之義，味書之效蓋已試矣。」

據此，知徐鹿卿藏書甚富，出則連車，入則充梁，嘗搆閣以藏書，其藏書之處曰「味書閣」。徐鹿卿不僅善藏書，亦善讀書矣。

《藏書紀事詩》卷一載有此人，《中國藏書家考略》作「徐南書，字鹿卿」，誤也。

六、陳　起

陳起，字宗之，一字彥才，浙江錢塘人。事母孝，寧宗時，鄉貢第一人，居睦親坊，開肆鬻書，自稱陳道人，著《芸居乙稿》，凡江湖詩人皆與之善，取名人小集數十家，選爲《江湖集》。寶慶初，史彌遠專權，宗之刊《江湖集》以售，劉潛夫《南岳稿》與焉，宗之詩有云：「秋雨梧桐皇子府，春風楊柳相

公橋。」哀濟邸而誚彌遠也。或嫁秋雨春風爲敖器之詩，言者並潛夫梅詩論列，劈《江湖集》版，二人皆坐罪，而宗之坐流配，於是詔禁士大夫作詩。紹定癸巳彌遠死，詩禁始解。〔註9〕

宗之所開書肆，名芸居樓，藏書甚多，由時人贈詩中可見。如葉紹翁《靖逸小集‧贈陳宗之》云：「官河深水綠悠悠，門外梧桐數葉秋，中有武林陳學士，吟詩消遣一生愁」。「十載京塵染布衣，西湖烟雨與心違，隨車尚有書千卷，擬向君家賣卻歸。」又〈夏日從陳宗之借書偶成五律一首〉云：「自從春去後，少省出柴扉，樹暗鴉巢隱，簷空燕迹稀，憶山憐有夢，當暑詠無衣，案上書堆滿，多應借得歸。」《前賢小集拾遺》鄭斯立〈贈宗之〉云：「昔人耽隱約，屠酤身亦安，矧伊叢古書，枕藉於其間，讀書博詩趣，鬻書奉親歡，君能有此樂，冷淡世所難。」又黃順之〈贈陳宗之〉云：「羨君家闕下，不踏九衢塵，萬卷書中坐，一生閑裏生，貪詩疑有債，閱世欲無人，昨日相思處，桐花爛漫春。」又杜耒〈贈陳宗之〉云：「往年曾見趙樂天，數說君家詩滿床，成卷好詩人借看，盈壺名酒母先嘗，對門欲見桐陰合，隔壁應聞芸葉香，老不愛文空手出，從今煩爲蓄仙方。」又周文璞〈贈陳宗之〉云：「伊吾聲裏過年年，收拾旁行亦可憐，頻嗅芸香心欲醉，爲尋脈望眼應穿，哦詩苦似悲秋客，收價清於賣卜錢，吳下異書渾未就，每逢佳處輒流連。」又葉茵《順適堂吟藁‧贈陳芸居》云：「得書授與世人讀，選句長教野客吟。」〔註10〕又陳起編《江湖後集》卷二十二俞桂〈謝芸居惠歙石廣香〉云：「家無長物祗書卷，又無良田惟破硯，寥寥此道人共嗤，君獨相憐復相善，鄞侯架上三萬籤，半是平生未曾見，一凝容借印疑似，留客談玄坐忘倦。歸來喜歡舉廢典，春雨書樓閴深靜，手鈔羲經誤未刊，塵侵商鬲灰久寒，使燒團煤炙雲母，旋滴清泉凝露溥，點朱塗黃細商榷，時有烟絲裊風幕，心融終日游聖涯，怳若置身天祿閣。」又《江湖後集》卷三周端臣〈挽芸居二首〉云：「天地英靈在，江湖名姓香，良田書滿屋，樂事酒盈觴，字畫堪追晉，詩刊欲徧唐，音容今已矣，老我倍凄涼」。「詩思閒逾健，儀容老更清，遽聞身染患，不見子成名，易簀終婚娶，求棺達死生，典型無復覩，空有淚如傾。」

南宋臨安業書者，以陳氏爲最著。諸家藏書志、目、記、跋載臨安府睦親坊棚北大街陳道人或陳解元、或陳宅書籍鋪印刊行者，皆爲陳起父子所刊

〔註 9〕據《武林藏書錄》卷中。
〔註10〕以上所引各詩見陳起編《南宋群賢小集》。

也。稱「陳解元書籍鋪」、「經籍鋪」者，屬之起之子續芸，單稱「陳道人」、「陳宅書籍鋪」、「經籍鋪」者，屬之起。據周淙《乾道臨安志》，知南棚巷、中棚巷，均在睦親坊左近，故陳氏父子所刻之書，又稱「書棚本」。《瀛奎律髓》卷四十二載趙師秀〈贈賣書陳秀才〉詩，方回附注云：「陳起字宗之，睦親坊賣書開肆。予丁未至行在所，至辛亥年，凡五年，猶識其人，且識其子。今近四十年，肆燬人亡，不可見矣。」丁未爲宋理宗淳祐七年，後四十年，當元世祖至元二十四年，就方氏之語證之，知陳氏刻書，約始於宋寧宗時，或理宗初年，逮元初已肆燬人亡。陳氏書鋪之興衰，大致如是矣。陳氏刻書至夥，其藏書據諸家題贈，多達萬卷，而尤以唐宋人詩集爲多，惟其收藏情形，諸家言之者罕，不得知其詳耳。

《武林藏書錄》卷中、《藏書紀事詩》卷七、《中國藏書家考略》載有此人。

七、鄭　寅

鄭寅，字子敬，一作承敬，號肯亭，福建莆田人。博習典故，以父任補官。歷知吉州，召對言濟王冤狀，指斥權臣。端平初召爲左司郎中，兼權樞密院副都承旨，又請爲濟王立廟，且言三邊無備，宿患未除，宜正綱紀，抑僥倖，裁濫賞，汰冗兵，以張國勢，竟以執法守正，出知漳州，進直寶章閣，嘉熙元年卒。著有《包蒙》七卷、《中興綸言集》二十八卷。〔註11〕

《直齋書錄解題》卷八「鄭氏書目七卷」條下云：「莆田鄭寅子敬以所藏書爲七錄，曰經、曰史、曰子、曰藝、曰方技、曰文、曰類。寅，知樞密院僑之子，博聞彊記，多識典故。端平初，召爲都司，執法守正，出爲漳州以沒。」又卷五「中興綸言集二十八卷」條下云：「左司郎中莆田鄭寅子敬編。寅，知樞密院僑之子，靖重博洽，藏書數萬卷，於本朝典故尤熟。」

《澹生堂藏書約·購書訓》云：「邯鄲李獻臣所藏圖籍五十六類一千八百三十六部，二萬三千三百八十六卷，而藝術道書及書畫之目不存焉。〔註12〕莆田鄭子敬所藏書仍用七錄，而卷帙不減于李。」

〔註11〕據《莆陽文獻傳》第二十六。
〔註12〕按《郡齋讀書志》卷九「邯鄲圖書志」條及周密《齊東野語》均作五十七類，晁志并云二萬三千一百八十六卷，經、史、子、集外，又有藝術志、道書志、書志、畫志通爲八目，祁氏云五十六類二萬三千三百八十六卷，數字誤。又言藝術道書及書畫不存，「存」當爲「興」字之訛。

　　《莆陽文獻傳》第三十六云：「寅靜重博洽，藏書數萬卷，名賢眞德秀、李燔、陳宓皆與友，燔嘗薦海內名士十二人于朝，寅其一云。」

　　據此，知鄭寅藏書數萬卷，有《鄭氏書目》七卷，列所藏書爲七錄，曰經、曰史、曰子、曰藝、曰方技、曰文、曰類。唐以後不分四部而仍七錄之名者，惟鄭寅一家。蓋亦祖述鄭樵之例，而改集爲文，併禮、樂、小學入經錄，併天文、五行、醫方入方技錄，故合十二類爲七類也。此就分類學之觀點觀之，頗爲合理。蓋空談之諸子，萬不可與消遣之藝術、實用之方技合一部，類書包括一切，更不宜屈居子末。今鄭寅能拔藝、技、類三者，與四部並立爲七，眞可謂目光如炬者矣。惜其目不傳，不詳其類例。

　　《直齋書錄解題》卷十四音樂類云：「……而前志相承，乃取樂府教坊琵琶羯鼓之類，以充樂類，與聖經並列，不亦悖乎？晚得鄭子敬氏書目，獨不然，其爲說曰：『儀注、編年各自爲類，不得附於禮、春秋。則後之樂書，固不得列於六藝。』今從之。」

　　《鄭氏書目》，今已失傳，不得知其詳，今據陳氏所言，亦可略知鄭寅分類之梗概，鄭寅不將後之樂書列於六藝，乃中國圖書分類學上之一大貢獻也。

　　《藏書紀事詩》卷一、《中國藏書家考略》載有此人。

八、陳振孫

　　陳振孫，字伯玉，號直齋，浙江安吉人。嘉定四年，爲溧水教授，三載去官職，爲鄞縣學、紹興教官，宰南城。寶慶三年，通判興化軍，治楊氏訟婦獄，時皆服其得法之意。端平三年，以朝散大夫知台州，除浙東提舉。嘉熙元年，改知嘉興府，爲浙西提舉，邦人德之。制以振孫研精經術，有古典型，除國子司業。淳祐九年，以某部侍郎，除寶章閣待制致仕，贈光祿大夫。著有《直齋書錄解題》、《吳興人物志》、《氏族志》、《書解》、《易解》。〔註13〕

　　《直齋書錄解題》卷五「東漢詔令十一卷」條下云：「愚未冠時，無書可觀，雖二史亦從人借，嘗於班書志傳錄出諸詔與紀中相附，以便覽閱。既仕於越，乃得見林氏書，而樓氏書近出。」據此，知陳振孫少時並無藏書，而《齊東野語》卷十二云：「近年惟直齋陳氏書最多，蓋嘗仕於莆，傳錄夾漈鄭氏、方氏、林氏、吳氏書至五萬一千一百八十餘卷，且倣《讀書志》作解題，極其精詳，近亦散失。」陳氏藏書之富，抄錄之勤，可以想見矣。陳氏抄書

〔註13〕據清《吳興藏書錄》引鄭元《慶湖錄》、《宋史翼》卷二十九。

之事，散見於《解題》各卷，分述於后：

卷一「梁谿易傳九卷外篇十卷」條下云：「其書未行於世，館閣亦無之，莆田鄭寅子敬從忠定之曾孫得其家藏本，頃倅莆田日，借鄭本傳錄。」

卷五「長樂財賦志十六卷」條下云：「……及來莆田，爲鄭寅子敬道之，鄭曰家有何一之《長樂財賦志》，豈此耶？復借觀之，良是，其間亦微有增損。末又有《安撫司》一卷，併鈔錄附益爲全書。」

卷十八「周益公集二百卷年譜一卷附錄一卷」條下云：「鄭子敬守吉，募工人印得之，余在莆田借錄爲全書。」

卷五「後魏國典三十卷」條下云：「此本從莆田劉氏借錄，卷帙多寡不同，歲月首尾不具，殆類鈔節，似非全書。」

卷六「獨斷二卷」條下云：「舒台二郡皆有刻本，向在莆田嘗錄李氏本，大略與二本同，而上下卷前後錯互，因並存之。」

卷八「晉陽事跡雜記十卷」條下云：「蓋治平中太原府所刻本也，從莆田李氏借錄。」

卷五「番禺雜記一卷」條下云：「莆田借李氏本錄之，蓋承平時舊書，末有『河南少尹家藏』六字，不知何人也。」

卷十九「武元衡集一卷」條下云：「初用莆田李氏本傳錄，後以石林葉氏本校，益以六首及李吉甫唱酬六首。」

觀周密所論，則知陳氏解題，在宋末已爲世所重。其體例大抵規仿《晁氏讀書志》，惟不標經、史、子、集之名。將歷代典籍區分爲五十三類，各詳其卷帙之多寡，作者之名氏，而爲之品題其得失，故曰解題。雖不立四部之名，然就所分五十三類以觀之，則易類、書類、詩類、禮類、春秋類、孝經類、語孟類、經解類、讖緯類、小學類，十類者，經也。正史類、別史類、編年類、起居注類、詔令類、僞史類、雜史類、典故類、職官類、禮注類、時令類、傳記類、法令類、譜牒類、目錄類、地理類，十六類者，史也。儒家類、道家類、法家類、名家類、墨家類、縱橫家類、農家類、雜家類、小說家類、神仙家類、釋氏類、兵書類、歷象類、陰陽家類、卜筮類、形法類、醫書類、音樂類、雜藝類、類書類，二十類者，子也。楚辭類、總集類、別集類、詩集類、歌詞類、章奏類、文史類，七類者，集也。其先後次第，仍本四部。至書中品題得失，語多平允。《四庫提要》云：「古書之不傳於今者，得藉是以求其崖略；其傳於今者，得藉是以辨其眞僞，核其異同。誠考證家之所必資也。」

　　《直齋書錄解題》一書，《宋史‧藝文志》不載，馬氏《經籍考》雖摭採其說甚備，然未著於錄。明《文淵閣書目》〈類書類〉云：「《書錄解題》一部七冊，闕。」時已不全。《四庫全書總目》卷八十五〈提要〉云：「此書久佚，僅《永樂大典》尚載其完帙。惟當時編輯潦草，譌脫宏多，又卷帙割裂，全失其舊。謹詳加校訂爲二十二卷。」四庫輯本後刊入《武英殿聚珍本叢書》，故黃虞稷、倪燦《宋史藝文志補》云：「陳振孫《直齋書錄解題》五十六卷，今本二十二卷。」

　　《吳興藏書錄》、《藏書紀事詩》卷一、〈宋代私家藏書概略〉、《中國藏書家考略》載有此人。

九、許　棐

　　許棐，字忱夫，自號梅屋，浙江海塩人。嘉熙中隱居秦溪，于水南種梅數十樹，築小莊於溪北，儲書數千卷，丹黃不休，室中於三楹下分四隔，中垂一簾對懸白蘇二像事之，植梅於屋之四簷，淳祐九年（1149）卒。著有《梅屋稿》、《獻醜集》、《樵談》、《春融小綴》。〔註14〕

　　許棐藏書數千卷，有《梅屋書目》。

　　〈梅屋書目序〉云：「予貧喜書，舊積千餘卷，今倍之未足也。肆有新刊，知無不市，人有奇編，見無不錄，故環室皆書也。或曰：『嗜書好貨，鈞爲一貪，貪書而飢，不若貪貨而飽，貪書而勞，不若貪貨而逸，人生不百年，何自苦如此？』答曰：『今人予不知之，自古不義而富貴者，書中略可考也，竟何如哉？予少安於貧，壯樂於貧，老忘於貧，人不鄙夷予之貧，鬼不揶揄予之貧，書之賜也如彼，百年何樂之有哉。』」〔註15〕其目今已失傳。

　　《藏書紀事詩》卷一、〈宋代私家藏書概略〉、《中國藏書家考略》載有此人。

一〇、陳　思

　　陳思，宋理宗時，浙江臨安人。開肆鬻書爲業，或云陳起之後，起自稱陳道人，世稱思爲小陳道人。著有《寶刻叢編》、《海棠譜》、《書小史》、《書苑英華》、《小字錄》及《兩宋名賢小集》。〔註16〕

〔註14〕據《宋詩紀事》卷六十五、《宋史翼》卷三十六。
〔註15〕見《獻醜集》。
〔註16〕據《武林藏書錄》卷中。

《寶刻叢編》紹定二年〈鶴山翁序〉云：「余無他嗜，惟書癖殆不可醫，臨安人陳思多爲余收攬，叩其書顚末，輒對如響。一日以其所粹《寶刻叢編》見寄，且求一言，蓋屢卻而請不已，發而視之，地世年行，炯然在目。嗚呼！賈人闤書於肆，而善其事若此，可以爲士而不如乎？撫卷太息，書而歸之。」又〈直齋陳伯玉序〉云：「都人陳思，儥書於都市，士之好古博雅，蒐遺獵忘，以足其所藏，與夫故家之淪墜不振，出其所藏以求售者，往往交於其肆，且售且儥，久而所閱滋多，望之輒能別其眞贗，一旦盡取讀書所錄，輯爲一編，以今九域京府州縣爲本，而繫其名物於左，昔人辨證審定之語，具著之。」又咸淳丁卯天台謝愈修〈書小史序〉云：「書小史者，中都陳道人所編也。……道人趣尙之雅，編類之勤，可謂不苟於用心矣。予識之五十餘年，每一到都，必先來訪，證訂名帖，飽窺異書，愈久而愈不相忘，亦未易多得也。」由以上各序，知陳思藏書甚多，且刻書亦極精審。

《武林藏書錄》卷中、《藏書紀事詩》卷七、《中國藏書家考略》載有此人。

一一、趙與懃

趙與懃，號蘭坡，浙江青田人，徙居湖州。嘉熙元年進士。工書畫，臨橅古人筆法，幾莫能辨，尤善作墨竹。創別業於蘇灣，景物殊勝，後有石洞，名瑤阜，嘗萃其家法書，刻爲《瑤阜帖》。嘉熙間知臨安府，四年以右文殿修撰知婺州，與兄與懃以治辦並稱於時。〔註17〕

《吳興藏書錄》載有此人，知亦宋代藏書家，惟收藏情形未詳。

一二、陳宗禮

陳宗禮，字立之，號千峰，江西南豐人。少貧力學，淳祐四年，舉進士。調邵武軍判官，入爲國子正，遷太學博士、國子監丞，轉秘書省著作佐郎、兼考功郎官、國史實錄院校勘、景獻府教授，升著作郎，遷尙左郎官兼右司，拜太常少卿，以直寶謨閣、廣東提點刑獄進直煥章閣，遷秘書監。景定四年，拜侍御史、直龍圖閣、淮西轉運判官，遷刑部尙書。度宗即位，兼侍講，拜殿中侍御史，權禮部侍郎兼給事中。遷禮部侍郎，尋權禮部尙書，乞奉祠，以華文閣直學士知隆興府，再辭，依舊職與待次差遣。逾年，依舊廣東經略安撫使兼知廣東，加端明殿學士、簽書樞密院事，尋兼權參知政事，卒官。遺表上，贈

〔註17〕據《咸淳臨安志》卷四十九、《吳興藏書錄》。

開府儀同三司，旴江郡侯，諡文定。著有《寄懷斐稿》、《曲轅散木集》、《兩朝奏議》、《經筵講義》、《經史明辨》、《經史管見》、《人物論》。〔註18〕

陳宗禮寓居旴城，治一堂，置書數千卷，扁曰訓畬。劉壎《隱居通議》卷四云：「千峰先生陳文定公，寓居旴城，作一堂，名之曰訓畬。幼安為之賦，其序云：『提刑寶謨常卿千峰陳公，書詒予曰：「子昔為泉谷徐公賦味書閣，吾得其文讀之，喜其旨深而辭暢也。今吾治一堂，置書數千卷，扁曰訓畬，子為我暢厥旨，可乎？」詞曰：「相彼寓居，歸然樓宇，據高面勝，開牖洞戶，挹旴水於襟懷，納軍山於指顧，草木之華滋蔥蒨，曉夕之煙靄吞吐，乃建庭階，乃飾屏著，几席儼若，籤庋得所，熟潢緗素之前陳，綠幕黃簾之珍護，名以百計，卷以千數，上則庶幾平棘清豐之儲，下亦可與荊田亳祁而並騖。豈無金匱石室汗青信史，亦有炙轂雕龍百家諸子。」』」按：平棘清豐即宋綬宋敏求父子，荊田即荊州之田偉田鎬父子，亳祁即亳州祁氏，姓名不詳，皆北宋藏書家，則陳宗禮亦南宋有名之藏書家。

《藏書紀事詩》卷一、《中國藏書家考略》載有此人。

一三、王柏（1197～1274）

王柏，字會之，號長嘯，更號魯齋，浙江婺州金華人。端平二年冬，往盤溪從學於何基，質實堅苦，工詩善畫。端平三年至淳祐四年，八、九年間，與倪公度（孟容）、公武（孟德）、公晦（孟陽）兄弟等講學於罨畫山。淳祐十一年七月，應蔡守抗聘，為麗澤書院山長。景定三年，至台州臨海，任上蔡書院堂長。咸淳十年七月卒，年七十八，諡文憲。著有《讀易記》、《涵古易說》、《大象衍義》、《涵古圖書》、《讀書記》、《書疑》、《詩辨說》、《讀春秋記》、《論語衍義》、《太極衍義》、《伊洛精義》、《研幾圖》、《魯經章句》、《論語通旨》、《孟子通旨》、《書附傳》、《左氏正義》、《續國語》、《闡學之書》、《文章復古》、《文章續古》、《濂洛文統》、《擬道學志》、《朱子指要》、《詩可言》、《天文考》、《地理考》、《墨林考》、《大爾雅》、《六義字原》、《正始之音》、《帝王歷數》、《江左淵源》、《伊洛精義襟志》、《周子》、《發遣三昧》、《文章指南》、《朝華集》、《紫陽詩類》、《家乘》、《文集》。〔註19〕

〔註18〕據《宋史》卷四百二十一。
〔註19〕據《宋史》卷四百三十八、程元敏《王柏之生平與學術》。

王柏《魯齋清風錄》云：「今行年六十，始正嗣子之倫，疏其衣鉢之傳，有田二頃，足以供祭祀，足以養妻子，足以治賓客；有書萬卷、手帖石刻數百種，足以資探討，足以窮古今，足以涵泳義理……。暇日偶分部而錄故書之目爲十有五卷，以防散逸，而部各有序，……遂命此錄曰『魯齋清風』云。」〔註20〕

據此，知王柏藏書萬卷，且將其書分類編目，成《魯齋清風錄》十五卷，亦宋代藏書家，惟《藏書紀事詩》、《中國藏書家考略》諸書未載。

一四、賈似道（1213～1275）、廖瑩中

賈似道，字師憲，浙江台州人。少落魄爲游博，不事操行。以父蔭補嘉興司倉。理宗時以其姊爲貴妃，累拜右丞相，軍漢陽。元兵攻鄂州，似道割地納弊請和，詭以鄂州圍解表聞。度宗立，除太師，平章軍國重事，賜第葛嶺，使迎養其中，吏抱文書就第署，大小朝政，一切決於館客廖瑩中。元兵迫建康，宋軍屢敗，似道單舸奔揚州。德祐元年，陳宜中請誅似道，謫高州團練使、循州安置，爲鄭虎臣所拉殺，年六十三。〔註21〕

廖瑩中，字群玉，號藥洲。福建邵武人。少有雋才，文章古雅。登進士，爲賈似道門客。似道賜第葛嶺，吏抱文書就第署，大小朝政一切決於瑩中。似道自江上歸，匿議和納弊之事，詭報諸路大捷，鄂圍始解，瑩中撰〈福華編〉頌救鄂功，似道大悅，奏瑩中籌幄之勞，比他人爲最，轉官外賜黃金百兩。嘗於西湖濱建世綵堂、在勤堂。似道還越待罪，瑩中相從不捨，一夕與似道相對痛飲，悲歌雨泣，歸舍不復寢，命愛妾煎茶以進，自於笈中取冰腦服之而斃。〔註22〕

賈似道有「悅生」、「賢者而後樂此」、「封」諸藏書印。〔註23〕

《癸辛雜識・後集》云：「賈師憲自選《十三朝國史會要》、諸雜說之會者，如曾慥《類說》例爲百卷，名《悅生堂隨鈔》。板成未及印，其書遂不傳，其所援引多奇書。廖群玉諸書，則始景開〈福華編〉，備載江上之功，事雖誇而文可采，江子遠、李祥父諸公皆有跋。九經本最佳，凡以數十種比校，百餘人校正而後成，以撫州萆鈔紙油煙墨印造，其裝池至以泥金爲籤，然或者

〔註20〕見《魯齋王文憲公文集》卷九。
〔註21〕據《宋史》卷四百七十四。
〔註22〕據《宋史翼》卷四十。
〔註23〕見〈浙江藏書家印章考〉。

惜其刪落諸經注爲可惜耳，反不若韓柳文爲精妙。又有《三禮節》、《左傳節》、《諸史要略》，及建寧所開《文選》諸書，其後又欲開《手節十三經注疏》、《姚氏注戰國策》、《注坡詩》，皆未及入梓，而國事異矣」。

　　廖瑩中世綵堂所刻九經及韓柳文，仍可見於後世之公私家藏書志。《天祿琳琅書目》卷一「春秋經傳集解」條云：「此書每卷末有木記曰『世綵廖氏刻梓家塾』，爲長方橢圓亞字諸式，具篆文八分。」《續編》卷八「論語」條云：「每卷末有盰郡重刊廖氏善本方印，或亞字形，廖氏即廖瑩中，世所傳世綵堂最爲佳刻也。」「孟子」條云：「每卷末亦有『盰郡重刊廖氏善本』各種印。」《持靜齋書目》卷四「韓昌黎集四十卷外集十卷」條云：「宋廖瑩中世綵堂精刊本，相傳刊書時用墨皆雜泥金香麝爲之，此本爲當初印，紙寶墨光，醉心悅目。」《宋元舊本書經眼錄》卷一「宋世綵堂本韓昌黎集五十一卷」條云：「相傳明東雅堂徐氏翻刻廖世綵堂韓文，一仍舊式，而不著其所從來。今觀此本，信然，每葉中縫下截，悉有世綵堂字，徐氏悉以東雅堂易之，傳目後有『世綵堂廖氏刻梓家塾』篆字木印，徐氏各卷尾亦仿之。此初印本，紙墨精好，字體在歐褚間，徐氏猶未能畢肖也。」民國十二年上海蟬隱廬曾據世綵堂本韓柳二集影印流傳。

　　《藏書紀事詩》卷一、《中國藏書家考略》載此二人，知亦宋代藏書家，二人以刻書聞名，而收藏情形不可考。

一五、俞　琰

　　俞琰，字玉吾，其先汴人，建炎間始來吳，遂著籍爲吳縣人。寶祐間以詞賦稱，宋亡，隱居著書，自號林屋山人，居傍石澗，學者稱爲石澗先生，卒於元貞間，年七十。精於《易》，著有《周易集說》、《讀易舉要》、《易外別傳》、《易圖纂要》、《陰符經注》、《書齋夜話》、《席上腐談》、《林屋山人集》等。〔註24〕

　　楊炳〈石澗先生小傳〉云：「先生雄邁博聞，經史過目成誦。宋社既屋，掃滌舊業，馳騁諸家傳語，天文地志仙書怪牒，江洋奇詭，恍惚神會，玄解不習而挈其要領……晨興焚香，誦《易》一過，暑寒弗廢四十年，手鈔諸家《易》說百餘卷，名曰《會要》。」〔註25〕據此，知俞琰勤於鈔書也。

〔註24〕據《吳中人物志》卷六、《宋史翼》卷三十五、清光緒九年刊本清馮桂芬纂修《蘇州府志》卷七十八。
〔註25〕見明錢穀《吳都文粹續集》卷四十五。

俞琰所鈔書亦有流傳於後世者。如《四庫全書總目》卷三《丙子學易編》一卷〈提要〉云：「宋李心傳撰。此本爲元初俞琰所鈔，後有琰跋曰：『此書係借聞德坊周家書肆所鬻者，天寒日短，老眼昏花，併日而鈔其可取者』云云，蓋所存不及十之一矣。」則四庫館所藏《丙子學易編》乃俞氏所鈔也。又《楹書隅錄》卷一「宋本誠齋易傳」條引〈朱叔英跋〉云：「此本紙札精好，眞三百年物也。予得之祝希哲，希哲得之朱性甫，性甫得之南園俞氏，知其爲俞石澗先生家藏。」又云：「出俞石澗家，石澗生平邃於《易》學，所著《周易集說》諸書，皆覃精研思，積數十年而始成，此本或即手迹耶？俞名琰，字玉吾，吳縣林屋山人，生宋寶祐年，入元，徵授溫州學錄，不赴，隱居吳之南園，老屋數椽，古書金石充牣其中，傳世皆讀書修行，號南園俞氏云。」則南園俞氏乃宋元間著名之藏書家也。

《天祿琳琅續編》卷二《童溪王先生易傳》有「石澗書隱」、「俞貞木」、「立庵圖書」三印。按：俞貞木，號立庵，俞琰之孫，知此書爲俞琰藏書，後傳其孫俞貞木。

傅增湘《藏園群書題記續集》卷一有南宋監本《周易正義》，跋云：「至於流傳之緒可考見者，宋代藏俞玉吾家，有『林屋山人』、『石澗讀易樓』諸印。」知爲俞琰藏書。

《藏書紀事詩》卷一、《中國藏書家考略》載有此人。

一六、周密（1232～1298）

周密，字公謹，自號草窗，或號弁陽嘯翁、蕭齋、泗水潛夫、華不注山人等，晚更號弁陽老人。原籍濟南，其曾祖隨高宗南渡，因家吳興之弁山。工詩詞，寶祐間爲義烏令，景定二年爲臨安府幕屬、監和劑藥局充奉禮郎兼太祝。咸淳十年爲豐儲倉所檢察，宋亡，入元不仕。晚年寓居錢塘癸辛街。元大德二年卒，年六十七。著有《蠟屐集》、《弁陽詩集》、《蘋州漁笛譜》、《齊東野語》、《癸辛雜識》、《志雅堂雜鈔》、《浩然齋視聽鈔》、《澄懷錄》、《乾淳起居注》、《乾淳歲時注》、《武林舊事》、《武林市肆記》、《湖山勝概》、《弁陽客談》、《雲煙過眼錄》、《絕妙好詞》。〔註26〕

周密藏書四萬二千餘卷，庋置書種、志雅二堂。《齊東野語》卷十二云：「吾家三世積累，先君子尤酷嗜，至鬻負郭之田以供筆札之用，冥搜極討，

〔註26〕據《宋史翼》卷三十四、《吳興藏書錄》引〈湖錄〉文。

不憚勞費，凡有書四萬二千餘卷，及三代以來，金石之刻一千五百餘種，庋置書種、志雅二堂，日事校讐，居然篡金之富，余小子遭時多故，不善保藏，善和之書，一旦掃地，因考今昔，有感斯文，爲之流涕。因書以識吾過，以示子孫云。」

　　周密有《書種堂書目》、《志雅堂書目》，〔註27〕當爲其家藏書及金石目錄。
　　《吳興藏書錄》、《藏書紀事詩》卷一、《中國藏書家考略》載有此人。

〔註27〕據《吳興藏書錄》。

引用參考書目

一、專　書

（一）史　部

唐・房喬等撰，《晉書》一百三十卷，民國23年上海涵芬樓影印宋本（百衲本二十四史）。

唐・姚思廉撰，《梁書》五十六卷，民國23年上海涵芬樓影印宋本（百衲本二十四史）。

後晉・劉昫等撰，《舊唐書》二百卷，民國25年上海涵芬樓影印宋紹興本（百衲本二十四史）。

宋・歐陽修、宋祁撰，《新唐書》二百二十五卷，民國25年上海涵芬樓影印宋嘉祐本（百衲本二十四史）。

元・脫脫等撰，《宋史》四百九十六卷，民國26年上海涵芬樓影印元至正刊本（百衲本二十四史）。

明・柯維騏撰，《宋史新編》二百卷，民國63年新文豐出版社影印本。

明・王洙撰，《宋史質》一百卷，民國66年大化書局影印本。

清・陸心源輯，《宋史翼》四十卷，民國56年文海出版社影印本。

宋・李心傳撰，《建炎以來繫年要錄》二百卷，《四庫全書珍本》別輯。

宋・徐夢莘撰，《三朝北盟會編》二百五十卷，《四庫全書珍本》六集。

宋・曾鞏撰，《隆平集》二十卷，民國56年文海出版社影印本。

宋・鄭樵撰，《通志》二百卷，中華書局聚珍倣宋排印本。

宋・王稱撰，《東都事略》一百三十卷，文海出版社影印本。

明・張昶撰，《吳中人物志》十三卷，民國58年學生書局影印明隆慶間長洲張鳳翼等校刊本。

明・凌迪知輯，《萬姓統譜》一百四十卷，新興書局影印明萬曆七年刻本。

明・鄭岳撰，《莆陽文獻》十三卷《列傳》七十五卷，明萬曆四十四年黃起龍重刊本，中圖藏。

明・黃宗義撰，清・全祖望補，《宋元學案》一百卷，民國 60 年廣文書局影印本。

清・王梓材、馮雲濠撰，《宋元學案補遺》一百卷《別附》三卷，世界書局影印《四明叢書》本。

清・李清馥撰，《閩中理學淵源考》九十二卷，《四庫全書珍本》二集。

清・錢大昕撰，《陸放翁年譜》一卷，清光緒十年長沙龍氏家塾重刊本（《潛研堂全書》）。

鄭騫撰，《宋人生卒考示例》，民國 66 年華世出版社排印本。

程元敏撰，《王柏之生平與學術》，民國 64 年排印本。

清・吳任臣撰，《十國春秋》一百十四卷，《四庫全書珍本》三集。

宋・祝穆撰，《方輿勝覽》七十卷，清文淵閣《四庫全書》本。

宋・王象之撰，《輿地紀勝》二百卷，鈔本，中圖藏。

宋・范成大撰，《吳郡志》五十卷，清文淵閣《四庫全書》本。

宋・盧憲撰，《嘉定鎮江志》二十二卷，清朱絲欄鈔本，故宮藏。

元・俞希魯撰，《至順鎮江志》二十一卷，校錄舊鈔本，故宮藏。

明・盧熊輯，《蘇州府志》五十卷，明洪武刻本，中圖藏。

清・馮桂芬纂修，《蘇州府志》一百五十卷首三卷，清光緒 9 年刊本。

清・王峻、石杰纂修，《徐州府志》存二十七卷，清乾隆 7 年刊本。

清・吳世熊修、劉庠纂修，《徐州府志》二十四卷，清同治 13 年刊本。

宋・周淙撰，《乾道臨安志》三卷，清光緒中錢塘丁氏嘉惠堂刊《武林掌故叢編》本。

宋・施宿撰，張淏續撰，《嘉泰會稽志》二十卷附《會稽續志》八卷，《四庫全書珍本》七集。

宋・鄭瑤、方仁榮同撰，《景定嚴州續志》十卷，《四庫全書珍本》八集。

元・潛說友撰，《咸淳臨安志》一百卷，清文淵閣《四庫全書》本。

元・陸友仁撰，《吳中舊事》一卷，《四庫全書珍本》別輯。

明・徐獻忠撰，《吳興掌故集》十七卷，明嘉靖 39 年湖州原刊本，中圖藏。

清・姚時亮纂修，《歸安縣志》十卷，清康熙 12 年刊本。

清・梁棟修，張大千纂，《含山縣志》十六卷，清乾隆 13 年刊本。

清・葉仰高修、施廷樞纂，《荊州府志》五十卷卷首一卷，清乾隆 22 年刊本。

清・姚令儀撰，《仁壽縣志》六卷《卷末》一卷，學生書局影印清光緒刊本。

宋‧陳騤撰，《南宋館閣錄》十卷《續錄》十卷，《四庫全書珍本》別輯。

宋‧李心傳撰，《建炎以來朝野雜記》《甲集》二十卷《乙集》二十卷，商務印書館據聚珍版排印本。

唐‧長孫無忌等撰，《隋書‧經籍志》四卷，民國 62 年世界書局排印本。

宋‧歐陽修等撰，清‧錢東垣等輯釋，《崇文總目輯釋》五卷，廣文書局影印《粵雅堂叢書》本。

宋‧晁公武撰，宋‧姚應績編，《郡齋讀書志》二十卷（衢本），清嘉慶 24 年吳門汪士鐘藝芸精舍刊本，清光緒會稽章氏式訓堂刊本，清‧王先謙校刊本。

宋‧晁公武撰，宋‧趙希弁編，《郡齋讀書志》四卷《附志》一卷《後志》二卷（袁本），宋淳祐九年十年間黎安朝刊本，故宮藏，民國 24 年上海涵芬樓影印黎安朝刊本（《四部叢刊》三編）。

宋‧尤袤撰，《遂初堂書目》一卷，民國 16 年上海涵芬樓排印《說郭》本，清道光咸豐間番禺潘氏《海山仙館叢書》本，清光緒二十五年武進盛氏刊《常州先哲遺書》本，《叢書集成》重排海山仙館本。

宋‧陳騤撰，《中興館閣書目》一卷，民國 46 年排印本。

宋‧高似孫撰，《史略》六卷，廣文書局影印《古逸叢書》本。

宋‧陳振孫撰，《直齋書錄解題》二十卷，廣文書局影印清武英殿輯《永樂大典》本。

題宋‧岳珂撰，《刊正九經三傳沿革例》一卷，廣文書局影印知不足齋本。

元‧馬端臨撰，《文獻通考經籍考》七十六卷，新興書局影印本。

明‧楊士奇編，《文淵閣書目》二十卷，清嘉慶 4 年桐川顧氏刊《讀書齋叢書》本。

明‧葉盛撰，《菉竹堂書目》六卷，清咸豐 4 年南海伍氏刊《粵雅堂叢書》本。

明‧焦竑撰，《國史經籍志》五卷《附錄》一卷，清咸豐元年南海伍氏刊《粵雅堂叢書》本。

清‧錢謙益撰，《絳雲樓書目》四卷，清道光 30 年南海伍氏刊《粵雅堂叢書》本。

清‧黃虞稷、倪燦撰，《宋史藝文志補》一卷，上海商務印書館排印本（《叢書集成初編》）。

清‧于敏中、彭元瑞等編，《天祿琳琅書目》十卷《後編》二十卷，廣文書局影印清光緒長沙王氏校刊本。

清‧紀昀等撰，《四庫全書總目》二百卷，藝文印書館影印本。

余嘉錫撰，《四庫提要辨證》二十四卷，藝文印書館影印本。

清・紀昀編,《四庫全書簡明目錄》二十卷,世界書局排印本。

清・金檀撰,《文瑞樓藏書目錄》十二卷,清嘉慶 16 年刊《讀畫齋叢書》本。

清・黃丕烈撰,清・潘祖蔭輯,《士禮居藏書題跋記》六卷,清光緒 10 年吳縣潘氏滂喜齋刊本。

清・孫星衍撰,《孫氏祠堂書目》《內編》四卷《外編》三卷,清光緒 9 至 12 年德化李氏刊《木犀軒叢書》本。

清・張金吾撰,《愛日精廬藏書志》三十六卷《續志》四卷,清光緒 13 年吳縣徐氏靈芬閣木活字本。

清・丁日昌撰,《持靜齋書目》四卷續增一卷,清同治間豐順丁氏刊本。

清・莫友芝撰,《宋元舊本書經眼錄》三卷《附錄》三卷,清同治 12 年獨山莫氏刊本。

清・莫友芝撰,《邵亭知見傳本書目》十六卷,清宣統元年日本田中氏北京鉛印本。

清・楊紹和撰,《楹書隅錄》五卷《續編》四卷,清光緒 20 年聊城楊氏海源閣刊本。

傅增湘撰,《藏園群書題記》《初集》八卷《續集》六卷,民國間排印本。

清・鄭元慶錄,范鍇輯,《吳興藏書錄》一卷,世界書局排印本。

清・丁申撰,《武林藏書錄》三卷附卷首卷末,世界書局排印本。

清・葉昌熾撰,《藏書紀事詩》七卷,世界書局排印本。

楊立誠、金步瀛編,《中國藏書家考略》,民國 63 年文海出版社排印本。

明・祁承㸁撰,《澹生堂藏書約》一卷,廣文書局影印知不足齋本。

清・章學誠撰,《校讎通義》三卷,清咸豐元年南海伍氏刊《粵雅堂叢書》本。

葉德輝撰,《書林清話》十卷,文史哲出版社影印觀古堂葉氏刊本。

汪辟疆撰,《目錄學研究》,文史哲出版社影印排印本。

傅璇琮、謝灼華編,《中國藏書通史》,2001 年,浙江寧波出版社。

葉瑞寶,《蘇州藏書史》,2001 年,江蘇古籍出版社。

顧志興,《浙江藏書史》,2006 年,浙江杭州出版社。

王長英、黃兆鄆,《福建藏書家傳略》,2007 年,福建教育出版社。宋・趙明誠撰,《金石錄》三十卷,清道光間刊本。

宋・陳思撰,《寶刻叢編》二十卷,清光緒十四年歸安陸氏刊《十萬卷樓叢書》本。

(二) 子 部

漢・徐幹撰,《中論》二卷,明弘治 15 年黃紋刊本,史語所藏,明嘉靖 44

年杜思刊本，故宮藏。

宋·李廌撰，《德隅齋畫品》一卷，明萬曆中繡水沈氏刊《寶顏堂秘笈》本。

宋·不著撰人，《宣和書譜》二十卷，清嘉慶 11 年虞山張氏曠照閣刊《學津討原》本。

宋·陳思撰，《書小史》十卷，清光緒中錢塘丁氏嘉惠堂刊武林往哲遺著本。

南朝宋·劉義慶撰，梁·劉孝標注，《世說新語》三卷，上海商務印書館影印明嘉趣堂本（《四部叢刊》初編）。

宋·黃休復撰，《茅亭客話》十卷，民國 12 年沔陽盧氏慎始基齋影印本。

宋·司馬光撰，《涑水紀聞》十六卷，清道光 11 年六安晁氏木活字排印《學海類編》本。

宋·龐元英撰，《文昌雜錄》六卷《補遺》一卷，清嘉慶 10 年虞山張氏曠照閣刊《學津討原》本。

宋·王闢之撰，《澠水燕談錄》十卷，清乾隆道光間長塘鮑氏刊《知不足齋叢書》本。

宋·釋文瑩撰，《湘山野錄》三卷《續錄》一卷，藝文印書館印《學津討原》本。

宋·釋文瑩撰，《玉壺清話》十卷，清乾隆道光間長塘鮑氏刊《知不足齋叢書》本。

宋·孫升述，宋·劉延世錄，《孫公談圃》三卷，清嘉慶 10 年虞山張氏曠照閣刊《學津討原》本。

宋·陳師道撰，《後山談叢》四卷，明萬曆中繡水沈氏刊《寶顏堂秘笈》本。

宋·蘇象先撰，《丞相魏公譚訓》十卷，上海商務印書館印舊鈔本（《四部叢刊》三編）

宋·沈括撰，《夢溪筆談》二十六卷《補筆談》二卷，藝文印書館印《學津討原》本。

宋·朱弁撰，《曲洧舊聞》四卷，明萬曆中繡水沈氏刊《寶顏堂秘笈》本。

宋·葉夢得撰，《石林燕語》十卷，藝文印書館影印《稗海》本。

宋·葉夢得撰，《避暑錄話》二卷，藝文印書館影印《學津討原》本。

宋·葉夢得撰，《蒙齋筆談》二卷，藝文印書館影印《稗海》本。

宋·黃伯思撰，《東觀餘論》二卷《附錄》一卷，清嘉慶 10 年虞山張氏曠照閣刊《學津討原》本。

宋·徐度撰，《卻掃編》三卷，藝文印書館影印《學津討原》本。

宋·吳炯撰，《五總志》一卷，清文淵閣《四庫全書》本。

宋·張邦基撰，《墨莊漫錄》十卷，上海涵芬樓影印明鈔本（《四部叢刊》三編）。

宋・邵博撰，《河南邵氏聞見後錄》三十卷，清嘉慶 10 年虞山張氏曠照閣刊《學津討原》本。

宋・費袞撰，《梁谿漫志》十卷，清乾隆道光間長塘鮑氏刊《知不足齋叢書》本。

宋・洪邁撰，《容齋五筆》七十四卷，上海涵芬樓影印宋刊本（《四部叢刊》續編）。

宋・陸游撰，《老學庵筆記》十卷，藝文印書館影印《學津討原》本。

宋・王楙撰，《野客叢書》十二卷，明萬曆中繡水沈氏刊《寶顏堂秘笈》本。

宋・周煇撰，《清波雜志》十二卷，上海商務印書館影宋本（《四部叢刊》續編）。

宋・王明清撰，《揮麈前錄》四卷《後錄》十一卷《三錄》三卷《餘話》二卷，上海涵芬樓影印汲古閣影宋鈔本（《四部叢刊》續編）

宋・王明清撰，《玉照新志》五卷，藝文印書館影印《學津討原》本。

宋・周密撰，《齊東野語》二十卷，明正德十年刊本。

宋・周密撰，《癸辛雜識》《前集》一卷《後集》一卷《續集》二卷《別集》二卷，藝文印書館影印《學津討原》本。

元・劉壎撰，《隱居通議》三十一卷，清嘉慶間桐川顧氏刊《讀畫齋叢書》本。

元・陸友撰，《研北雜志》二卷，明萬曆中繡水沈氏刊《寶顏堂秘笈》本。

元・孔齊撰，《至正直記》四卷，清同治元年刊《粵雅堂叢書》本。

明・陳繼儒撰，《太平清話》四卷，明萬曆中繡沈氏刊《寶顏堂秘笈》本。

明・胡應麟撰，《少室山房筆叢・正集》三十二卷，清光緒 22 年廣雅書局校刊本。

清・王士禎撰，《香祖筆記》十二卷，民國 62 年新興書局影印《筆記小說大觀・正編》本。

清・錢大昕撰，《十駕齋養新錄》十二卷，清光緒十年長沙龍氏家塾重刊本（《潛研堂全書》）。

宋・王應麟撰，《玉海》二百卷，民國 53 年華聯出版社影印元刊本。

晉・葛洪撰，《抱朴子》內篇二十卷《外篇》五十卷，清嘉慶 18 年刊《平津館叢書》本。

（三）集　部

宋・徐鉉撰，《徐公文集》三十卷《附錄》一卷，上海商務印書館影印校鈔本（《四部叢刊》初編）。

宋・柳開撰，《河東集》十六卷，上海涵芬樓影印舊鈔本（《四部叢刊》初編）。

宋・宋祁撰，《宋景文集》六十二卷，《四庫全書珍本》別輯。

宋・蘇頌撰，《蘇魏公文集》七十二卷，《四庫全書珍本》四集。

宋・司馬光撰，《溫國文正司馬公集》八十卷，上海商務印書館影印宋紹興三年刊本（《四部叢刊》初編）。

宋・鄭獬撰，《郧溪集》二十八卷，《四庫全書珍本》三集。

宋・曾鞏撰，《元豐類藁》五十卷《附錄》一卷，上海商務印書館影印元刊本（《四部叢刊》初編）。

宋・歐陽修撰，《歐陽文忠公文集》《居士集》五十卷《居士外集》二十五卷，上海商務印書館影印元刊本（《四部叢刊》初編）。

宋・蘇軾撰，《東坡七集》《前集》四十卷《後集》二十卷《奏議》十五卷《外制》三卷《內制集》十卷《應詔集》十卷《續集》十二卷，中華書局聚珍倣宋版排印本（《四部備要》）。

宋・黃庭堅撰，《豫章先生文集》三十卷，上海商務印書館影印宋刊本（《四部叢刊》初編）。

宋・陳師道撰，《後山先生集》二十四卷，中華書局聚珍倣宋版排印本（《四部備要》）。

宋・蘇過撰，《斜川集》六卷《附錄》二卷，清乾隆道光間長塘鮑氏刊《知不足齋叢書》本。

宋・李廌撰，《濟南集》八卷，《四庫全書珍本》別輯。

宋・晁說之撰，《嵩山景迂生集》二十卷，民國 64 年學生書局影印清乾隆間南昌彭氏知聖道齋鈔本。

宋・汪藻撰，《浮溪集》三十二卷，《四庫全書珍本》別輯。

宋・葉夢得撰，《石林居士建康集》八卷，清文淵閣《四庫全書》。

宋・周紫芝撰，《太倉稊米集》七十卷，《四庫全書珍本》二集。

宋・朱熹撰，《朱文公文集》一百卷《續集》十卷《別集》十卷，上海商務印書館影印明刊本（《四部叢刊》初編）。

宋・周必大撰，《文忠集》二百卷《卷首》一卷《附錄》五卷，《四庫全書珍本》二集。

宋・呂祖謙撰，《東萊呂太史文集》四十卷，民國 13 年永康胡氏夢選屢刊《續金華叢書》本。

宋・樓鑰撰，《攻媿集》一百十二卷，上海商務印書館影印武英殿聚珍版本（《四部叢刊》初編）。

宋・袁燮撰，《絜齋集》二十四卷，《四庫全書珍本》別輯。

宋・洪适撰，《盤洲文集》八十卷《附錄》一卷《拾遺》一卷，上海商務印書館影印宋刊本（《四部叢刊》初編）。

宋・楊萬里撰，《誠齋集》一百三十三卷，上海商務印書館影印日本鈔宋本
（《四部叢刊》初編）。

宋・陸游撰，《劍南詩稿》八十五卷，中華書局聚珍倣宋版排印本（《陸放翁
全集》、《四部備要》）。

宋・陸游撰，《渭南文集》五十卷，上海商務印書館影印明華氏活字印本（《四
部叢刊》初編）。

宋・葉適撰，《水心先生文集》二十九卷，上海商務印書館影印明正統 13 年
刊本（《四部叢刊》初編）。

宋・韓元吉撰，《南澗甲乙稿》二十二卷，《四庫全書珍本》別輯。

宋・魏了翁撰，《鶴山先生大全文集》一百零九卷，上海商務印書館影印宋
刊本（《四部叢刊》初編）。

宋・徐元杰撰，《楳埜集》十二卷，《四庫全書珍本》別輯。

宋・許棐撰，《獻醜集》一卷，藝文印書館影印《百川學海》本。

宋・王柏撰，《魯齋王文憲公文集》二十卷，學生書局影印《續金華叢書》
本。

元・方回撰，《桐江續集》三十六卷，《四庫全書珍本》初集。

元・戴表元撰，《剡源戴先生文集》三十卷，上海涵芬樓影印明萬曆刊本
（《四部叢刊》初編）。

明・文徵明撰，《甫田集》三十五卷《附錄》一卷，國立中央圖書館影印明
嘉靖間刊本。

清・全祖望撰，《鮚埼亭集》三十八卷，上海商務印書館影印原刊本（《四部
叢刊》初編）。

清・梁玉繩撰，《清白士集》二十八卷，清嘉慶五年刊本。

清・錢大昕撰，《潛研堂文集》五十卷，上海商務印書館影印清嘉慶 11 年刊
本（《四部叢刊》初編）。

清・阮元撰，《揅經室集》《一集》十四卷《二集》八卷《三集》五卷《四集》
二卷《詩》十一卷《續集》九卷《外集》五卷，上海商務印書館影印清
道光阮氏刊本（《四部叢刊》初編）。

宋・陳起撰，《南宋群賢小集》九十五卷，民國 61 年藝文印書館影印宋嘉定
至景定間臨安府陳解元宅書籍鋪刊本。

宋・陳起編，《江湖後集》二十四卷，清文淵閣《四庫全書》本。

元・方回編，《瀛奎律髓》四十九卷，《四庫全書珍本》八集。

明・錢穀編，《吳都文粹續集》五十六卷《補遺》一卷，《四庫全書珍本》初
集。

清・厲鶚輯，《宋詩紀事》一百卷，民國 60 年鼎文書局影印本。

宋‧李清照撰，《漱玉集》五卷，李文裿輯，民國 22 年北平冷雪盦排印本。

唐圭章編，《全宋詞》不分卷，民國 59 年明倫出版社排印本。

二、期刊論文

袁同禮撰，〈宋代私家藏書概略〉，《圖書館學季刊》第二卷第二期，民國 17 年出版。

吳春晗撰，〈江蘇藏書家小史〉，《圖書館學季刊》，第八卷第一、二期，民國 23 年出版。

項士元撰，〈浙江歷代藏書家考略〉，《文瀾學報》第三卷第一期，民國 26 年出版。

蔣復璁撰，〈兩浙藏書家印章考〉，《文瀾學報》第三卷第一期，民國 26 年出版。

翁同文撰，〈九經三傳刻梓人為岳浚考〉，《大陸雜誌》第三十二卷第七期，民國 55 年出版。

附錄：南宋重刊九行本七史考[*]

一、前　言

　　中國書籍之有刻板始於唐代，而國子監刻書則始於五代，兩宋刻書更極一時之盛。北宋國子監刻書，始於太宗端拱元年，而南北朝七史始校於仁宗嘉祐六年。《玉海》（藝文部）卷四十三云：

　　　　嘉祐六年八月庚申，詔三館秘閣校理宋、齊、梁、陳、後魏、周、
　　　　北齊七史書，有不全者訪求之。

又云：

　　　　嘉祐七年十二月，詔以七史校本四百六十四卷，送國子監鏤板頒
　　　　行。

按七史，《宋書》一百卷，梁沈約撰；《南齊書》五十九卷，梁蕭子顯撰；《梁書》五十六卷，唐姚思廉撰；《陳書》三十六卷，唐姚思廉撰；《魏書》一百十四卷，北齊魏收撰；《北齊書》五十卷，唐李百藥撰；《後周書》五十卷，唐令狐德棻等撰，凡四百六十五卷（《玉海》云四百六十四卷，蓋計數偶誤）。此七史至英宗治平間始付梓，徽宗政和時始畢工也。宋晁公武《郡齋讀書志》卷五云：

　　　　嘉祐中，以宋、齊、梁、陳、魏、北齊、周書，舛謬亡闕，始命館
　　　　閣職讎校。曾鞏等以秘閣所藏本多誤，不足憑以是正，請詔天下藏

* 案：本篇原載《圖書季刊》第四卷第一期（民國 62 年 6 月），乃作者早期之作品，
　　文中糾正清代以來藏書家以爲傳世宋刻南北朝七史刊刻於眉山之誤，在中國版刻史
　　上，頗具學術價值。且文中所論又與本書收錄之藏書家井度與晁公武二人相關，故
　　附於書末，以供參考。

書之家，悉上異本，久之始集。治平中，鞏校定《南齊》、《梁》、《陳》三書，上之。劉恕等上《後魏書》，王安國上《周書》。政和中始皆畢，頒之學官。民間傳者尚少。

又宋本《南齊書》有治平二年六月牒文云：

> 崇文院，嘉祐六年八月十一日，勅節文：《宋書》、《齊書》、《梁書》、《陳書》、《後魏書》、《北齊書》、《後周書》，見今國子監並未有印本，宜令三館秘閣見編校書籍官員，精加校勘，同與管句使臣撰擇楷書如法，書寫板樣如《唐書》例，逐旋封送杭州開板。

據此牒文知七史刻於杭州。時杭州經濟繁榮，生產發達，為刻書業之中心，故北宋監本多奉詔鏤板於杭州。除七史外，尚有咸平四年刻《周禮疏》五十卷、《儀禮疏》五十卷、《春秋公羊傳疏》三十卷、《春秋穀梁傳疏》十二卷、《孝經正義》三卷、《論語正義》十卷、《爾雅疏》十卷，見《玉海》卷四十一。熙寧八年刻《書義》十三卷、《新經詩義》三十卷、《周禮新義》二十三卷，見《咸淳臨安志》及王國維〈兩浙古刊本考〉。太宗淳化五年刻《史記》一百三十卷、《漢書》一百二十卷、《後漢書》九十卷，見《麟臺故事》。嘉祐五年刻《唐書》二百二十五卷，見《天祿琳琅書目》所著錄宋板《唐書》中之題識。元祐元年刻《資治通鑑》二百九十四卷《目錄》三十卷《考異》三十卷、熙寧二年刻《外臺秘要方》四十卷，見《兩浙古刊本考》。然此刻於杭州之書板實存汴京國學，靖康金虜之禍，遂不可問。

宋徐夢莘《三朝北盟會編》卷九十八引趙鴻臚子砥《燕雲錄》云：

> 靖康（元年）丙午冬，金人既破京城，當時下鴻臚寺取經板一千七百片，是時子砥實為寺丞，兼是宗室，使之管押隨從北行。丁未（二年）五月，至燕山府。

又《靖康要錄》卷十五云：

> 靖康二年二月二日，壞司天臺渾儀，輸軍前。虜圖明堂九鼎，觀之，不取。止索三館文籍圖書、國子書版。

宋李心傳《建炎以來繫年要錄》亦云：

> 又遣鴻臚卿康執權、秘書省校書郎劉才邵、國子博士熊彥詩等押監書及道澤經板、館閣圖籍，納敵營。

據此，知汴京陷後，北宋國子監書板，悉為金人輦載而去。故高宗南渡，遂謀重雕。《玉海》卷四十三云：

紹興九年九月七日，詔下州郡，索國子監元頒善本，校對鏤板。十五年閏十一月，博士王之望請群經義疏未有板者，令臨安府雕造。二十一年五月，詔令國子監訪尋五經三館舊監本刻板。上曰：「其他闕書，亦令次第鏤板，雖重皆（或作有）所費，亦不惜也。」由是經籍復全。

李心傳《建炎以來朝野雜記》亦云：

監本書籍，紹興末年所刊，國初艱難以來，固未暇及。九年九月，張彥實待制爲尚書郎，始請下諸道州學，取舊監本書籍，鏤板頒行，從之。然所取多殘闕，故胄監刊六經無《禮記》、正史無《漢書》。二十一年五月，輔臣復以爲言。上謂秦益公曰：「監中其他闕書，亦令次第鏤板。雖重有費，亦不惜。」由是經籍復全。

據此，知北宋監本，至南宋紹興時均曾重刊，則南北朝七史必刻於此時。

宋南渡後，內府物力艱難，監中不自刻書，悉令臨安府及各州郡刻之，既刻之後，取其板以入監中。時京都在臨安，故監板集於杭州，宋設專官掌司，號書庫官（見元黃縉〈西湖書院義田記〉）。趙宋亡後，監亦遂廢，而庫板仍在。元至元二十八年，復就其地，建西湖書院。興築之際，版片遷移，時有散失，甚或雨淋日炙，張昕趙植諸人，見而惜之。乃於書院尊經閣後，創屋五楹，爲庋藏之所（見元陳袞〈西湖書院重整書目記〉）。書院有義田，歲入其租，以爲書刻之用，至正十七年九月間，尊經閣壞圮，書庫亦傾，書版散失埋沒，得於瓦礫中者，往往刓毀蠹朽，至正二十一年，乃鳖補之。故知西湖書院所存書版，本承宋國子監者，然書版損壞漫滅，故元代仍有重刻者，亦有補修宋版者，並以所存書板目錄勒石，即今所傳《西湖書院重整書目》。觀其書目，知南宋監本七史，其書板至元代猶存西湖書院，今流傳之七史，有宋刊元修本，可證也。

明初定鼎金陵，即置國子學，以故集慶路爲之。洪武十四年改建國子學於雞鳴山下，洪武十五年三月改國子學爲國子監，即南京國子監，杭州離南京不遠，故元亡而後西湖書院書版大抵入南監。書版既有殘損，故洪武、永樂，兩經修補；然板既叢亂，每爲刷印匠竊去刻他書以取利，故旋補旋亡。至成化初，御史董倫乃以贓犯贖金，送充修補之費。弘治初，始作庫樓貯之。正德、嘉靖間均有補刻（見梅鷟《南雍志·經籍考》）。七史書版亦存南監，《南雍志·經籍考》有《宋書》一百卷，存者二千七百一十四面缺二面；《梁書》

五十六卷，存者九百六十七面缺三面；《南齊書》五十九卷，存者一千零五十八面缺三面；《陳書》三十六卷，存者五百四十八面缺八面；《魏書》一百十四卷，存者三千三百八十二面失者三面；《北齊書》五十卷，存者七百零十四面缺二面；《後周書》五十卷，存者八百七十二面缺者五面。今傳七史修補至嘉靖十年（見百衲本及國立中央圖書館宋本圖錄）。其版或云遞經修補至萬曆始亡（見《儀顧堂續跋》）；或云至清季尚存江寧官署，後燬於火（趙萬里說）。

　　傳世九行本七史，均爲宋刊元修補本，或宋刊元明修補本，與前所述書板之刊刻修補情形相合，故知近代流傳之九行本七史乃三朝本也，既爲三朝本，則必爲南宋監本。惟南宋臨安冑監不自刻書，悉令臨安府及諸州郡刻之，取其板以入監內。而世人每稱七史爲眉山本或蜀大字本，實則眉山本七史，今已失傳，而傳世七史乃南宋浙刻本也。

二、七史刻於眉山之說

　　南宋重刊七史，世稱之眉山本，亦謂之蜀大字本，蓋本宋晁公武之說。《郡齋讀書志》卷五「宋書一百卷」下云：

> 嘉祐中……。民間傳者尚少。未幾，遭靖康丙午之亂，中原淪陷，此書幾亡。紹興十四年，井憲孟爲四川漕，始檄諸州學官，求當日所頒本，時四川五十餘州皆不被兵，書頗有在者，然往往亡闕不全，收合補綴，獨少《後魏書》十許卷，最後得宇文季蒙家本，偶有所少者，於是七史遂全，因命眉山刊行焉。

此七史爲蜀刊之說之所由起也。後世藏書家皆從其說。清張鈞衡《適園藏書志》於「明補宋本南齊書四十卷」下注云：

> 是書蜀中七史，原本紹興繙刻，元明遞修，此本已有嘉靖七年修板，然尤是嘉靖印本，無甚漫漶。

又於「宋刻明補本陳書三十六卷」下注云：

> ……此本亦眉山所刻七史之一，每半葉九行，行十八字，高七寸八分，廣六寸，小題在上，大題在下。……板心有字數及刊工姓名，有嘉靖八年九年補葉，尚爲佳帙。

則張氏以爲所藏《南齊書》、《陳書》皆眉山本也。清陸心源《儀顧堂續跋》〈宋槧明修宋書跋〉文亦云：

> 《宋書》一百卷，次行題臣沈約新撰，小題在上，大題在下，每葉

十八行，每行十七字，版心有字數及刻工姓名，紹興眉山刻七史之
一，有弘治四年、嘉靖八年九年十年修版。

又〈宋槧明修魏書跋〉云：

《魏書》一百十四卷……行款格式，字諱闕避皆與《宋書》同，眉
山刻七史之一，修至嘉靖十年止。

又〈宋槧明修梁書跋〉云：

《梁書》五十六卷，次行題散騎常侍姚思廉撰，行款格式與《宋書》
同，眉山重刻七史之一，修至嘉靖十年止，惟字畫刊工均不及《宋》、
《齊》、《陳》、《魏》、《周》六書之精。嘉祐崇文院本亡缺必少，故
每卷後無一校語。

又〈宋槧明修南齊書跋〉云：

《南齊書》五十九卷，次行題曰臣蕭子顯撰，……行款格式與《宋
書》同，宋諱避至「構」字止，紹興十四年眉山重刻七史之一也。……
《宋書》有弘治四年修版，此本有嘉靖修而無弘治修。則弘治時不
缺可知，則不但嘉祐時不缺，即紹興眉山重刻亦斷無缺頁矣。

又〈宋刊明修北齊書跋〉云：

《北齊書》五十卷，次行題隋太子通事舍人李百藥撰，行款格式與
《宋書》同，紹興十四年眉山刊七史之一，修至明嘉靖止。

又〈宋槧周書跋〉云：

《周書》五十卷，大題在下，小題在上，次行題令狐德棻等撰。……
每頁十八行，每行十七字，版心有字數及刊工姓名。……紹興十四
年蜀眉山刊本，修至明嘉靖十年止。

又〈宋槧宋印蜀大字本陳書跋〉云：

《陳書》三十六卷，小題在上，大題在下，次行題散騎常侍姚思廉
撰，每頁十八行，每行十七字。……此即眉山所刻七史之一也，世
謂之蜀大字本，明洪武中取天下書版實京師，其版遂歸南京國子監，
遞有修補至萬曆時始亡。此本宋刻宋印，絕無修版，誠可寶也。

是知陸氏亦以為傳世之宋刻七史皆為眉山所刻。其所著錄各書皆九行十七
字。清丁丙《善本書室藏書志》於「宋刊明修本宋書一百卷」下注云：

此為紹興眉山所刻七史之一，小題在上，大題在下，每半葉九行，
行十七字，版心上記字數，下列刻工姓名，其弘治、嘉靖間修版者

則無之。

又於「宋刊明修本梁書五十六卷」下注云：

> 此本亦眉山七史之一，行款格式與《宋書》同，惟字畫刊工不及《宋》、
> 《齊》、《北齊》、《陳》、《魏》、《周》六書之善，致有疑爲書估取宋
> 殘版加以明刻，稱爲邋遢本是也。

又於「宋刊明修本北齊書五十卷」下注云：

> 此蜀大字本耳，此亦眉山七史之一。

又於「宋刊明修本周書五十卷」下注云：

> ……每半葉十八行，每行十七字，版心有字數及刻工姓名……此亦
> 紹興十四年蜀眉山七史本之一。

是知丁氏所藏《宋書》、《梁書》、《北齊書》、《周書》與陸氏所跋者大致相同，
丁氏亦以爲傳世七史乃刻於眉山也。

前述乃清代藏書家著錄七史之資料，彼等皆以所藏九行大字本七史爲眉
山刻本，然皆無可靠之證據。民國以來藏書家亦從清人之說。葉啓勳《拾經
樓紬書》於「宋九行大字本陳書三十六卷」下注云：

> 此宋紹興十四年蜀刻眉山七史之一，《陳書》三十六卷，每半葉九行，
> 每行十八字，白口、單邊、板心有字數及刻工姓名，……案此書雖
> 板刻於宋，歷元明遞有修補，據明梅鷟《南雍志‧經籍考》，知正德
> 十年雖經刊補，然未完善，及嘉靖七年奉敕校正，補刊至十年乃完。
> 蓋諸家所藏或爲元修或爲明修，而明修又有正德、嘉靖兩次，此本
> 已修補至嘉靖十年，故較陸繆所藏卷後校語爲少矣。

又於「宋九行大字本周書五十卷」下注云：

> 此亦眉山七史本，《周書》五十卷，行款均同《陳書》……補板亦至
> 明嘉靖十年，蓋與《陳書》同時印行者也。

葉氏乃從清代藏書家之說，以爲所藏《陳書》、《周書》爲眉山本也。傅增湘
《藏園群書題記初集》〈宋眉山本南齊書跋〉云：

> 梁蕭子顯著，《南齊書》五十九卷，宋刊本，半葉九行，每行十八字，
> 白口（補版間有黑口者），左右雙闌，版心上方記字數，下方記刊工
> 姓名，版式高七寸三分寬六寸，宋諱敬、玄、殷、弘、匡、竟、貞、
> 徵、桓、慎、璇等字均缺末筆，補版不缺，字體方峭巖整，補板至
> 元代則趨圓軟，桑皮厚紙，開幅寬度，高至一尺二寸。

又有〈校眉山本陳書跋〉、〈校宋刊北齊書殘本跋〉。傅氏所藏《南齊書》、《陳書》、《北齊書》皆九行十八字，而傅氏亦以爲傳世七史，南宋時刻於眉山也。

靖康丙午之亂，晁公武挈家入蜀，嘗爲井憲孟屬官，彼以藏書貽公武（見〈郡齋讀書志自序〉），晁氏謂南宋紹興十四年井憲孟刻七史於眉山，其說必可信也。然南宋末年元兵入侵，其版或已毀於兵火。傳世宋刊九行本七史，皆遞經元明修補，則南宋時未必刻於眉山也。前述各藏書大家，謹據晁氏一文，斷此七史爲蜀刻本，則未盡可信也。

三、張元濟蜀中原刻說之誤

張元濟〈百衲本二十四史宋書跋〉云：

> 是本刊於蜀中，陸存齋謂明洪武中取天下書版實京師，其版遂歸南京國子監，然是本列傳第三十四版心有署至元十八年杭州錢彌刊者，第五十八有署至元十八年杭州劉仁刊者，是在元時此版已離蜀矣。余嘗見宋慶元沈中賓在浙左所刊《春秋左傳正義》，其刻工姓名與是本同者有張堅、劉昭、史伯恭、李忠、李允、金滋、劉仁、張亨、張斌、周明、宋琚、何昇、何澄、朱玩、方堅、方至、蔣容、方中、王明、王信、余敏、張升、王壽三、王壽、嚴智、王定、李師正、張明、徐大中、楊昌、吳志、沈文、孫日新等，其餘六史同者亦夥，其鐫工亦極相肖，是又宋時此版先已入浙之證。卷中字體遒敍，與世間所傳蜀本同出一派，其版心畫分五格者可定爲蜀中紹興原刊，餘則入浙以後，由宋而元遞有補刻。

據此，張氏亦以此七史爲南宋紹興間眉山刻本，然因七史中頗有浙江刻工，遂倡七史原刊於蜀，其後版移入浙之說以圓之。張氏以版心畫分五格者，定爲蜀中紹興原刊，餘則入浙以後，由宋而元遞補刻以爲區別。茲將百衲本七史中凡版心畫分五格者之刻工姓名，列表於後：

書　　名	卷　　第	頁　　次	刻工姓名
宋書	目錄	11	許忠
	本紀第一	8	沈昌
		21	
		22	李嵩

	三	9	許忠
		10	許茂
	四	2	張亨
	五	3	孫春
		18、19	沈刊
		20	茂五
		29、30	蔡
		31、32	孫琦
		33	沈文
	六	5、6、7	允
		8	胡慶十四
		16	阮明五
	八	21、22	李寶
志	第一	8、20	徐泳
	二	29	
		48	阮明五
		52	王全
	三	23	吳文
		28	董
		49	壽
		50	陳壽
		57	王高
		58、59	茂五
	四	21	
		53	
	五	37	李正
		40、41、42	沈珍
	六	2	
		4	阮明五
		25	劉仁

	33、34	茅文尨
	45	金
	50	茅化尨
七	3、4	茂五
	12、13	許茂
	17、18	劉仁
八	3、4	
	40	孫再
九	29	召
十	13、20	
	25、26	范堅
	41、42	余貴
十三	3	邵亨
	30	徐榮
十四	3	友山
	4	任(或汪)亮
	14	求裕
	25	沈珍
十五	5	凌
	14	翁子和
十七	2	董
	3	占讓
	19	葉禾
十八	23	曹榮
十九	4	弓華
	5	葉禾
	29、30	李寶
	51、52	徐泳
	55	章文一
二十	12	陳寧

二十一	9	金文榮
	15	徐文榮
	21	吳文昌
	22	鄭埜
	26	劉仁
	28	
	29	董
	35	徐泳
二十二	11	茂五
	21	范
二十四	45	壽刊
	46	
	49	滕弍
二十六	19	周鼎
	25、26	宋全
	27、28	劉仁
二十八	7、8	謝杞
	10	
	18	單侶
	29	徐泳
二十九	7	謝杞
	12	徐友山
	19	虞
	20	王再十三
	23、24	徐榮祖
三十	6、9	楊來
	18	陳仁
列傳第一	1	
	16	李寶
	29	茅化尨

	30	徐榮祖
	31、32	徐泳
二	22	
五	3、4	陳壽
	20	占讓
六	13、14	張明
八	5	章文郁
	6	何建
九	4	任(或汪)亮
十	18	
十一	10	蔣榮祖
十三	8、14	求裕
	23、24	徐泳
十六	8	俞信
十八	7	王良
二十	9	任(或汪)亮
	17	徐泳
二十一	4	茅化尨
	14	沈文
	18	文榮
二十四	22	黃亨
	27、28	沈珍
二十七	6	沈壽
	20	徐泳
	42	王智
二十八	18	林
	23、25	王桂
一十九	3	芦開三
	5	許茂
三十	2、3	阮明五

		7、8	胡昶
	三十二	3	周鼎
		7、8	尤大有
		34	盛久
	三十三	4、5	
		6	何宗十七
	三十四	6、28、31	
		44	王誠
	三十六	10	陳文玉
	三十七	9	虞
		27	徐文
		34	王
	三十九	19	胡昶
		21	宗二
	四十	11	陳日裕
		16	胡昶
	四十二	1	胡昶
		9、10	陳仁五
		17	徐泳
	四十三	1	章演
		5	金二
		7	陳壽
		11	單侶
		15	徐泳
		16	盛
	四十四	22	籴
		33、34	
		37	
	四十五	二三	
	四十六	八	蘇

	四十七	9、18、19	
	四十八	14	陳壽
	五十	1	芦垚
	五十一	4	
		18	俞升
	五十三	14	永
	五十五	32	沈珍
		52、53	胡昶
	五十七	13	沈珍
	五十八	10	大用
		14	仐
		20	陳壽
	六十	31	翁子和
		32	
南齊書	目錄	8、12	朱光
	本紀第二	6	朱梓
	三	4	徐友山
	七	4	□升
	志　第三	32	沈旻
		38	單侶
	五	8	丁詮
	七	6	陳仁五
	列傳第四	12	朱宥
	九	3	朱光
	十三	13	王榮
	十五	8	王全
	十九	3	單侶
		10	吳玉
	二十	6	胡昶
		7	李寶

		13	劉景舟
	二十一	7	徐泳
		10	胡昶
	二十五	5、7	陳用
	二十七	9	范良
	二十九	1	王細孫
		12	茂五
	三十三	19、20	陳用
	三十四	9、10	方
	三十六	2	徐
	三十八	15	杜
	四十	5	茅化尨
梁　書	本紀第一	16	朱
	四	7、8	徐泳
	列傳第八	4	沈珍
	十一	4	朱光
	十五	7	金觀保
	二十	12	楊文
	二十一	9	芦開三
	二十七	1、3	王千
	三十	3	茂五
		6	盛久
	三十一	3	蔣佛老
	三十三	13	用
		14	王
	三十四	7、8	朱光
	三十五	10	沈椿
	三十七	5、6	
	四十一	3	翁子和
	四十二	9	盛久

		四十四	5	
		四十五	8	徐
			12	俞榮
			29	劉
陳　書	目錄	2	汪亮
		4	翁子和
	本紀第四	3	朱光
	六	末	蔣秀
	列傳第一	5	楊和
	六	1、5	朱光
		11	
	七	7、8	茅化龍
	八	5	朱曾
		8	徐泳
		11	
	九	4	李崟
	十	7、8	沈壽
		末	徐泳
	十四	3、4	史忠
		6、7、8	方
	十五	1	陳智
		8	陳立
	十六	1	胡慶十四
	十七	6	楊來
	二十一	10	茅文龍
	二十二	27	
	二十三	11	
	二十四	3、6	
		11	史忠
		12、13、14、15、16	

	二十五	1、3、11、16、17	
	二十六	1、3、4、7、8、10、11	
	二十八	9	
	二十九	8、9、10、19	
	三十	8	
魏　書	本紀第二	27	宗二
	四上	2	王細孫
		18	
	四下	10	盛久
	七下	26	齊明一
	八	25	占讓
	九	13	盛久
		38	王大方
	十	1、2	智
	十一	8	徐文
		23	國才
	十二	4	陳立
		13	章亞明
	列傳第一	1	范堅
		19、20	蔣佛老
	二	13	黃亨
		23	王高
	三	7、8	盛久
		19、20	章文一
	四	2	
		3、4、5	張囯
		8	張囯刀
		10	
		15	陳邦卿
		16、17、18	亨單

	19	陳邦卿
六	13	徐高
	15	高異
七上	8	
	12、13	茅化尨
	15	任玉眞
	16	
	19、20	任宗
	22	
七中	33	王再十三
九上	4	茅文尨
	33	王良
	35	
九下	13	毛文
十七	10	張阿狗
十八	3	胡慶十四
	12	胡昶
十九	15	章文一
二十	9	楊明
二十一	10	任帝
	11	金
	12	金友保
二十六	4	胡昶
	14、16	王再十三
	22	
三十	4	孫再一
	7、8	汪亮
	9	茂五
	10	胡慶十四
三十一	27	

三十二	10		郁仁
	11		
	19、20		王才
三十五	9		吳文昌
	17		胡慶十四
三十六	8		董大用
四十二	1、2		
四十五	22		蔣七
四十六	7、8		方
四十七	6		朱光
	29		
四十八	16		黃亨
四十九	8		洪采（或來）
五十	7		徐文
	14		茂五
	23		王興
五十一	2		陳德全
	3		
	10		宋全
五十二	12		虞保山
	17		董大用
五十三	7、8		陳士通
	21		阮明五
	24		史忠
	28		宋
	29		毛文
	31		陳立
五十五	8		朱言
	13		劉子□
五十六	18		祿

五十七	2	祿
五十九	9	阮明五
	37	
六十	18	單侶
	22	
六十一	12	
六十二	3	王壽
	16	陳仁
六十三	1、2、6	
	22	沈珍
六十四	3	茅化尨
六十五	5	王全
	7、8	王華
	17	王榮
	18	胡慶十四
	32	
	33	周
六十六	25、26	王華
	29	徐榮祖
六十七	3、4	張囯
	19、20	詹德潤
六十八	9	俞榮
七十	2	
	15	謝
	16	杞
七十二	16	林
	21	茅化尨
	34	徐永
七十六	5	
七十七	12	陳壽

	七十八	3	汪惠老
	七十九	7、8	金
		15	陳用
		24	謝杞
	八十	1、2	榮祖
		5、6	方
		7	朱文
		8	朱子光
		9、10	方
		11	
	八十一	16	徐文
	八十二	27	陳□友
	八十三	5、6	陳用
		11、12	朱光
		17、18	凌宗
		19、20	方
		21、22	□升
		23、24	陳新
		25、26	徐
		31、32	朱
		45、46	方
		51、52	朱光
	八十四	2	朱
		4	裕
		8	王
		11、20	閏
		22	
		末	單侶
	八十五	7	友山
		8	孫開一

		9	宗二
		16	徐泳
		17	姜刊
		18	
		26	王榮
		29、30	□升
		32、34	何
		45	
		49	胡昶
	八十六	3	陳公友
		4	
		11	金有
		13、14	
		31	李庚
		32	章文二
		37、38	
	八十七	2	汪惠老
		12	王細孫
	八十八	11、12	方
		16	陳用
	八十九	1、2、12、13、14、15、19、20	
	九十	9	任帛
		10、11	
	九十一	19	
		22	杜
		25、26	吳文昌
		33、34	朱光
	九十二	6	章亞明
		7	俞榮

志		
	8	虞
志　第一	6	□
	7、8	方
	13	凌
二	3、4	金
	14	
	23	陳仁
	35	蔡秀
	36	胡昶
	43	茂五
三	5	陳壽
五	30、33	王能
	34	
六	60	之
七	19	
	21	陳
	28	
八	4	用鼎
	8	茅
	14	王榮
	16	茅文尨
	28	曹㴩新
	31	范
九	31	王川
十	28	王川
十一	14	任阿伴
十二	9、10	陳立
	11	曹㴩新
	14	知
	17	盛久

		18	曹新
	十三	10	孫斌
		11	阮明五
		13、14	方
		20	茅化尨
		28	李庚
	十四	4	翁子和
		21	沈珍
	十五	13	宗二
	十七	3	黃四崇
	十九	4	李寶
		16	沈
		21	
		22	潘
	二十	11	王付□
		22	王全
		27	宗二
北齊書	本紀第六	1、2	方
	列傳第六	7	龐知柔
		11	朱光
	七	5、6	陳
	九	7	金二
	十六	9	
	二十三	11	徐友山
	二十九	7	王華
	三十	2	王世華
	三十一	2	宋光
	二十二	7、8	陳立
	三十八	11	劉文
	三十九	13	金

	四十一	6	下開
		11	張善
	四十二	3	王昌
周　書	目錄	5	
	本紀第二	7	金
		8	
	三	2	翁升
		3	朱光
	五	5、6、11、18	方
	六	4	朱光
	七	7	元
	列傳第一	2	子成
		11	
	四	5、6	
	七	19	陳文玉
	十一	7、8	茂五
	十四	15	
	十九	1	
	三十	6	方
		7、10	
	三十二	11	
	三十三	3、4	
	三十四	13	
	三十六	7、8	方

　　上表所示乃張氏所謂蜀中原刻之頁，按傳世宋本確刻於眉山而可信者，南宋初葉刊本有《蘇文忠文集》，刻工有宋彥（見《中央圖書館宋本圖錄》）；蘇文定《定公文集》，刻工有袁次一，李閏（見《中央圖書館宋本圖錄》）。南宋中葉刻本有《新刊增廣百家詳註唐柳先生文》，刻工有張福孫、文望之、史丙（見《中國版刻圖錄》）；《新刊國朝二百家名賢文粹》，刻工有王朝（見《中國版刻圖錄》）。今檢上表所列刻工無一人與此眉山本相同。然考所列

刻工如許忠、陳榮、張明、王誠、朱宥、徐高、王華等皆宋初葉浙江刻工，散見於南宋初葉浙刻本各書中；如張亨、孫琦、沈文、陳壽、沈珍、邵亨、求裕、占讓、蔣榮祖、王桂、俞榮、高異、楊明、王才、王壽、王榮、陳新、龐知柔等皆南宋中葉浙江刻工，散見於南宋中葉浙刻本各書中，詳後七史（宋刻部分）刻工姓名表。此外，如胡慶十四、李寶、徐泳、胡昶、茅文龍、茅化龍、弓華、劉仁、鄭埜、何建、徐友山、蔣佛老、范堅、張阿狗、任阿伴等皆元代杭州地區刻工，散見於宋杭州刻元遞修本各書之元修版部分。張氏〈宋書跋文〉中所舉列傳第五十八有署至元十八年杭州劉仁刊者，亦見於上表所列，其所謂蜀中原刊葉之刻工中。跋文中所舉宋慶元沈中賓在浙左所刊《春秋左傳正義》之刻工姓名，與上表所載蜀中原刊葉刻工相同者，有劉仁、張亨、王壽、張明、沈文等。綜上數點，則張氏所謂「版心畫分五格者可定為蜀中紹興原刊」之說，其不可信亦明矣。

四、傳世七史刻於臨安之證

王國維《五代兩宋監本考》，曾於七史下加案語云：

> 右南北朝七史，明南雍並有九行十八字舊板，即南宋監本，昔人皆以為眉山七史，實則重刊北宋或眉山本耳。

據此，知王氏以為今傳南宋重刊九行本七史，並非眉山所刻，惜未能詳述其理論根據。趙萬里於〈館藏善本書提要・南齊書〉（見《國立北平圖書館館刊》第一卷第六號）中曾提出質疑，趙氏亦從王氏之說，以為今傳七史殆即覆刻北宋監本或眉山本耳，未必為真蜀本也，趙氏於〈兩宋諸史監本存佚考〉中又云：

> 至南北朝七史，世稱之眉山本，亦謂之蜀大字本，蓋本《郡齋讀書志》。實則出於北宋舊監本，與眉山本無涉。江南蜀中紹興間皆有翻刊。《玉海》卷四十三云：「嘉祐六年八月庚申，詔三館秘閣校理《宋》、《齊》、《梁》、《陳》、《後魏》、《周》、《北齊》七史書，皆不全者，訪求之。七年十二月詔以七史板本四百六十四卷，送國子監鏤板。」晁氏《讀書志》云：「嘉祐中以《宋》、《齊》、《梁》、《陳》、《魏》、《北齊》、《周書》舛謬亡缺，命館職讎校。治平中曾鞏校定《南齊》、《梁》、《陳》三書上之，劉恕等上校《魏書》，王安國上《周書》，政和中皆畢，頒之學官。紹興十四年，井憲孟為四川漕，始檄諸州縣學官

求當日所頒本。時四川五十餘州皆不被兵，於是七史遂全，因命眉山刊行。」此刊於蜀中者也。《玉海》云：「紹興九年九月七日詔下諸郡，索國子監元頒善本校對鏤版。」此刊於臨安者也。是臨安蜀中二本，皆出北宋監本。然今所傳者，乃臨安本而非眉山本，其確證有三：傳世大字本七史，元時版入西湖書院，明時版在南監。凡入南監諸版，皆江南或浙閩所雕，無蜀中刻本，其證一。眉山刊書，當時最有盛名。傳世刻本確為眉山本者，小字則有《冊府元龜》、《國朝二百家名賢文粹》、《東都事略》諸書，大字則蘇文定、蘇文忠、秦淮海、陳后山洪盤洲諸家全集。諸書無論大小字體，刊工體勢與傳世宋刊七史均不合，而七史字體方整古厚，與浙本相近，其證二。七史中《梁書》版心下記刊工姓名有龐知柔、曹鼎、童遇諸人，皆浙人也。浙本《朱子大全集》亦龐知柔等所刊。觀於龐等重修《梁書》，其為浙刊而非蜀刊，斷可知矣，其證三。世每見大字本，輒謂之蜀本，遂並淮南漕司本《史記》亦謂之蜀大字本。則於七史又何怪焉。

按趙氏之說，斷可信也。今以史料、字體、刻工三點為其佐證，以明舊說之誤，並確定傳世九行本七史之刊刻時地。

（一）史　料

丙午之亂，晁公武挈家入蜀，嘗為井憲孟屬官，彼以藏書貽公武，則《郡齋讀書志》所云紹興十四年井憲孟令眉山刻七史，必可信也。惟史料並無記載當時眉山七史版片移送國子監之事。且南宋末年，元兵南侵，成都眉山及四川其他地區，遭受元兵大肆焚掠，眉山所刻書板，大多毀於兵火，眉山七史板或毀於此時，甚有可能。故近世流傳之宋蜀刻本視浙本、閩本為少，職此故也。

《玉海》、《建炎以來朝野雜記》俱云紹興九年九月七日，詔下州郡，索國子監元頒善本，校對鏤板。又云二十一年五月，上云：「監中其他闕書，亦令次第鏤板，雖重皆（或作有）所費，亦不惜也」，由是經籍復全。則七史必刻於此時，且刊於臨安也（詳後刻工表）。宋南渡後，內府物力艱難，冑監不自刻書，悉令臨安府及各州郡刻之，取其板以入監中，如《毛詩正義》為紹興府所刊，九行本《史記》為淮南漕司所刊，九行本前、後《漢書》為江東漕司所刊，《三國志》為衢州所刊，《唐書》及《五代史》為吳興王氏所

刊，《荀子》爲台州所刊，其範圍不出江淮一帶，宋魏了公翁〈六經正誤序〉（見《鶴山先生大全文集》）及岳珂《九經三傳沿革例》均謂南宋監本，盡取諸江南諸州也，故南北朝七史似無遠取蜀中之理。當時江南諸州郡，北宋監本必間有存者，則七史或即覆刻北宋嘉祐杭州刊本，似與眉山本無涉。張元濟以爲七史原刻於蜀中，宋時版已入浙，《中國版刻圖錄‧序》亦云南宋初年，遠在四川眉山井憲孟倡刻之七史版片亦移送至監，實則紹興間江南蜀中皆覆刻北宋監本七史，彼謹據晁氏一文，斷云蜀刻，未免有鑿空之失。

（二）字　體

南宋刻本，浙刻字仿歐陽率更，字體方整古厚。蜀刻字體遒斂，在顏柳之間，而橫畫落筆處，間有瘦金氣習。今檢七史中之宋刻字體（見圖一、圖二）與傳世眉山本《冊府元龜》（見圖三）、《蘇文忠公奏議》（見圖四）及秦淮海《閒居集》（見圖五）相較，其刊工體勢相去甚遠，而與宋紹興十六年兩浙東路茶鹽司本《事類賦注》（見圖六）及宋紹興間兩浙東路茶鹽司刻本《唐書》（見圖七）字體相近，則傳世七史必爲浙刻無疑。

（三）刻　工

宋本書往往於版心下附著刻工姓名，此乃確定版刻時代及刻書地點之佐證。今檢北平圖書館所藏《宋書》（存五十八卷）、《梁書》（存四十卷）、《陳書》（存二十五卷，又一部存八卷）、《北齊書》（存十六卷）及百衲本七史，依據避諱字及字體，凡屬宋刻者，將其刻工姓名依筆畫列表於后，其刻工姓名凡見於南宋兩浙刊本各書或宋刻工姓名表內，皆於其下註明號數，若見於該書之補刻部分，則於號數下註一「補」字，刻工之時代若能確定者，凡南宋初葉刻工，在其下註一「初」字，南宋中葉刻工，在其下註一「中」字。

茲將引用七史刻工見於各書之書名列舉於后：

1. 《文粹》，宋姚鉉輯，宋紹興九年臨十府刻本，杭州：《中國版刻圖錄》。
2. 《禮記注》，漢鄭玄撰，宋刻遞修本，杭州：《中國版刻圖錄》。
3. 《廣韻》，宋陳彭年撰，宋刻遞修本，杭州：《中國版刻圖錄》。
4. 《水經注》，北魏酈道元撰，宋刻本，杭州：《中國版刻圖錄》。
5. 《白氏長慶集》，唐白居易撰，宋刻本，杭州：《中國版刻圖錄》。
6. 《戰國策注》，漢高誘撰，宋姚宏校正，宋紹興刻本，杭州：《中國版刻圖錄》。

7. 《新序》，漢劉向撰，宋刻本，杭州：《中國版刻圖錄》。

8. 《管子註》，唐房玄齡撰，宋刻本，杭州：《中國版刻圖錄》。

9. 《經典釋文》，唐陸德明撰，宋刻宋元遞修本，杭州：《中國版刻圖錄》。

10. 《武經龜鑑》，宋王彥撰，宋刻本，杭州：《中國版刻圖錄》。

11. 《說文解字》，漢許慎撰，宋刻宋元遞修本，杭州：《中國版刻圖錄》。

12. 《周易正義》，唐孔穎達撰，宋刻遞修本，杭州：《中國版刻圖錄》。

13. 《爾雅疏》，宋邢昺撰，宋刻宋元明初遞修公文紙印本，杭州：《中國版刻圖錄》。

14. 《國語解》，吳韋昭撰，宋刻宋元遞修本，杭州：《中國版刻圖錄》。

15. 《楊子法言注》，唐李軌撰，宋刻宋元遞修本，杭州：《中國版刻圖錄》。

16. 《冲虛至德真經注》，晉張湛撰，宋刻宋元遞修本，杭州：《中國版刻圖錄》。

17. 《渭南文集》，宋陸游撰，宋嘉定十三年陸子遹刻本，杭州：《中國版刻圖錄》。

18. 《春秋經傳》，宋刻本，杭州：《中國版刻圖錄》。

19. 《唐書》，宋歐陽修、宋祁等撰，宋紹興間刻宋元遞修本，吳興：《中國版刻圖錄》。

20. 《周易注疏》，魏王弼、晉韓康伯，唐孔穎達撰，宋兩浙東路茶鹽司刻宋元遞修本，紹興：《中國版刻圖錄》。

21. 《尚書正義》，唐孔穎達撰，宋兩浙東路茶鹽司刻本，紹興：《中國版刻圖錄》。

22. 《周禮疏》，漢鄭玄注，唐賈公彥疏，南宋初葉兩浙東路茶鹽司刊南宋中葉暨元明遞修本，《故宮善本書志》。

23. 《禮記正義》，唐孔穎達撰，宋紹熙間兩浙東路茶鹽司刊本，《寶禮堂宋本書錄》。

24. 《唐書》，後晉劉昫等撰，宋紹興兩浙東路茶鹽司刻本，紹興：《中國版刻圖錄》。

25. 《外台秘要方》，唐王燾撰，宋紹興兩浙東路茶鹽司刻本，紹興：《中國版刻圖錄》。

26. 《事類賦注》，宋吳淑撰，宋紹興十六年兩浙東路茶鹽司刻本，紹興：《中國版刻圖錄》。

27.《春秋左傳正義》，唐孔穎達撰，宋慶元六年紹興府刻宋元遞修本，紹興：《中國版刻圖錄》，百衲本《宋書》跋文。

28.《藝文類聚》，唐歐陽詢輯，宋刻本，建德：《中國版刻圖錄》。

29.《新刊劍南詩槀》，宋陸游撰，宋淳熙十四年嚴州郡齋刻本，建德：《中國版刻圖錄》。

30.《後漢書注》，唐李賢撰，宋紹興江南東路轉運司刻宋元遞修本，南京：《中國版刻圖錄》。

31.《晉書》，唐房玄齡等撰，宋嘉泰四年至開禧元年秋浦郡齋刻本，貴池：《中國版刻圖錄》。

32.《論語註疏解經》，魏何晏集解，宋邢昺疏，宋紹熙間兩浙東路刊元明遞修本，《故宮善本書志》。

33.《孟子註疏解經》，漢趙岐注，宋孫奭疏，宋嘉泰間兩浙東路茶鹽司刊元明遞修本，《故宮善本書志》。

34. 長澤規矩也《宋刊本刻工名表初稿》。

35. 金子和正《天理圖書館藏宋刊本刻工名表》。

七史（宋刻部分）刻工姓名表

二畫

丁之才　　　（中）　32、33

丁松年　　　（中）　9（補）、11（補）、16（補）、17、19（補）、20（補）

丁銓　　　23（補）、33（補）。

按：凡見於23《禮記正義》、33《孟子註疏解經》之補刻部分，其年代必在南宋中葉以後，或為元人，下同。

三畫

大用　　　23（補）

四畫

王才（中）　31

王六　　　23（補）

王太　　　34

王元亨　　　　34

王圭	34 或爲元人
王全	23（補）、34
王成（初）	1、24
王明（中）	27、31
王玩	34
王定（中）	27
王昇	34、35
王昌	34
王信（中）	27
王祖	34、35
王春	34
王能	34
王桂（中）	22（補）、23（補）、32（補）、33（補）
王恭（中）	13、19（補）、22（補）、23
王高	35
王智	23（補）
王欽（初）	35
王華（初）	24、28
王堪	35
王渙	23（補）、34
王誠（初）	22
王道	35
王敷	34、35
王壽（中）	15（補）、23、27、30（補）
王壽三（中）	23（補）、27
王榮（中）	33

按：尚有王川、王千、王升、王生、王丙、王玉、王再十三、王汝明、王
　　汝林、王汝霖、王利和、王志、王材、王廷、王庚、王奐、王垚、王
　　細、王進、王遇、王賓、王禧諸刻工，不見於上列各書，或爲宋人，
　　或爲元人。

毛文	23（補）

毛端（初）　　20、23

方中（中）　　27

方至（中）　　9（補）、22（補）、27

方堅（中）　　22、23、27

五畫

石昌（中）　　9（補）

北陳　　　　　34

占讓（中）　　22（補）、23（補）、33（補）

包端（初）　　12

按：尚有可川、史忠、田下、田立、田永、丘舉之。

六畫

朱文　　　　　23（補）

朱言　　　　　34、35

朱玩（中）　　27

朱春（中）　　9（補）、23（補）

朱宥（初）　　12、19

朱曾　　　　　34

朱曾九　　　　　　34

按：尚有朱二、朱六、朱太、朱祖、朱梓、朱通。

任昌　　　　　23（補）

任達　　　　　35

任顯　　　　　35

按：尚有任已、任玉眞、任帛、任亮、任常、任欽。

圭　　　　　　35

仲　　　　　　35

七畫

李才　　　　　35

李元　　　　　34、35

李文　　　　　34、35

李允（中）　　27

李正　　　　34、35

李仲（中）　22（補）

李良（中）　23

李忠（中）　27、29

李昌　　　　34

李昇　　　　35

李庚　　　　23（補）

李恂（初）　5、8、15

李政　　　　35

李思忠　　　　　　34

李祐　　　　34

李時　　　　35

李倍　　　　34

李師正　　（中）　23、27

李師順　　　　　　34

李通　　　　35

李憲（初）　10、22、23

按：尚有李公正、李澄、李諒。

沈文（中）　27

沈仁舉　　（中）　32

沈定　　　　35

沈珍（中）　23、32（補）

沈祖　　　　35

沈思忠　　（中）　32、33

沈祥　　　　23（補）

沈章　　　　34

沈壽　　　　35

沈謙（中）　22（補）

按：尚有沈昌、沈旻、沈忠、沈承祖、沈茂、沈思恭、沈椿、沈權。

汪惠老　　　　　　34

按：尚有汪惠。

求裕（中）　　15（補）、19（補）、20（補）、23

呂信　　　　35

何昇（中）　　11、27

何澄（中）　　15（補）、27

何澤（中）　　11、14（補）

按：尚有何益、何浩、何通。

宋通（中）　　22（補）

宋琚（中）　　22（補）、27、30（補）

宋琳（中）　　23

按：尚有宋全、宋芑、宋芾。

阮祐（中）　　23

余敏（中）　　27

余政　　　　34

按：尚有余心、余旼、余恭、余貴。

吳文　　　　34

吳文昌　　　　　　23（補）

吳玉（中）　　22（補）

吳志（中）　　19（補）、23、27

吳宗（中）　　23

吳祐（初）　　22

吳春　　　　34

吳祥　　　　23（補）

吳椿（中）　　17

按：尚有吳明、吳清。

八畫

邵亨（中）　　16（補）、17、19（補）、20（補）

周用　　　　34、35

周明（中）　　27

周鼎　　　　23（補）、34

金文榮　　　　　　23（補）

金祖（中）　　9（補）、15（補）、19（補）

金滋（中）　　17、22（補）、27

金嵩（中）　　9（補）、11（補）

金榮（中）　　9（補）

金震（中）　　22（補）

按：尚有金觀保。

九畫

范華（中）　　22（補）、23（補）、33（補）

按：尚有范元、范惠老。

洪坦（中）　　32、33

洪福（中）　　22（補）、23（補）

洪新（初）　　4、7、22

洪源　　　　　34、35

按：尚有洪澤。

俞榮（中）　　22（補）、23（補）、32（補）

按：尚有俞升、俞信。

施昌（中）　　22（補）

施珍　　　　　34

施寔（初）　　19

十畫

徐中　　　　　34

徐仁（中）　　23、32、33

徐祀（中）　　22（補）

徐良　　　　　23（補）

徐怡祖　　　　　　34

徐浚　　　　　34

徐琪（中）　　9（補）、17、20（補）、23（補）、30（補）

徐高（初）　　3、12、19、24、25、26

徐榮　　　　　23（補）、32（補）

按：尚有徐經、徐義。

孫日新　　　（中）　15（補）、23（補）、27、32（補）

孫付　　　　35

孫春　　　　23（補）

孫琦（中）　22（補）

高文（中）　23

高異（中）　20（補）、22（補）、23

高諒　　　　23（補）、35

按：尚有高浚、高寅。

夏乂（中）　11（補）

秦顯（中）　22（補）

凌宗（中）　9（補）、20（補）、30（補）

馬祖（中）　16（補）、17、20（補）、23、30（補）

按：尚有翁子和、袁民。

十一畫

陳仁　　　　35

陳文玉　　　　　34

陳立　　　　34

陳伸（初）　30

陳彥（初）　2、9、23

陳浩（中）　22（補）

陳晃（中）　11（補）

陳彬（中）　11（補）、14（補）、16（補）、17

陳高二　　　（中）　22（補）、23（補）

陳榮（初）　28

陳寧　　　　34、35

陳壽（中）　9（補）、11（補）、14（補）、19（補）

陳錫（初）　2、3、6、9

按：尚有陳仁五、陳良、陳智、陳義、陳闓、陳潤、陳鎮。

陸永　　　　34

陸春　　　　34

章文　　　　23（補）、32（補）、33（補）、34

章宇（初）　12、15、19

章東（中）　　23

章忠　　　　34

按：尚有章文一、章亞明、章眞、章濱孫。

許成　　　　34

許忠（初）　　11、16、23（補）。

按：11《說文解字》及 16《冲虛至德眞經注》皆南宋初葉所刊，23《禮
　　記正義》乃紹熙間所刊，則許忠或有二人。

按：尚有許茂、許彥明。

盛久　　　　23（補）

曹冠英　　　（中）　19（補）

曹鼎（中）　　9（補）、11（補）、16（補）

曹榮　　　　23（補）、33（補）、34

曹德新　　　　　32（補）、34

張　　　　　35

張三　　　　34

張仁　　　　35

張升（中）　　27

張允　　　　35

張用　　　　35

張成（中）　　31

張亨（中）　　22（補）、27、32、33

張明（初）　　11、14、29

張昇（初）　　11、14、22、23

張禹　　　　34

張堅（中）　　27

張斌（中）　　27

張善　　　　34

張榮（中）　　23

按：尚有張林、郭正。

十二畫

童遇（中）　　9（補）、22（補）

單侶　　　34

項仁　　　34

黃亨　　　23（補）、33（補）

按：尚有黃戊、黃鎮。

十三畫

楊來　　　23（補）、34

楊明（中）　23（補）、32（補）

楊昌（中）　23、27、33

楊春　　　34

楊景仁　　　　34

楊潤　　　23（補）

按：尚有楊仁、楊和、楊榮。

葉禾　　　23（補）、34

賈祚（中）　22（補）、23

葛辛（中）　22（補）、23（補）

詹世榮　（中）　11（補）、14（補）、15（補）、16（補）、19（補）

董辰　　　35

董澄（中）　11（補）、17

虞　　　34

按：尚有虞良。

十四畫

齊明　　　34

趙良　　　34

按：尚有齊明一、趙春。

十五畫

劉文　　　　18。

按：18《春秋經傳》爲南宋末年浙刻本，然劉文又散見於南宋紹興間兩浙
　　刊本，或爲二人。

劉仁（中）　22（補）、23（補）、27。

按：元杭州補刻刻工亦有劉仁，或爲二人。

劉志　　　　34

劉昭（中）　11（補）、17、20（補）、22（補）、23、27

按：尚有劉彬。

鄭春（中）　22（補）

蔣信（中）　23

蔣容（中）　27

蔣榮　　　　23（補）

蔣榮祖　　（中）　16（補）

蔡　　　　　35

蔡邠（中）　11、22

按：尚有鄭賓、蔡秀、德裕、潘正、潘用、潘亨。

十七畫

繆恭　　　　34

繆謙　　　　34

按：尚有謝杞。

十八畫

魏奇（中）　23

二十畫

龐汝升　　（中）　20（補）

龐知柔　　（中）　9（補）、20（補）、30（補）

嚴智　　　　34

二十一畫

顧永（初）　11、23

顧達（中）　22（補）

顧澄（中）　23（補）

今檢上表所列刻工姓名無一人見於南宋蜀刻本中，而多數見於南宋初葉中葉杭州所刻各書，亦有少數見於吳興、紹興、建德、貴池、南京等地所刻之書。宋南渡後，國子監不自刻書，悉令臨安府及各州郡刻之。杭州乃南宋行在所臨安，杭州本爲北宋雕印中心，故南宋初年臨安雕印最爲興盛，是時

刻工大多聚集臨安府，臨安府附近各地如吳興、紹興刻書仍須借用杭州刻工，則七史之刻於臨安府乃必然之理。

綜上所述，知傳世南宋重刊九行本七史，前人稱爲眉山本，亦謂之蜀大字本，僅據晁氏一文，實不足信。此南宋重刊七史，迺出於北宋嘉祐冑監在杭州刊雕本，與眉山本無涉。其爲南宋紹興間臨安府所刊，觀七史南宋初葉刻工（即原刻刻工）皆杭州人可證也。其版南宋初葉入監中，至南宋中葉遞有補刻，七史中頗多南宋中葉杭州地區刻工可證也。

圖一：魏書（宋紹興間國子監刊本）

圖二：魏書（宋紹興間國子監刊本）

圖三：冊府元龜（宋眉山刻本）

圖四：蘇文忠公奏議（宋眉山刻本）

留中不出以全臣子

應詔論四事狀

元祐五年六月九日龍圖閣學士左
朝奉郎知杭州蘇軾狀奏臣近者伏覩
邸報以諸路旱災內出手詔兩道其略
曰豈政治失當事之害物者尚多上下
厄塞情之不通者非一刑或不稱其罪
用或不當其人又曰意者政令寬弛吏
或爲姦害而莫知賦役失當民病於事而

圖五：淮海先生閒居集（宋眉山刻本）

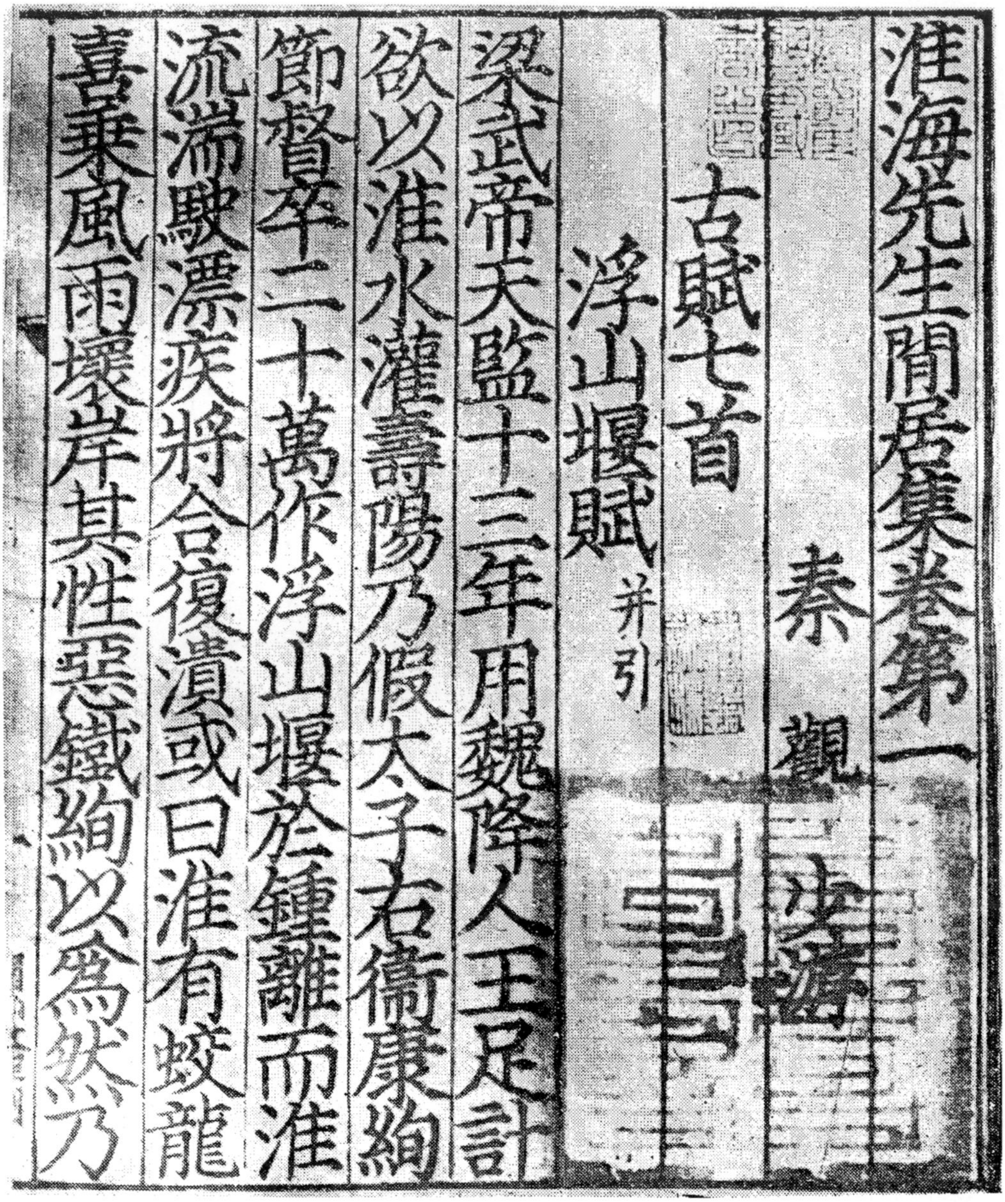

淮海先生閒居集卷第一

秦觀

古賦七首

浮山堰賦 并引

梁武帝天監十三年用魏降人王足計欲以淮水灌壽陽乃假太子右衛康絢節督卒二十萬作浮山堰於鍾離而淮流湍駛漂疾將合復潰或曰淮有蛟龍喜乘風雨壞岸其性惡鐵絢以為然乃

圖六：事類賦注（宋紹興十六年兩浙東路茶鹽司刻本）

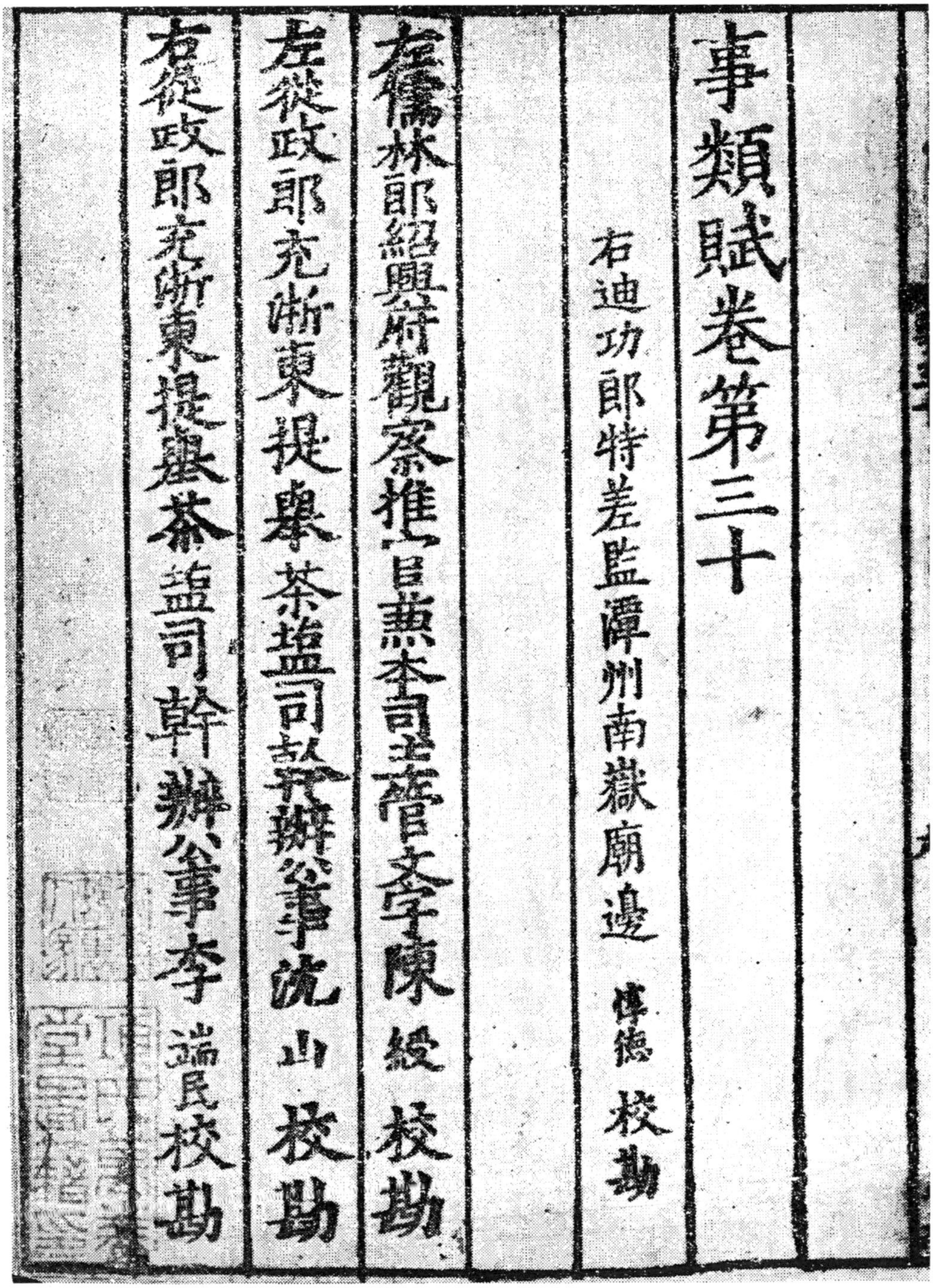

事類賦卷第三十

右迪功郎特差監潭州南嶽廟邊　傳德　校勘

右儒林郎紹興府觀察推官燕本司主管文字陳綬　校勘

左從政郎充浙東提舉茶鹽司幹辦公事沈山　校勘

左從政郎充浙東提舉茶鹽司幹辦公事李端民　校勘

圖七：唐書（宋紹興兩浙東路茶鹽司刻本）

唐書列傳卷第十八　　　　　　劉　昫　等啓

尉遲敬德　秦叔寶　程知節　段志玄　張公謹

尉遲敬德朔州善陽人大業末從軍於高陽討捕羣賊以武勇稱
累授朝散大夫劉武周起以爲偏將與宋金剛南侵陷晉澮二州
敬德深入至夏縣應接呂崇茂襲破永安王孝基執獨孤懷恩唐
儉等武德三年太宗討武周令敬德收其餘衆城守介休太宗
王師於介休金剛戰敗奔於突厥敬德與尋相舉城來降太宗大
遣任城王道宗宇文士及往諭之敬德與尋相率
悅賜以曲宴引爲右一府統軍從擊王世充於東都既而尋相與
周下降將諸將疑敬德必叛囚於軍中行臺左僕射屈突通
尚書殷開山咸言敬德初歸國家情志未附此人勇健非常執之
又久既被猜貳怨望必生留之恐貽後悔請即殺之太宗曰寡人
所見有異於此敬德若懷翻背之計豈在尋相之後耶遽命釋之